NIVEAU C1.1

SICHER IN ALLTAG UND BERUF!

DEUTSCH ALS ZWEITSPRACHE
KURS- UND ARBEITSBUCH

Michaela Perlmann-Balme
Susanne Schwalb
Magdalena Matussek

Hueber Verlag

1 🔊 6 Hörtext der Kurs- bzw. Arbeitsbuch-CD im Medienpaket (978–3–19–241209–7), hier auf CD 1, Track 6.

04 Film(abschnitt) auf der DVD im Medienpaket (978–3–19–241209–7), hier Film 4.

Hörtexte und Filme können Sie auch über die *Hueber Media*-App für Smartphone und Tablet abrufen. Die Hörtexte stehen zudem als MP3-Dateien unter www.hueber.de/sicher-in-alltag-und-beruf zum kostenlosen Download bereit.

→ AB 35/Ü12 Verweis auf passende Übung im Arbeitsbuch, hier z. B. auf Seite AB 35, Übung 12.

GRAMMATIK Übersicht → KB 24/2 Verweis auf Grammatikübersicht am Ende der Lektion, hier auf Seite KB 24, Abschnitt 2.

⇤ KB 19/3 Seite und Aufgabe im Kursbuch, auf der dieses Thema der Grammatikübersichtsseite behandelt wird, hier z. B. auf Seite KB 19, Aufgabe 3.

zu Hören, KB 34, Aufgabe 2

Verweis auf zugehörige Aufgabe im Kursbuch, hier z. B. auf Seite KB 34, Aufgabe 2.

Für die hilfreiche Beratung bei der Überarbeitung des Lehrwerks danken wir:
Marija Francetić, Zagreb; Tünde Salakta, Budapest; Ludwig Hoffmann, Birgit Kneiert, Frankfurt/Main; Esther Haertl, Nürnberg; Gunda Heck, Wilnsdorf; Alexander Oertel, Weimar.

5. 4. 3. | Die letzten Ziffern
2029 28 27 26 25 | bezeichnen Zahl und Jahr des Druckes.
Alle Drucke dieser Auflage können, da unverändert, nebeneinander benutzt werden.
1. Auflage

Umschlaggestaltung, Layout und Satz: Sieveking Agentur, München
Redaktion: Isabel Krämer-Kienle, Karin Ritter, Felix Steffan und Ingo Heyse, alle Hueber Verlag GmbH & Co. KG, München
GPSR-Kontakt: Hueber Verlag GmbH & Co. KG, Baubergerstraße 30, 80992 München, kundenservice@hueber.de
Druck und Bindung: Westermann Druck Zwickau GmbH, Crimmitschauer Str. 43, 08058 Zwickau, westermann_druck@westermann.de
Printed in Germany
ISBN 978–3–19–201209–9
Art. 530_25539_001_03

INHALT

LEKTION 1	DIGITALER WANDEL	KB 1–12
EINSTIEGSSEITE	Quiz zum Kennenlernen	1
HÖREN	*Handymanie*	2
LESEN	Digitaler Wandel im Beruf	3
WORTSCHATZ	Digitaler Entzug	6
SPRECHEN	Gesellschaft und Digitalisierung	8
SCHREIBEN	Partnersuche im Internet	10
SEHEN UND HÖREN	*Stille Helden in lauten Zeiten*	11
GRAMMATIK	Subjektive Bedeutung der Modalverben *müssen, dürfen, können, sollen* und *wollen*; Wortbildung: Vorsilben *miss-, zer-, ent-* und *de-*	12

LEKTION 2	IM TOURISMUS	KB 13–24
EINSTIEGSSEITE	Tourismusbranche	13
LESEN 1	Berufe im Tourismus	14
HÖREN 1	Anruf im Hotel	16
SCHREIBEN	Schwierigkeiten auf Reisen	17
WORTSCHATZ	Gastfreundschaftsnetzwerke	18
SPRECHEN	Ideenbörse	20
HÖREN 2	Reiseandenken	21
LESEN 2	Sanfter Tourismus	22
SEHEN UND HÖREN	Eine Jungunternehmerin	23
GRAMMATIK	Zweiteilige konzessive und restriktive Konnektoren; feste Nomen-Verb-Verbindungen	24

EXTRA BERUF	Sicherheit am Arbeitsplatz	KB 25–28

LEKTION 3	INTELLIGENZ UND WISSEN	KB 29–40
EINSTIEGSSEITE	Wissensquiz	29
LESEN	Vom Jäger zum User	30
SCHREIBEN	Sinnvolle Frühförderung?	32
HÖREN	Neue Erkenntnisse	34
SPRECHEN	Eignungstests	36
WORTSCHATZ	Tierische Intelligenz	38
SEHEN UND HÖREN	Intelligenzquotient und Verhalten	39
GRAMMATIK	Modalverben und ihre Alternativen; Irreale Folgesätze; Adjektivendungen nach Artikelwörtern und nach Adjektiven/unbestimmten Zahlwörtern	40

LEKTION 4	MEINE ARBEITSSTELLE	KB 41–52
EINSTIEGSSEITE	Stationen eines Berufslebens	41
LESEN 1	Berufswunsch	42
SPRECHEN	Gute Arbeitgeber	44
HÖREN	Arbeitnehmer mit Migrationshintergrund	45
WORTSCHATZ	Lohn- und Gehaltsabrechnung	46
LESEN 2	Arbeitskollegen	48
SCHREIBEN	Interne Kommunikation	50
SEHEN UND HÖREN	Chancen auf dem Arbeitsmarkt	51
GRAMMATIK	*Es* als nicht-obligatorisches und als obligatorisches Satzelement; Wortbildung: Graduierung von Adjektiven	52

EXTRA BERUF	Beruf und Familie	KB 53–56

LEKTION 5	KUNST	KB 57–68
EINSTIEGSSEITE	Bildinterpretation	57
SEHEN UND HÖREN	Olivia Hayashi	58
WORTSCHATZ	Im Kunstbetrieb	59
LESEN 1	Moderne Kunst	60
SPRECHEN	Ein sehenswertes Museum	62
LESEN 2	Ein Leben für die Kunst	64
SCHREIBEN	Mappenkurs	66
GRAMMATIK	Wortbildung: Vorsilben *be-* und *ver-*; Redewiedergabe mit *nach, laut, zufolge* und *wie*; Indirekte Rede: Fragen und Imperativ	68

LEKTION 6	STUDIUM	KB 69–80
EINSTIEGSSEITE	Studienziele	69
LESEN 1	Studienrichtungen	70
WORTSCHATZ	Interessante Forschungsergebnisse	72
HÖREN	Sprache und Geschlecht	73
LESEN 2	Studierende im Gespräch	74
SPRECHEN	Tätigkeiten in Studium und Beruf	76
SEHEN UND HÖREN	Studienberatung	77
SCHREIBEN	Frauen in MINT-Fächern	78
GRAMMATIK	Präpositionen mit Dativ; Wortbildung: Nachsilben bei Nomen; Verweiswörter	80

EXTRA BERUF	Konflikte am Arbeitsplatz	KB 81–84

ARBEITSBUCH	AB 1–90

ANHANG	AB 92–97
WICHTIGE REDEMITTEL / KOMMUNIKATION	AB 92–95
PRÜFUNGSÜBERSICHT	AB 96–97

KURSPROGRAMM

LEKTION	LESEN	HÖREN	SCHREIBEN
1 DIGITALER WANDEL Kursbuch KB 1–12 Arbeitsbuch AB 1–14	Zentrale Aussagen in einer Reportage verstehen **KB 3**	Zentrale Aussagen in einer Reportage erfassen **KB 2**	Mithilfe von Informationen in einer Grafik zu einem Thema Stellung nehmen **KB 10**
2 IM TOURISMUS Kursbuch KB 13–24 Arbeitsbuch AB 15–28	**1** Den Kern von persönlichen Äußerungen in einem Magazin erfassen **KB 14** **2** Die inhaltliche Struktur eines Zeitungsartikels verstehen **KB 22**	**1** Einem Anruf zentrale Informationen entnehmen **KB 16** **2** Die zentralen Aussagen eines Radiobeitrags erfassen **KB 21**	Eine formelle E-Mail schreiben **KB 17**
EXTRA BERUF KB 25–28	Sicherheit am Arbeitsplatz		
3 INTELLIGENZ UND WISSEN Kursbuch KB 29–40 Arbeitsbuch AB 29–44	Einen Zeitungsartikel lesen und dessen Zusammenfassung ergänzen **KB 30**	Einem Vortrag detaillierte Informationen entnehmen **KB 34**	Einen Forumsbeitrag verfassen **KB 32**
4 MEINE ARBEITSSTELLE Kursbuch KB 41–52 Arbeitsbuch AB 45–60	**1** Die Aussagen von einzelnen Abschnitten einer Reportage erfassen **KB 42** **2** Einen ironischen Text verstehen **KB 48**	Persönlichen Erfahrungsberichten zentrale Aussagen entnehmen **KB 45**	Einer informellen E-Mail Informationen entnehmen und diese in eine formelle E-Mail integrieren **KB 50**
EXTRA BERUF KB 53–56	Beruf und Familie		
5 KUNST Kursbuch KB 57–68 Arbeitsbuch AB 61–74	**1** Die inhaltliche Strukturierung von Abschnitten eines Artikels erfassen **KB 60** **2** Einer Reportage wichtige Informationen entnehmen **KB 64**		Mithilfe von Notizen auf eine offizielle E-Mail antworten **KB 66**
6 STUDIUM Kursbuch KB 69–80 Arbeitsbuch AB 75–90	**1** Informationen aus unterschiedlichen Texten abgleichen **KB 70** **2** Die inhaltliche Struktur eines Interviews verstehen **KB 74**	Kernaussagen eines Radiobeitrags erfassen **KB 73**	Einen Bericht für ein Magazin verfassen **KB 78**
EXTRA BERUF KB 81–84	Konflikte am Arbeitsplatz		

KURSPROGRAMM

SPRECHEN	SEHEN UND HÖREN	WORTSCHATZ	GRAMMATIK
Eine Präsentation in Partnerarbeit vorbereiten und gemeinsam halten **KB 8**	Den Inhalt eines Films und Online-Kommentare zum Film verstehen **KB 11**	Prozesse der Beschleunigung und Entschleunigung beschreiben **KB 6**	Subjektive Bedeutung der Modalverben *müssen, dürfen, können, sollen* und *wollen*; Wortbildung: Vorsilben *miss-, zer-, ent-* und *de-* **KB 12**
Ideen austauschen und zu einer gemeinsamen Entscheidung kommen **KB 20**	Einer Fotoreportage Detailinformationen entnehmen **KB 23**	Besonderheiten und Vorteile von Netzwerken besprechen **KB 18**	Zweiteilige konzessive und restriktive Konnektoren; feste Nomen-Verb-Verbindungen **KB 24**
Über Eignungstests diskutieren **KB 36**	Detaillierte Informationen in einer Kurzreportage erfassen **KB 39**	Charakterzuschreibungen in Fabeln verstehen **KB 38**	Modalverben und ihre Alternativen; Irreale Folgesätze; Adjektivendungen nach Artikelwörtern und nach Adjektiven/unbestimmten Zahlwörtern **KB 40**
Eine Befragung durchführen und die Ergebnisse zusammentragen **KB 44**	Einem Kurzinterview mit einem Experten Informationen entnehmen **KB 51**	Lohn- und Gehaltsabrechnungen verstehen **KB 46**	*Es* als nicht-obligatorisches und als obligatorisches Satzelement; Wortbildung: Graduierung von Adjektiven **KB 52**
Eine Präsentation erarbeiten und halten sowie auf Verbesserungsvorschläge reagieren **KB 62**	Ein Künstlerporträt auf Detailebene verstehen **KB 58**	Tätigkeiten im Kunstbetrieb beschreiben **KB 59**	Wortbildung: Vorsilben *be-* und *ver-*; Redewiedergabe mit *nach, laut, zufolge* und *wie*; Indirekte Rede: Fragen und Imperativ **KB 68**
Vorschläge und Standpunkte diskutieren und sich einigen **KB 76**	Den Inhalt eines Informationsfilms verstehen **KB 77**	Begriffe aus dem Themenfeld Forschung verstehen **KB 72**	Präpositionen mit Dativ; Wortbildung: Nachsilben bei Nomen; Verweiswörter **KB 80**

VORWORT

Liebe Leserinnen und Leser,

das Lehrwerk **SICHER IN ALLTAG UND BERUF!** ist die Inlandsausgabe der Lehrwerksreihe **SICHER!** und führt zum Abschluss der Stufen **B1+**, **B2** oder **C1** des *Gemeinsamen Europäischen Referenzrahmens für Sprachen*. Es richtet sich an fortgeschrittene erwachsene Deutschlernende ab 16 Jahren im deutschsprachigen Inland.

SICHER IN ALLTAG UND BERUF! C1 bereitet auf alle gängigen C1-Prüfungen vor, darunter das *Goethe-Zertifikat C1* und das *ÖSD-Zertifikat C1* sowie die *telc-Prüfungen Deutsch C1* und den *TestDaF*. Jedes Aufgabenformat der genannten Prüfungen wird mindestens einmal im Lehrwerk geübt. Eine Auflistung der Prüfungsformate im Lehrwerk finden Sie im Anhang (AB 96–97).

Die Lektionen sind in die Bausteine **LESEN** – **HÖREN** – **SCHREIBEN** – **SPRECHEN** – **WORTSCHATZ** – **SEHEN UND HÖREN** gegliedert. Am Ende jeder Lektion befindet sich eine kompakte und übersichtliche Darstellung der jeweiligen **GRAMMATIK**. Auf jede zweite Lektion folgen vier Seiten **EXTRA BERUF** mit je einem berufsspezifischen Thema. Auf der Niveaustufe C1.1 ist der übergreifende Kontext das Themenfeld *Am Arbeitsplatz*.

In verschiedenen Kursen kann das Lernprogramm je nach Bedarf, Interesse und Zeitrahmen individuell zusammengestellt werden. Die Lektionen enthalten aktuelle, authentische Lernmaterialien für die Bereiche Alltag, Beruf, Studium und Ausbildung. Es findet sich ein breites Spektrum an aktuellen alltags- und berufsrelevanten Textsorten wie z. B. Zeitungsartikel, Blogs, Prospekte und Diskussionsbeiträge. Dazu gibt es abwechslungsreiches Aufgaben- und Übungsmaterial, das die Rezeption und die handlungsorientierte Produktion gleichermaßen fördert.

In der Rubrik „Wussten Sie schon?" wird modernes landeskundliches Wissen über die deutschsprachigen Länder vermittelt und damit der Blick für interkulturelle Themen und Fragestellungen geschärft. Strategien zum Lernen werden durch gezielte Aufgaben und praxisnahe Tipps gefördert.

Um individuellen Bedürfnissen gerecht zu werden, können Lernende auf die vertiefenden Übungen im Arbeitsbuch zurückgreifen. Am Ende der einzelnen Lektionen im Arbeitsbuch steht ein Selbsttest zur Verfügung.

Das Medienpaket zu **SICHER IN ALLTAG UND BERUF! C1** (978–3–19–241209–7) umfasst vier CDs mit Höraufnahmen zum Kurs- und Arbeitsbuch sowie eine DVD mit Filmen zum Baustein **SEHEN UND HÖREN**. Auf diese Medien kann auch über die kostenlose *Hueber Media*-App zugegriffen werden. Weitere Informationen und Materialien zum Unterrichten und Lernen finden Lehrkräfte und Lernende zudem unter **WWW.HUEBER.DE/SICHER-IN-ALLTAG-UND-BERUF**.

Viel Spaß mit **SICHER IN ALLTAG UND BERUF!** wünschen Ihnen
Autorinnen und Verlag

1 DIGITALER WANDEL

1 Ein neuer Kurs

a **Arbeiten Sie in Kleingruppen. Stellen Sie sich gegenseitig Fragen zu folgenden Themen und notieren Sie die Antworten in Stichpunkten.**

Persönliches / Familie / Freunde • Ausbildung / Beruf / Studium • Interessen / Hobbys • ...

Luis, 24, Spanier, Granada, Zwillingsschwester, Studium Informatik (Master) in Valencia, spielt gern Gitarre, ...

b **Überlegen Sie sich Quizfragen zu Ihren Lernpartnerinnen / Ihren Lernpartnern.**

Wer hat eine Zwillingsschwester?

2 Quiz

Jede Gruppe stellt ihre Quizfragen im Kurs. Die Mitglieder der anderen Gruppen raten.

Wer aus unserer Gruppe hat wohl eine Zwillingsschwester?

Das könnten Sie / könntest du sein.

Ja, das bin ich, ich heiße ...

1 *Handymanie*

a **Sehen Sie das Foto an. Was könnte man unter dem Begriff *Handymanie* verstehen?**

1 ◀) 1 b **Hören Sie einen Radiobeitrag. Wer spricht und worum geht es?**

c **Hören Sie den Beitrag noch einmal in Abschnitten und markieren Sie jeweils die richtige Lösung.**

a Die Aussage stimmt mit dem Gespräch überein.
b Die Aussage stimmt nicht mit dem Gespräch überein.
c Dazu wird im Gespräch nichts gesagt.

1 ◀) 2 **Abschnitt 1**

	a	b	c
1 Verlieren sich Besucher in einem Einkaufszentrum, finden sie sich oft nicht wieder.	☐	☐	☐
2 Jeder zweite Smartphone-Nutzer versucht ständig, abwesende Personen zu kontaktieren.	☐	☐	☐
3 MAIDS ist ein neues Mittel gegen Sucht.	☐	☐	☐
4 An der Uni Bonn wurde eine App für Smartphones programmiert.	☐	☐	☐
5 Die meiste Zeit verbringen die User mit Spielen.	☐	☐	☐

1 ◀) 3 **Abschnitt 2**

	a	b	c
6 Der Jugendliche schenkte dem Handy mehr Aufmerksamkeit als seinen Eltern.	☐	☐	☐
7 Körperliche Zeichen der Sucht sind zum Beispiel schwitzende Hände.	☐	☐	☐
8 Psychische Symptome sind z. B. die ständige Angst vor eintreffenden Nachrichten.	☐	☐	☐
9 Bonner Forscher arbeiten auf dem Gebiet mit anderen Universitäten zusammen.	☐	☐	☐
10 Die Forscher hoffen, dass es bald Gesetze gibt, die den Handykonsum regeln.	☐	☐	☐

2 Vermutungen mit *müssen, dürfen* und *können* → AB 1-4/Ü2-7

GRAMMATIK
Übersicht → KB 12/1a

a **Sind Sie ständig erreichbar? Ergänzen Sie die Sätze.**

1 Wann haben Sie das letzte Mal auf Ihr Handy oder Smartphone gesehen?
Das müsste so vor ______ Minuten / Stunden gewesen sein. Ich bin mir relativ sicher.
Das muss vor ______ Minuten / Stunden gewesen sein. Ich bin mir absolut sicher.

2 Wie oft am Tag sehen Sie auf das Display?
Wahrscheinlich so ______ mal pro Tag. Das dürfte so ______ mal pro Tag sein.

3 Wofür nutzen Sie Ihr Handy oder Smartphone am meisten?
Es könnte für das Schreiben von Textnachrichten sein.

b **Ergänzen Sie die Modalverben aus Ihren Antworten bei Aufgabe 2a.**

1 möglicherweise	Das	____________	fünfzigmal am Tag sein.
2 wahrscheinlich	Das	____________	zehnmal am Tag sein.
3 relativ / fast sicher	Das	____________	dreimal am Tag sein.
4 absolut sicher	Das	____________	zwanzigmal am Tag sein.

c **Ergänzen Sie *muss, dürfte* und *könnte* auf der Skala.**

100 %	90 %	75 %	50 %
	müsste		

Ich kann jetzt ...

	☺	🙂	☹
■ Radiobeiträgen Informationen zu wissenschaftlichen Themen entnehmen.	☐	☐	☐
■ Vermutungen über den eigenen Handykonsum äußern.	☐	☐	☐
■ die subjektive Bedeutung von *müssen, dürfen* und *können* verstehen und anwenden.	☐	☐	☐

1 Moderne Arbeitswelten

a Sehen Sie die Bilder an. Was haben die Bilder mit Digitalisierung im Beruf zu tun? Sprechen Sie.

Die Frau sieht aus, als würde sie ...
Der Mann ist gerade ...

A

B

b Lesen Sie die Fragen und führen Sie eine Umfrage im Kurs durch.

- Welche Rolle spielt die Digitalisierung gegenwärtig in Ihrem (Berufs-)Leben?
- Welche Ihrer Arbeitsbereiche und Prozesse haben sich verändert?
- Hat die Digitalisierung Ihren beruflichen Alltag erleichtert oder erschwert?

2 Digitaler Wandel im Beruf → AB 4–5/Ü8–9

a Lesen Sie den Text und die Aussagen. Welche der Aussagen sind *richtig* (+), *falsch* (–) oder *gar nicht im Text enthalten* (x)? Es gibt nur eine richtige Lösung. Markieren Sie.

1 Die Auswirkungen der Digitalisierung zeigen sich besonders am Arbeitsplatz. ☐
2 Die Beschäftigten des Bremer Personalbüros haben flexible Arbeitszeiten. ☐
3 Joanna Gorski findet Telefonate effizienter als E-Mails. ☐
4 Die Arbeit in der Cloud ersetzt die Kommunikation mittels E-Mail und Telefon. ☐
5 Viele Arbeitnehmer sind unzufrieden mit den neuen Arbeitsbedingungen. ☐
6 Die Digitalisierung hat negative Effekte auf das Familienleben der Angestellten. ☐
7 Robert Krohn arbeitet mit seinem Computer von zu Hause aus. ☐
8 „Clickarbeiter“ kennen ihre Auftraggeber in der Regel persönlich. ☐
9 Gewerkschaften kritisieren die fehlende Absicherung von „Clickarbeitern“. ☐
10 Experten meinen, der Digitalisierungsprozess beginnt, langsam abzunehmen. ☐

Die Digitalisierung verändert unsere Gesellschaft als Ganzes und unsere Arbeitswelt im Besonderen. In jüngerer Zeit etablieren sich zahlreiche innovative Formen des Zusammenlebens und des Zusammenarbeitens. Mit Blick auf das Thema Beruf eröffnen sich sowohl für Arbeitgeber als auch für Arbeitnehmer neue Perspektiven, die man sich bis vor Kurzem noch nicht vorstellen konnte. In vielen Wirtschaftsbereichen und Berufsfeldern ist eine stetige und teils rasante Transformation im Gange, die in erster Linie dazu führt, Arbeitsprozesse zu vereinfachen und zu beschleunigen.

Arbeiten in der „Cloud“

In einem Personalbüro in Bremen ist das, wovon andere Unternehmer noch träumen, bereits heute Realität. In einer renovierten Gründerzeitvilla sitzt Joanna Gorski an ihrem Schreibtisch und arbeitet konzentriert. Obwohl ihr kleines Unternehmen sieben Mitarbeiterinnen und Mitarbeiter hat, hört man nur das Tippen ihrer Tastatur. Die studierte Juristin ist allein in ihrem Büro, sie sieht ihre Angestellten nur alle paar Wochen. Für die Mitarbeitenden gelten keine festen Anwesenheitszeiten und es gibt auch keine festen Arbeitsplätze. Gearbeitet wird wahlweise im Büro, zu Hause im Homeoffice oder von unterwegs aus. Entsprechend flexibel ist auch die Bezahlung: Sie wird am Erfolg gemessen, nicht an der gearbeiteten Zeit.

Vor Kurzem hat Joanna Gorski eine weitere innovative Neuerung eingeführt. Den Umgang mit den vielen E-Mails und Telefonaten empfand sie schon seit einiger Zeit als „ineffizient", weil die übermittelten Informationen meistens nur zu einer Person gelangten. War jemand krank, blieben Aufträge liegen. Deshalb findet die gesamte schriftliche Kommunikation – auch mit den Kunden – neuerdings über eine *Cloud* (deutsch: Wolke) statt. Die Server der Cloud übernehmen im Hintergrund die Datenspeicherung. Durch diese Umstellung sind alle ankommenden Informationen – seien es Arbeitsverträge, Lohnabrechnungen oder sonstige Daten – für alle Mitarbeitenden einsehbar. Keine Information geht verloren, nichts bleibt liegen oder wird falsch abgelegt. Mit der Digitalisierung entsteht so ein neuartiger Workflow und im Endeffekt eine komplett andere Arbeitswelt.

Positive und negative Effekte der Digitalisierung

Was das Unternehmen von Joanna Gorski praktiziert, erfreut sich in immer mehr Unternehmen größerer Beliebtheit. Aktuellen Umfragewerten zufolge sorgt die stetige Weiterentwicklung und Veränderung der althergebrachten Arbeitsmodelle bei Arbeitnehmerinnen und Arbeitnehmern für eine höhere Zufriedenheit. Befragt nach der individuellen Bedeutung, bewerten mehr als zwei Drittel ihre bisherigen Erfahrungen mit der Digitalisierung ihres Arbeitskontextes als überwiegend positiv oder neutral. Lediglich jeder Zehnte gibt an, dass sich der Arbeitsalltag durch die Digitalisierung erschwert oder verkompliziert hat.

Als positive Effekte der Digitalisierung werten viele die stärkere Rücksichtnahme auf die privaten Bedürfnisse der Beschäftigten und die Vereinbarkeit von Beruf und Familie, Stichwort Work-Life-Balance. Die mit der Digitalisierung einhergehende gesteigerte Produktivität ermöglicht eine stärkere Flexibilität des Berufsalltags. Wie das Beispiel in Bremen zeigt, sind die Arbeitsabläufe nicht nur schneller, effizienter und zielgerichteter geworden, die Vorlieben der Beschäftigten kommen auch stärker zur Geltung. Das wird von einem Großteil der Befragten positiv hervorgehoben.

Negativ bewerten die Arbeitnehmer hingegen insbesondere die ständige Erreichbarkeit und die – nicht selten softwaregestützte – Überwachung einzelner Arbeitsprozesse durch den Arbeitgeber. Darüber hinaus schürt die Digitalisierung auch gänzlich neue Ängste: Das Thema künstliche Intelligenz, kurz KI, ist in aller Munde, und der Verlust des Arbeitsplatzes zugunsten intelligenter Maschinen oder komplizierter Algorithmen stellt für viele Berufe eine ernsthafte Bedrohung dar. Insider prophezeien gar einen personellen Kahlschlag in nahezu allen Branchen.

„Digitale Tagelöhner"

Wie wenig berechtigt diese Angst ist, zeigt die Tatsache, dass die Digitalisierung nicht nur die etablierten Berufe verändert und weiterentwickelt, sondern auch neue Berufe schafft. In der digitalen Welt entstehen gänzlich neuartige Berufszweige, die ohne die Vernetzungsmöglichkeiten der Digitalisierung bis vor wenigen Jahren nicht vorstellbar waren.

Robert Krohn ist einer derjenigen, die von der Digitalisierung und den neu entstandenen Betätigungsfeldern profitieren. In dem kleinen schwäbischen Ort Wertingen sitzt er in seiner Wohnung, die zugleich sein Arbeitsplatz ist, und arbeitet als sogenannter „Clickarbeiter". Im Moment korrigiert er einen fachsprachlichen Text zum Thema *Textilverarbeitung*. Der Text ist von einer Autorin, die er nicht kennt und wohl auch nie kennenlernen wird. Und das ist keine Ausnahme, sondern die Regel. Erhalten hat er den Auftrag über das Internetportal *textluchs*, auf dem er angemeldet ist.

Portale wie *textluchs* gibt es inzwischen viele. Unterschiedlichste Unternehmen können dort Texte in Auftrag geben. Die zu erledigenden Aufgaben sind in der Regel in kleine

Arbeitspakete zerlegt und das Honorar für jedes Paket ist entsprechend gering. Konkret heißt das, die Aufträge werden in Cent-Beträgen bezahlt, je nach Anzahl der geschriebenen oder korrigierten Wörter. Was sich bei kleinen oder wenigen Aufträgen kaum rechnet, kann bei größeren Projekten schnell sehr lukrativ sein.

Was aus der Perspektive des Arbeitnehmers nach einem zwanglosen und attraktiven Arbeitsverhältnis klingt, wird von anderer Seite scharf kritisiert. Gewerkschaften bezeichnen Freiberufler wie Krohn als „digitale Tagelöhner". Hauptkritikpunkt ist, dass Arbeitgeber durch dieses Modell für Verdienstausfälle durch einen Unfall oder Krankheit nicht vorsorgen und für ihre Arbeitnehmer auch keine Rente ansparen. Das muss Krohn selbst übernehmen.

Ob Unternehmer, Angestellter oder Freiberufler – betroffen von der Digitalisierung sind letztlich alle. In den meisten Wirtschaftsbereichen ist der Transformationsprozess bereits in vollem Gange. Anderen Branchen steht er noch bevor. Eins ist wohl sicher: So plötzlich, wie die Digitalisierung in den vergangenen Jahren den Eingang in manche Berufszweige gefunden hat, wird es wohl auch in den kommenden Jahren noch einige Überraschungen geben. Denn ein Ende ist noch lange nicht in Sicht: Sowohl Experten als auch die Mehrheit der Arbeitgeber und Arbeitnehmer gehen davon aus, dass die Digitalisierung auch in den kommenden Jahren eine sehr große Auswirkung für größere und kleinere Betriebe haben wird.

b **Welche der Überschriften trifft die Aussage des Textes am besten? Markieren Sie.**

- a Digitale Berufe in Deutschland
- b Arbeiten im digitalen Zeitalter
- c Der Begriff Digitalisierung

c **Was meinen Sie: Wie wird sich Ihre Berufstätigkeit in den kommenden Jahren durch die Digitalisierung verändern? Sehen Sie Parallelen zum Text? Stellen Sie Vermutungen an und sprechen Sie im Kurs.**

3 Behauptungen mit *sollen* und *wollen* → AB 5–7/Ü10–12

GRAMMATIK
Übersicht → KB 12/1b

a **Vergleichen Sie die Sätze. Welche Bedeutung haben sie? Ordnen Sie zu.**

A Ein 26-Jähriger **soll** als „Clickarbeiter" 5 000 Euro im Monat verdient haben.
B Ein 26-Jähriger **will** als „Clickarbeiter" 5 000 Euro im Monat verdient haben.

- ☐ Er hat es von sich behauptet. Ich habe es gehört und erzähle es weiter, zweifle aber daran.
- ☐ Das habe ich gehört oder gelesen, bin mir aber nicht sicher, ob es stimmt.

b **Formulieren Sie Behauptungen mit *wollen*.**

1 Joanna Gorski sagt: „Ich habe durch die Cloud für mein Team viele Arbeitsstunden eingespart."
2 Robert Krohn meint: „Ich verdiene jetzt doppelt so viel wie in meinem früheren Job."
3 Ein Experte behauptet: „Ich habe durch den Einsatz künstlicher Intelligenz Millionen Gewinn gemacht."
4 Ein Unternehmer erklärt: „Ich bin von der Digitalisierung nicht betroffen."

1 Joanna Gorski will durch die Cloud viele Arbeitsstunden für ihr Team eingespart haben.

Ich kann jetzt ...

	😊	😐	☹
■ über die Digitalisierung im eigenen beruflichen Umfeld berichten.	☐	☐	☐
■ einer längeren Reportage Hauptaussagen und Detailinformationen entnehmen.	☐	☐	☐
■ Behauptungen mit den Modalverben *sollen* und *wollen* formulieren.	☐	☐	☐

1 Digitaler Entzug → AB 7/Ü13

a **Arbeiten Sie in Kleingruppen. Lesen Sie das Zitat und geben Sie Beispiele für Beschleunigung und Entschleunigung.**

> „Das Zeitalter der Digitalisierung ist geprägt vom Gefühl der Rastlosigkeit, der inneren Unruhe und der unaufhaltsamen Beschleunigung. Das hemmt unsere Kreativität."

b **Sehen Sie die Bilder an und ordnen Sie zu.**

A

B
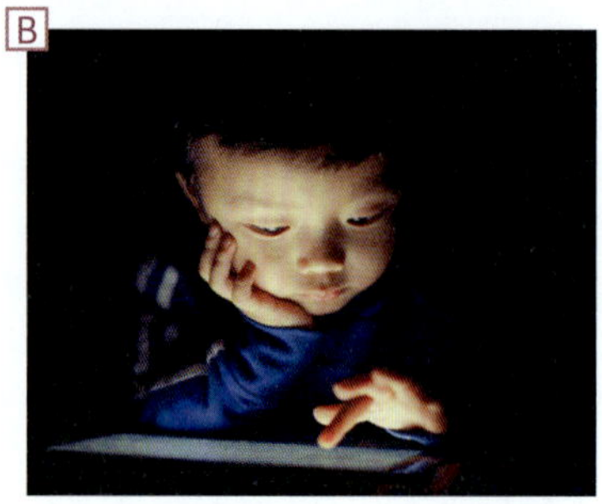

C

- ☐ Viel Arbeit am PC und kaum Zeit zu entspannen? Wir helfen Ihnen!
- ☐ So geht's: Neugierigen Apps die Zugriffsrechte entziehen!
- ☐ Hohes Suchtpotenzial: Wie Sie digitale Medien frühzeitig entzaubern.

c **Welche Verben lassen sich aus den Nomen bilden?**

die Entschuldigung →	entschuldigen	die Entspannung →	______
die Entschleunigung →	______	die Entmutigung →	______
die Entzauberung →	______	der Entzug →	______

2 *ent-* oder *de-*? → AB 8/Ü14

GRAMMATIK
Übersicht → KB 12/2

a **Welche Vorsilbe passt? Ergänzen Sie und kontrollieren Sie mit einem Wörterbuch.**

1 ein Computerprogramm de installieren
2 eine Orange ent saften
3 sich durch schlechte Ergebnisse ______ mutigen lassen
4 vom Schwitzen ______ hydriert sein
5 ein Programm ______ aktivieren
6 den Müll getrennt ______ sorgen

b **Ergänzen Sie in der richtigen Form.**

entfernen • entladen • entsorgen • ~~enttäuscht~~ • entsprechen

Lieber Abdallah,

gestern habe ich endlich mein neues Smartphone bekommen – einen Tag länger hätte ich es, glaube ich, nicht mehr ausgehalten. Als ich es ausgepackt habe, war ich dann aber ziemlich enttäuscht (1): Optisch ______ (2) es nicht den Fotos im Internet. Zudem war das Gerät offensichtlich gebraucht, denn der Akku ______ (3) sich superschnell und jemand hatte die Schutzfolien ______ (4). Am liebsten hätte ich es einfach ______ (5). Am Ende habe ich es dann aber doch zurückgeschickt. Jetzt bekomme ich nächste Woche Ersatz. Ich bin also wieder auf Entzug und nur per Mail erreichbar!

Viele Grüße
Frauke

3 Die Vorsilben *miss-* und *zer-* → AB 8–9/Ü15–16

GRAMMATIK
Übersicht → KB 12/2

a Markieren Sie. Welcher Ausdruck bedeutet das Gleiche?

1 etwas missglückt
- ☐ etwas gelingt nicht
- ☐ jemand ist nicht glücklich
- ☐ etwas läuft gut

2 ein Thema zerreden
- ☐ etwas zu lange besprechen
- ☐ etwas verwechseln
- ☐ über ein bestimmtes Thema nicht reden

b Ergänzen Sie in der richtigen Form.

~~missglücken~~ • misslingen • zerlegen • zerreißen • zerstören

Die Generation meiner Großeltern hat noch alles mit der Hand geschrieben. Damals zählte eine schöne Handschrift zu den Grundfertigkeiten. Seiten, die missglückten (1), weil sie viele Schreibfehler enthielten, hat meine Oma oft einfach __________ (2) und komplett neu geschrieben. Heute __________ (3) Texte nicht mehr so oft, denn die meisten Menschen nutzen intelligente Textverarbeitungsprogramme, durch die Fehler automatisch korrigiert werden. Zudem kann man einen Text später in einzelne Textbausteine __________ (4) und diese in einer neuen Reihenfolge wieder zusammenfügen. Das beschleunigt das Verfassen eines Textes erheblich. Nur wenn ein Virus die Festplatte __________ (5), hat man ein Problem. Aber dann gibt es ja immer noch Papier und Stift – und die gute, alte Handschrift.

Unbekannte Wörter mit Vorsilben erschließen
Strategien zur Erschließung unbekannter Wörter helfen weiter, wenn kein Wörterbuch zur Hand ist oder man keine Zeit hat, nachzuschlagen. Es ist sinnvoll, sich die einzelnen Vorsilben und deren Bedeutungstendenz einzuprägen. So kann man sich die Bedeutung eines Verbs leichter erschließen.

4 Vorsilbenspiel → AB 9/Ü17

Arbeiten Sie zu zweit. Wählen Sie zwei Wörter aus, eins mit *miss-* und eins mit *zer-*. Schreiben Sie zu jedem Wort einen Satz auf einen Zettel. Lassen Sie eine Lücke für das Wort. Tauschen Sie nun den Zettel mit Ihrer Lernpartnerin / Ihrem Lernpartner und ergänzen Sie die fehlenden Wörter.

zer-: drücken • fallen • fließen • gehen • hacken • kochen • laufen • legen • platzen • schneiden

miss-: achten • (ge)fallen • verstehen • (ge)lingen • (ge)raten

Eine Knoblauchzehe sollte man nicht schneiden, sondern mit einem Messer __________.
Wenn Ihnen in der Firma eine Präsentation __________, sollten Sie sich nicht demotivieren lassen. Das passiert jedem einmal!

Ich kann jetzt …	☺	😐	☹
▪ die Bedeutung von Wörtern mit den Vorsilben *ent-*, *de-*, *miss-* und *zer-* verstehen.	☐	☐	☐
▪ Verben mit den Vorsilben *ent-*, *de-*, *miss-* und *zer-* bilden und anwenden.	☐	☐	☐

1 Digitales in Alltag und Beruf → AB 10/Ü18

a Sehen Sie das Foto an und beschreiben Sie die Situation.

b Was wäre vor 20 Jahren wohl anders gewesen? Sprechen Sie.

c Welche Bereiche in Alltag und Beruf verändern sich durch die Digitalisierung? Welche Neuerungen gibt es bereits, welche wird es in naher Zukunft geben? Sprechen Sie im Kurs und sammeln Sie Ihre Ideen.

Wohnen | Partnersuche | Job | Verkehr | Lesen | Gesundheit | Sprachen lernen | Medien | Kommunikation | ...

Zum Verkehr fällt mir sofort das autonome Fahren ein. Ich denke, in Zukunft wird es ...

Beim Wohnen denke ich vor allen Dingen an ...

2 Eine Präsentation → AB 11/Ü19

Arbeiten Sie zu zweit. Bereiten Sie zu einem der Bereiche aus Aufgabe 1 eine Präsentation in sieben Schritten vor.

Schritt 1: Informationen sammeln und ordnen

Wählen Sie einen der Bereiche in Aufgabe 1c aus und wählen Sie ein Thema (z. B. Verkehr: *Autonomes Fahren*). Sammeln Sie Informationen und ordnen Sie diese – zum Beispiel in Form einer Mindmap.

Schritt 2: Ein Thema eingrenzen

Konzentrieren Sie sich auf einen speziellen Aspekt (z. B. *Autonomes Fahren in der Stadt: Taxis*). Überlegen Sie, welche der gesammelten Informationen auf Ihrer Mindmap hierzu relevant sind.

Schritt 3: Die Informationsquellen festlegen

Besprechen Sie zu zweit, woher Ihre Informationen stammen sollen. Sie können andere Kursteilnehmerinnen / Kurseilnehmer befragen, Informationen und Meinungen im Internet suchen, eigene Erfahrungen einbringen etc.

Einen Vorschlag machen

„Am einfachsten wäre es, wenn wir ...
Meine Idee wäre, ...
Meinst du nicht, es wäre besser, wir würden ...“

Der eigenen Meinung Nachdruck verleihen

„Mir wäre es sehr wichtig, ...
Ich bin davon überzeugt, dass ...
Meiner Meinung nach ...“

Jemanden entscheiden lassen

„Für mich ist beides in Ordnung. Ich überlasse gern dir die Entscheidung.
Mir ist das nicht so wichtig. Bitte wähle du etwas aus.“

Schritt 4: Die Präsentation vorbereiten

Bereiten Sie nun Ihre Präsentation vor. Formulieren Sie Sätze für den Einstieg, die Übergänge im Hauptteil und die Zusammenfassung am Schluss. Machen Sie sich hierzu Notizen auf kleine Kärtchen.

Eine Präsentation einleiten

„Das Thema unserer Präsentation lautet …
Wir möchten euch heute über … berichten.
In unserer Präsentation werden wir …
Wir haben uns für … entschieden, weil …“

Die Aufteilung vorstellen

„Zunächst möchten wir …
Als Erstes werde ich / wird … auf … eingehen.
Anschließend werde ich / wird … etwas über … berichten.
Zum Schluss / Am Ende …“

Das Wort übernehmen

„Danke, liebe / lieber … .
Ich greife nun einen weiteren Aspekt auf.
In meinem Teil soll es nun um … gehen.“

Übergänge formulieren

„Als Erstes wäre … zu nennen.
Außerdem … / Des Weiteren … / Als Nächstes …
Nicht unerwähnt bleiben darf auch …“

Zusammenfassen und beenden

„Zusammenfassend möchte ich sagen, dass …
Ihr habt nun gesehen, dass …
Das Fazit unseres Vortrages könnte lauten: …“

Auf Nachfragen eingehen

„Das ist eine interessante Frage. Ich würde sagen, …
Diese Frage lässt sich nicht so leicht beantworten. Meiner Ansicht nach …“

Schritt 5: Die Rollen verteilen

Legen Sie fest, wer welche Teile der Präsentation übernimmt. Wer gibt eine kurze Einführung? Wer präsentiert welche Aspekte? Wer schließt die Präsentation mit einem Resümee ab?

Schritt 6: Die Präsentation ausprobieren

Üben Sie Ihre Kurzpräsentation zuerst zu zweit. Stoppen Sie die Zeit. Geben Sie sich gegenseitig Feedback und verbessern Sie danach einzelne Formulierungen.

Schritt 7: Die Präsentation halten

Halten Sie Ihre Präsentation zu zweit im Kurs. Wenn Sie fertig sind, geben Sie Ihren Zuhörern die Möglichkeit, Nachfragen zu stellen und Feedback zu geben.

Ich kann jetzt …	😊	🙂	☹
■ über gesellschaftliche Veränderungen durch die Digitalisierung sprechen.	☐	☐	☐
■ eine klar gegliederte Präsentation in Partnerarbeit planen, erstellen und halten.	☐	☐	☐
■ auf Fragen der Zuhörerinnen und Zuhörer eingehen.	☐	☐	☐

1 Auf Partnersuche

Wie und wo kann man am besten einen Partner kennenlernen? Welche Art und Weise finden Sie am besten? Warum? Tauschen Sie sich in Kleingruppen aus.

In U-Bahnhöfen sehe ich oft Werbeanzeigen von Partnerbörsen im Internet. Ich finde, ...

Auf meinem Smartphone habe ich eine App, mit der ich ...

2 Online-Partnerbörsen → AB 11/Ü20

a **Sehen Sie sich die Grafik an. Welche der Zahlen finden Sie bemerkenswert? Warum?**

Partnersuche im Internet

Von je 100 Menschen auf Partnersuche (zwischen 20 und 50 Jahren) geben ... an, ...

Männer		Frauen
13	analoge Wege des Kennenlernens zu bevorzugen.	34
78	das Internet für die Partnersuche zu nutzen.	63
72	auf einer Plattform oder App zur Partnersuche registriert zu sein.	60
7	schon einmal eine Partnersuchanzeige aufgegeben zu haben.	12
52	sich regelmäßig mit Online-Dates zu treffen.	38
36	ihre Partnerin / ihren Partner im Internet kennengelernt zu haben.	25
17	schon mehrmals eine Partnerin / einen Partner online gefunden zu haben.	5

b **Nehmen Sie in einem Internetforum Stellung zum Thema *Partnersuche im Internet*. Achten Sie darauf, korrekt zu schreiben und die Sätze sprachlich miteinander zu verknüpfen. Schreiben Sie mindestens 200 Wörter.**

- Informationen in der Grafik
- Persönliche Einstellung zu Online-Partnerbörsen
- Unterschiede zwischen Männern und Frauen
- Vergleich der Ergebnisse mit dem Heimatland
- Partnersuche der **älteren** Generation: Ihre persönliche Meinung oder Erfahrung dazu?

Informationen aus einer Grafik zitieren

„Aus der Statistik geht hervor, dass ...
Die Grafik zeigt / belegt ganz deutlich ...“

Persönliche Ansicht beschreiben

„Ich persönlich bin der Ansicht, dass ...
Für mich ist diese Art der Partnersuche ...“

Unterschiede darstellen

„Ein interessanter Unterschied ist ...
Dass ..., hat mich überrascht.“

Ergebnisse vergleichen

„Im Vergleich zu meinem Heimatland ...
In ... spielt vor allem ... eine Rolle.“

Ich kann jetzt ...

	😊	🙂	☹
■ unterschiedliche Formen der Partnersuche benennen und bewerten.	☐	☐	☐
■ Informationen in einer Statistik verstehen und beschreiben.	☐	☐	☐
■ zum Thema *Partnersuche im Internet* schriftlich Stellung nehmen.	☐	☐	☐

1 *Stille Helden in lauten Zeiten* → AB 12/Ü21

a **Sehen Sie den Film ohne Ton. Lesen Sie dann die vier Zitate aus dem Film. Was bedeutet der Filmtitel *Stille Helden in lauten Zeiten*? Was könnte das Ziel des Films sein? Sammeln Sie Ideen.**

> Weißt du eigentlich, wie viele Menschen Großartiges vollbringen, ganz ohne eine Fanpage?

> Wie viele Leute posten gerade über etwas, was sie eigentlich machen wollten, anstatt es wirklich zu tun?

> Wie viele Menschen vor uns führten erfüllte Leben und vollbrachten Großes, ganz ohne Social Media?

> Wie viel Potenzial und Zeit wird auf der anderen Seite im Rennen um die meisten Likes verschenkt?

b **Welche Begriffe in den Zitaten stammen aus dem Englischen? Was ist damit gemeint?**

Wussten Sie schon?
Der Begriff Web 2.0 bezeichnet eine neue Generation des World Wide Web, also des Internets. Im Web 2.0 können Internetnutzer nicht nur Inhalte konsumieren, sondern sich auch aktiv selbst mit eigenen Inhalten beteiligen. Möglich machen dies vor allen Dingen soziale Netzwerke, in denen Nutzer beispielsweise ihre eigenen Videos oder Bilder hochladen und mit anderen teilen können. Besonders beliebt ist bei vielen auch das Kommentieren von Inhalten anderer Nutzer.

c **Sehen Sie den Film nun mit Ton an. Lesen Sie dann eine Auswahl an Kommentaren, die der Film im Internet bekommen hat. Was bewerten die Nutzer in ihren Kommentaren?**

Zimtkeks
Ich hab' Gänsehaut bekommen!

Laura
Wow, wunderschön! Deine Worte und Stimme sind sehr inspirierend :)

Joseph
Toll geworden das Video! Ich habe eure Botschaft verstanden. Macht mehr solche Videos!

DieFee
Richtig beruhigend vorgetragen! Du hast eine total angenehme Stimme. Danke!

Mahmut
Wunderschönes Video mit einer genialen Botschaft!

d **Wie finden Sie den Film? Schreiben Sie selbst einen kurzen Kommentar.**

____

____

Ich kann jetzt ...

	☺	😐	☹
■ einen Film mit reflexivem und stimmungsvollem Text verstehen.	☐	☐	☐
■ Kommentare zu Internetbeiträgen verstehen.	☐	☐	☐
■ selbstständig einen Onlinekommentar zu einem Video schreiben.	☐	☐	☐

1 Subjektive Bedeutung der Modalverben

Modalverben haben neben einer objektiven auch eine subjektive Bedeutung. Welche der beiden Bedeutungen vorliegt, hängt im Präsens vom Kontext ab. In der Vergangenheit ist der Bedeutungsunterschied an den unterschiedlichen Formen erkennbar. In ihrer subjektiven Bedeutung dienen Modalverben unter anderem dazu, Behauptungen oder Vermutungen auszudrücken.

a Vermutungen mit *müssen, dürfen* und *können* ⇤ KB 2/2

Die Modalverben *müssen, dürfen* und *können* drücken aus, wie sicher sich der Sprecher bezüglich einer Aussage ist.

100 %	90 %	75 %	50 %
sehr sicher	fast sicher	wahrscheinlich	möglich
muss	*müsste*	*dürfte*	*könnte*

müssen	Es **muss** sich um eine Sucht **handeln**.	Die Sprecherin / Der Sprecher **ist sich sicher**, dass es so ist. Sie / Er hat aber keinen Beweis, hat es nicht nachgeprüft.
	Auch beim letzten Fall **muss** es sich um die neue Sucht **gehandelt haben**.	
	Das **muss** Tamara sein. = Das **kann nur** Tamara sein. Diese Beziehung **muss** scheitern. = Diese Beziehung **kann nicht** gut gehen.	
	Miranda **müsste** den Zug eigentlich noch bekommen, da er Verspätung hat.	Die Sprecherin / Der Sprecher **vermutet** das.
dürfen	Die Sucht **dürfte** besonders junge Leute **betreffen**.	
	Diese Sucht **dürfte** nur selten ältere Leute **betroffen haben**.	
können	Die Nervosität **kann / könnte** von der Handysucht **kommen**.	Die Sprecherin / Der Sprecher **hält es für möglich**.
	Die Nervosität **kann / könnte** von der Handysucht **gekommen sein**.	

b Behauptungen mit *sollen* und *wollen* ⇤ KB 5/3

Mit *sollen* und *wollen* kann man Behauptungen ausdrücken. Mit *sollen* wird eine fremde Behauptung wiedergegeben, mit *wollen* wird eine Behauptung wiedergegeben, die eine andere Sprecherin / ein anderer Sprecher über sich selbst gemacht hat.

sollen	Ein 26-Jähriger **soll** als „Clickarbeiter" 5 000 Euro im Monat verdient haben.	Es wird **berichtet**, dass ...
wollen	Ein 26-Jähriger **will** als „Clickarbeiter" 5 000 Euro im Monat verdient haben.	Er selbst **behauptet**, dass ...

2 Wortbildung: Vorsilben *miss-, zer-, ent-* und *de-* ⇤ KB 6/2; KB 7/3

Die untrennbaren Vorsilben *miss-, zer-, ent-* und *de-* geben dem Ausgangsverb eine andere, häufig negative Bedeutung.

miss-	Manchmal **gelingt** mir vieles von dem, was ich mir vornehme.	An anderen Tagen **misslingt** mir einfach alles.*
zer-	Über manche Probleme sollte man unbedingt länger **reden**.	Wenn man zu lange über ein Problem spricht, kann es sein, dass man es **zerredet**.
ent-	Vor der alten Wohnung **laden** Kenan und ich alle Sachen in den Transporter.	Vor der neuen Wohnung hilft mir dann mein Bruder, die Möbel zu **entladen**.
de-	Dieses Programm wurde schon vor Jahren **installiert**.	Ein Kollege hilft, das alte Programm zu **deinstallieren**.

* Bei Ausgangsverben mit der Vorsilbe *ge-* fällt die Vorsilbe weg und wird durch *miss-* ersetzt, z. B. *ge*lingen – *miss*lingen.

2 IM TOURISMUS

1 Umgangsformen

Welche Eigenschaften braucht jemand, der beruflich mit Reisenden oder Touristen zu tun hat? Unterhalten Sie sich in Gruppen.

Auf jeden Fall muss man immer freundlich zu den Kunden sein! Auch wenn man etwas zum tausendsten Mal erklärt.

Ich finde Humor auch ganz wichtig.

2 Service für Fahrgäste → AB 15/Ü2

a **Welche Art von Informationen und Serviceleistungen erhalten Fahrgäste im Zug? Nennen Sie einige Beispiele.**

1 ◀)) 4 b **Hören Sie die Durchsagen 1–4 der Bahn und ordnen Sie sie den jeweiligen Gründen zu.**

- [ ] Platzprobleme
- [1] blockierte Zugtür
- [ ] Hinweis auf Zugausstattung
- [ ] Übersehen einer Haltestelle
- [ ] Verzögerung der Fahrt
- [ ] Notfall

c **Wie lassen sich die Durchsagen charakterisieren? Markieren Sie und begründen Sie.**

[ ] alltäglich [ ] ungewöhnlich [ ] ernst [ ] lustig [ ] __________

1 Berufe im Tourismus

a **Arbeiten Sie zu zweit. Ergänzen Sie weitere Berufe der Tourismusbranche. Das Team, das als Erstes zu jedem Buchstaben einen Beruf gefunden hat, ruft „Stopp". Vergleichen Sie im Kurs.**

T
KOCH
U
R
I
S
M
U
S

b **Wählen Sie nun zwei Berufe aus 1a aus.**
Was wissen Sie über Anforderungen, Arbeitsbedingungen und Einsatzmöglichkeiten in diesen Berufen? Berichten Sie im Kurs.

Als Koch hat man oft unregelmäßige Arbeitszeiten. …

2 Worauf es im Tourismus ankommt → AB 16/Ü3

a **Sie lesen in einem Magazin drei verschiedene Beiträge zum Thema *Arbeitswelt Tourismus*. Welcher Text sagt was?**

1 ____ Die Hotelbranche bietet vielfältige Einsatzmöglichkeiten.
2 ____ Der Arbeitgeber muss sich um die Bedürfnisse seiner Mitarbeiter kümmern.
3 ____ Es ist erforderlich, dass noch mehr Betriebe Ausbildungsplätze anbieten.
4 ____ Alle Mitarbeitenden im Hotel sollten die Möglichkeit haben, sich fortzubilden.
5 ____ Zur Gewinnung neuer Mitarbeiter sollten Unternehmen verschiedene Initiativen ergreifen.
6 ____ Wer die unterschiedlichsten Menschen und Arbeitsorte kennenlernen will, ist in der Hotelbranche gut aufgehoben.

A

Sabine Thoma, Leiterin Tourismusamt

Wenn auch die Gegebenheiten in den einzelnen touristischen Regionen unterschiedlich sind, so gibt es doch branchenübergreifende Probleme. Der Mangel an gut ausgebildeten Fachkräften ist eine der größten Schwierigkeiten, mit denen die Gastronomie und das Hotelgewerbe zu kämpfen haben. Eine wirksame Strategie wäre es, wenn die Betriebe ihre Nachwuchskräfte selbst ausbilden würden – denn im Moment macht das nur jedes vierte Unternehmen! Um Jugendliche für einen Beruf im Tourismus zu begeistern, müssen sich Unternehmen als attraktive Arbeitgeber und Ausbildungsbetriebe präsentieren, beispielsweise auf Berufsmessen. Wie viel Einsatz die Suche nach Auszubildenden auch erfordert, der im eigenen Unternehmen ausgebildete Nachwuchs ist ein großer Gewinn.

B

Samira Khoumsi, Auszubildende zur Hotelfachfrau

Ich stecke gerade mitten in meiner Ausbildung zur Hotelfachfrau. Am Ende der drei Jahre werde ich so gut wie alle Abteilungen vom Housekeeping über den Frühstücksservice bis hin zur Rezeption kennengelernt haben, sozusagen von der Pike auf. Durch die vielen verschiedenen Einsatzbereiche und aufgrund der häufig wechselnden Arbeitszeiten wird von uns ziemlich viel Flexibilität gefordert. Wenn ich auch oft abends oder am Wochenende Dienst habe, so habe ich meine Entscheidung bis jetzt noch nicht bereut. Ich kann mir gut vorstellen, im Anschluss eine Weiterbildung zur geprüften Hotelmeisterin zu absolvieren. Auf jeden Fall würde ich aber gern ins Ausland gehen oder vielleicht sogar auf einem Kreuzfahrtschiff arbeiten.

C

Frank Simonis, Betreiber eines SPA-Hotels
Um einen Hotelbetrieb so am Laufen zu halten, dass nicht nur die Gäste angetan sind, sondern auch die Mitarbeiter ihre Tätigkeiten gern verrichten, muss man die Arbeitsplätze möglichst attraktiv gestalten. So sind beispielsweise regelmäßige Weiterbildungsangebote für alle Angestellten, vor allem in der Nebensaison, ein Kernbestandteil unserer Unternehmensphilosophie. Die Vereinbarkeit von Beruf und Familie hat bei uns oberste Priorität: Selbstverständlich stellen wir die Betreuungsangebote für unsere kleinen Gäste auch den Kindern unserer Mitarbeitenden zur Verfügung. Darüber hinaus organisieren wir für alle Eltern, die im Schichtdienst außerhalb der üblichen Kita- und Hortöffnungszeiten arbeiten, eine zeitlich flexible Tagesmutter. Wie aufwendig das alles auch sein mag, wir müssen viel dafür tun, um gutes und zuverlässiges Personal in seinem beruflichen und familiären Alltag zu unterstützen.

b Könnten Sie sich vorstellen, in einem Beruf im Tourismus tätig zu sein? Wenn ja, in welchem? Wenn nein, warum nicht?

Wussten Sie schon? → AB 17/Ü4
Viele Berufsbezeichnungen werden auch in den deutschsprachigen Ländern auf Englisch angegeben. Ursprünglich verwendete man englische Titel vor allem in Bereichen wie der Informatik (z. B. Software Developer*) oder dem Verkauf (z. B.* Account Manager*). Zunehmend findet man inzwischen auch in anderen Branchen wie dem Hotelgewerbe englische Bezeichnungen wie beispielsweise* Front Office *oder* Housekeeping*. Diese sollen der Tätigkeit einen modernen und internationalen Anstrich geben.*

3 Zweiteilige konzessive Konnektoren → AB 18–19/Ü5–8

GRAMMATIK
Übersicht → KB 24/1a

a Was bedeuten folgende Sätze aus dem Text? Markieren Sie.

1 Wenn auch die Gegebenheiten in den einzelnen touristischen Regionen unterschiedlich sind, so gibt es doch branchenübergreifende Probleme. (Z. 2 – 5)
- ☐ Obwohl die Gegebenheiten in den einzelnen touristischen Regionen unterschiedlich sind, gibt es branchenübergreifende Probleme.
- ☐ Weil die Gegebenheiten in den einzelnen touristischen Regionen unterschiedlich sind, gibt es branchenübergreifende Probleme.

2 Wie aufwendig das alles auch sein mag, wir müssen viel dafür tun, um gutes und zuverlässiges Personal in seinem beruflichen und familiären Alltag zu unterstützen. (Z. 49 – 51)
- ☐ Das mag alles aufwendig sein, deshalb müssen wir viel dafür tun, um gutes und zuverlässiges Personal in seinem beruflichen und familiären Alltag zu unterstützen.
- ☐ Das mag zwar alles aufwendig sein, aber wir müssen viel dafür tun, um gutes und zuverlässiges Personal in seinem beruflichen und familiären Alltag zu unterstützen.

b Formulieren Sie die Sätze mit *wie … auch* oder *wenn … auch* wie in 3a um.

1 Wenn ich auch oft abends oder am Wochenende Dienst habe, so habe ich meine Entscheidung bis jetzt noch nicht bereut.

____

____

2 Wie viel Einsatz die Suche nach Auszubildenden auch erfordert, der im eigenen Unternehmen ausgebildete Nachwuchs ist ein großer Gewinn.

____

____

Ich kann jetzt …	😊	🙂	☹
■ über Anforderungen und Arbeitsbedingungen in der Tourismusbranche sprechen.	☐	☐	☐
■ Meinungsbeiträgen über Hotelberufe gezielt Informationen entnehmen.	☐	☐	☐
■ Nebensätze mit den Konnektoren *wenn … auch* und *wie … auch* verstehen.	☐	☐	☐

1 Anruf im Hotel

a Worauf würden Sie als Hotelmitarbeiterin / Hotelmitarbeiter in Ihrem Haus besonderen Wert legen? Sammeln Sie zu zweit.

- dass die Zimmer stilvoll eingerichtet sind
- dass die Gäste sich wohlfühlen
- dass das Frühstücksbüfett ...

1 5 **b Hören Sie nun einen Anruf an der Hotelrezeption und ergänzen Sie die fehlenden Informationen.**

1 Der Anlass des Anrufs ist, Informationen zu einem Hotelaufenthalt zu erhalten.
2 Die gewünschte Reisezeit ist ______
3 Zusammen mit Herrn Heinert reisen ______
4 Der Zimmerpreis für das Südzimmer ist höher wegen ______
5 Die Preise beinhalten ______
6 Kinder erhalten ______
7 Beim Abendessen wählt man zwischen ______
8 Die „Rittencard" gilt für ______
9 Für einen Reiserücktritt braucht man eine Versicherung und ein ______
10 Herr Heinert möchte erst mit seiner Frau sprechen und dann ______

2

2 Zweiteilige restriktive Konnektoren → AB 20–21/Ü9–12

GRAMMATIK
Übersicht → KB 24/1b

1 6 **a Hören Sie die Sätze aus dem Telefonat noch einmal. Ergänzen Sie die fehlenden Konnektoren.**

1 Die Familiensuite brauchen wir, glaube ich, nicht. Außer wenn man kein zusätzliches Beistellbett für die anderen Zimmer bekommen kann.
2 Die beiden Zimmer sind im Grunde ziemlich ähnlich, (...), ______ Sie eben im Südzimmer vom Balkon aus eine wunderschöne Aussicht (...) haben.
3 Das klingt natürlich sehr verlockend und ist auch total praktisch, ______, ______ man erst spät von einem Ausflug zurückkommt.
4 Mit Kindern ist es immer ratsam, eine Reiserücktrittsversicherung abzuschließen. ______ man ein Attest von einem Arzt braucht, hat man keine größeren Umstände damit ...

b Welche Bedeutungen entsprechen den Sätzen in 2a? Markieren Sie.

1 Die Familiensuite brauchen wir nur, wenn wir ☐ *ein* ☐ *kein* zusätzliches Beistellbett für die anderen Zimmer bekommen können.
2 Die beiden Zimmer sind im Grunde ziemlich ähnlich, ☐ *aber* ☐ *und* Sie haben im Südzimmer vom Balkon aus eine wunderschöne Aussicht (...).
3 Das klingt natürlich sehr verlockend und ist auch sehr praktisch. Es ist nur dann ☐ *nicht so* ☐ *so* praktisch, wenn man erst spät von einem Ausflug zurückkommt.
4 Mit Kindern ist es immer ratsam, eine Reiserücktrittsversicherung abzuschließen. Man braucht ☐ *nur* ☐ *nie* ein Attest vom Arzt.

Ich kann jetzt ...

	😊	😐	☹
■ ein Auskunftsgespräch an der Hotelrezeption verstehen.	☐	☐	☐
■ Notizen zu einem Gespräch ergänzen.	☐	☐	☐
■ zweiteilige restriktive Konnektoren verstehen.	☐	☐	☐

SCHREIBEN

1 Schwierigkeiten auf Reisen

Auf einer Fernbusreise wurde mein Koffer ramponiert. Leider konnte ich nicht nachweisen, dass er nicht schon vorher beschädigt war. Ich bekam vom Busunternehmen keinen Cent – sehr ärgerlich!

a In welche problematischen Situationen sind Sie auf Reisen schon geraten? Was ist passiert? Berichten Sie kurz.

b An wen sollte man sich bei Schwierigkeiten wenden? Ordnen Sie zu.

A Peruna air

B Bergmann

C Goldfuchs Reiserücktrittsversicherung

D Reisebüro Thomas Einser

E Pfälzer Oberlandbahn

F Hotel Momo

- ☐ Der Zug hat eine Verspätung und Sie verpassen den Anschlusszug.
- ☐ Die Reise war weit unter dem gebuchten Standard.
- ☐ Der Wellnessbereich Ihrer Unterkunft ist fast immer geschlossen.
- ☐ Sie nehmen Ihren neuen Koffer am Gepäckband beschädigt entgegen.
- ☐ Der Fahrer weigert sich, Ihr Fahrrad in dem dafür vorgesehenen Anhänger mitzunehmen.
- ☐ Sie haben kurz vor der Reise einen Unfall und können die Reise nicht antreten.

2 Sich um Schadensersatz bemühen → AB 21–22/Ü13–14

a Wählen Sie eine Situation aus 1b und verfassen Sie eine E-Mail an den passenden Ansprechpartner. Schildern Sie, welchen Schaden Sie erlitten haben, wie es dazu kam und welche Leistung bzw. welchen Schadensersatz Sie erwarten. Achten Sie darauf, Ihr Anliegen klar und verständlich zu beschreiben. Die Wortwahl und der Stil sollten dem Schreibanlass entsprechen. Schreiben Sie einen zusammenhängenden Text von mindestens 100 Wörtern.

„*Am … in … passierte mir Folgendes: …*
Leider war es (mir) nicht möglich, …
Es entstand ein Schaden von umgerechnet …
Deshalb würde ich Sie bitten, …
Vielen Dank für Ihre Bemühungen!"

b Setzen Sie sich zu viert zusammen und tauschen Sie Ihre Schreiben untereinander aus. Lesen Sie jeweils das Schreiben einer Lernpartnerin / eines Lernpartners, fassen Sie mündlich zusammen und kommentieren Sie anschließend in der Gruppe, wie Sie die Chance auf Erfolg einschätzen.

Ich kann jetzt …	😊	😐	☹
■ schwierige Situationen auf Reisen beschreiben.	☐	☐	☐
■ einen passenden Ansprechpartner für ein Problem bestimmen.	☐	☐	☐
■ eine E-Mail mit der Bitte um Schadensersatz formulieren.	☐	☐	☐

1 Günstig reisen – aber wie?

Stellen Sie sich vor, Sie möchten eine möglichst günstige Reise unternehmen. Wie können Sie besonders viel sparen? Überlegen Sie zu dritt.

Ich denke, dass man bei den Fahrtkosten viel sparen kann. Ich habe mal …

2 Gastfreundschaftsnetzwerke

a **Was bedeutet Gastfreundschaft für Sie? Worum könnte es sich bei Gastfreundschaftsnetzwerken handeln? Tauschen Sie sich dazu in Kleingruppen aus.**

b **Lesen Sie die Texte zu drei verschiedenen Gastfreundschaftsnetzwerken. Was ist das Besondere an den einzelnen Netzwerken? Sprechen Sie im Kurs.**

1

Couchsurfing

Die Plattform Couchsurfing ist ein kommerzielles Gastfreundschaftsnetzwerk mit mehr als 12 Millionen Mitgliedern, das dabei hilft, auf Reisen eine kostenlose Unterkunft zu finden. Doch wie funktioniert das? Ganz einfach: Zunächst einmal muss man sich auf der Webseite ein Profil anlegen. Dort sollte man unbedingt auch angeben, welche Sprachkenntnisse und Hobbys man hat. Punkten kann man zum Beispiel mit einer witzigen Anekdote aus seinem Leben und natürlich, indem man anderen Reisenden im Gegenzug seine Couch zur Verfügung stellt. Sucht man dann nach einer Unterkunft, stehen je nach Reiseziel mehrere *Hosts*, also Gastgeber, zur Auswahl. Am besten ist es, wenn man mit seinen Wunschgastgebern frühzeitig Kontakt aufnimmt, um in Erfahrung zu bringen, wer gerade die Möglichkeit und Interesse hat, Reisende bei sich aufzunehmen. Sinnvoll ist aber, vorher die Referenzen zu lesen, die der *Host* hat. So kann man einen ersten Eindruck gewinnen, ob es sich um einen vertrauenswürdigen und guten *Host* handelt. Wenn jemand bereits viele positive Rückmeldungen bekommen hat, kann normalerweise nichts schiefgehen!

2

Warmshowers

Wer schon einmal mehrere Tage mit dem Fahrrad unterwegs war, weiß, dass die Suche nach einer passenden Unterkunft oder einem Campingplatz auf der ausgewählten Route manchmal Mühe macht oder sogar große Schwierigkeiten bereitet. Nicht nur aus diesem Grund ist es praktisch, dass man mit dem Netzwerk *Warmshowers* die entsprechenden Vorbereitungen treffen kann, um sich auf der Tour bei gleichgesinnten Fahrradbegeisterten einzuquartieren. Neben einer warmen Dusche steht den Gästen eine Schlafmöglichkeit zur Verfügung – oder aber auch der Garten für das mitgebrachte Zelt. Wenn man einen Tag früher oder später ankommt als verabredet, sollte man unbedingt Bescheid geben – in der Regel ist das aber kein Problem. Und das alles kostenlos, von Radler zu Radler! Beim gemeinsamen Abendessen oder Frühstück kommen so nicht selten vergangene Erlebnisse und Reisen auf dem Drahtesel zur Sprache. Inzwischen gibt es sogar eine App, mit deren Hilfe man andere Radtouristen kontaktieren kann.

[3]

WWOOF

Was verbirgt sich hinter der Abkürzung WWOOF? Die letzten drei Buchstaben stehen für *Opportunities on Organic Farms* – das heißt, das Netzwerk bietet seinen Nutzern die Möglichkeit, auf ökologischen Bauernhöfen mitzuarbeiten. Die beiden ersten Buchstaben stehen für *world-wide*, also die Möglichkeit, sich mit Nutzern auf der ganzen Welt in Verbindung zu setzen. Das Reisen mit WWOOF kommt wohl vor allem für Menschen infrage, die in ein naturverbundenes Leben eintauchen möchten und dafür in Kauf nehmen, täglich vier bis sechs Stunden zu arbeiten. Tatkräftige Hilfe ist überall gefragt – sei es bei der Ernte, beim Melken der Kühe oder beim Bauen oder Reparieren von Zäunen. Die meiste Freude bereitet es vielen Freiwilligen jedoch, wenn sie die frisch geerntete Ware auf dem Wochenmarkt verkaufen können. Was man dafür bekommt? Einen Schlafplatz im Gästezimmer oder auf dem Heuboden, selbst erzeugtes Essen und bei der intensiven Art des Zusammenlebens wird man sehr wahrscheinlich auch einige neue Freundschaften schließen.

3 Feste Nomen-Verb-Verbindungen → AB 23/Ü15–16

GRAMMATIK

Übersicht → KB 24/2

a **Lesen Sie den Anfang von Text 1 in 2b noch einmal. Welche Bedeutung hat die Nomen-Verb-Verbindung *ein Profil von sich anlegen*? Markieren Sie.**

☐ sich profilieren ☐ sich mit jemandem anlegen ☐ sich anmelden

b **Lesen Sie alle Texte in Aufgabe 2b erneut. Markieren Sie alle Nomen-Verb-Verbindungen, die den einfachen Verben in der Tabelle entsprechen und ordnen Sie sie wie im Beispiel zu.**

Feste Nomen-Verb-Verbindung	Einfaches Verb
	angesprochen / thematisiert werden
ein Profil von sich anlegen	sich anmelden
	über etwas verfügen können
	verfügbar machen
	jemanden erfreuen
	sich mit jemandem verbinden
	sich anfreunden
	ausgewählt werden können
	etwas vorbereiten
	möglich sein
	schwierig sein
	mühsam sein
	etwas erfahren
	kontaktieren
	jemanden über etwas informieren
	etwas akzeptieren

c **Wählen Sie einen der drei Infotexte aus und formulieren Sie die Textstellen mit festen Nomen-Verb-Verbindungen in solche mit einfachem Verb um.**

Ich kann jetzt ...

	😊	🙂	☹
▪ Ideen äußern, wie man beim Reisen Geld sparen kann.	☐	☐	☐
▪ darüber sprechen, was Gastfreundschaft für einen selbst und andere bedeutet.	☐	☐	☐
▪ feste Nomen-Verb-Verbindungen erkennen, verstehen und selbstständig anwenden.	☐	☐	☐

1 Ideenbörse → AB 24/Ü17

a Sehen Sie sich die Wortwolke an und markieren Sie darin fünf Begriffe, die Sie im Zusammenhang mit der Nutzung eines Gastfreundschaftsnetzwerkes interessant finden.

b Sie möchten verreisen und dabei ein Gastfreundschaftsnetzwerk nutzen. Bilden Sie Kleingruppen. Erläutern und diskutieren Sie Ihre Ideen zu den Fragen. Gehen Sie auf die Argumente Ihrer Gesprächspartner ein. Wägen Sie alle Vorschläge gegeneinander ab, kommen Sie zu einer Entscheidung und begründen Sie Ihre Wahl.

Reiseziel und -zeit:	Wohin, wann und wie lange?
Gastfreundschaftsnetzwerke:	Welches kommt für Sie (nicht) infrage? Warum (nicht)?
Komfort und Bequemlichkeit:	Worauf können Sie (nicht) verzichten?
Besonderheit der Reise:	Was macht Ihre Reise besonders?

Vorschläge machen und eigene Vorlieben benennen

„*Als Reiseziel / Reisezeit schlage ich ... vor, da kann man ...*
Bei der Wahl des Reiseziels / der Reisezeit steht für mich ... im Vordergrund.
Für eine Reise nach ..., würde ich auch ... in Kauf nehmen.“

Auf die Ideen des Partners reagieren

„*... klingt schon ganz reizvoll, aber ...*
Das halte auch ich für eine gute Wahl, weil ...
... kommt für mich eher nicht infrage, denn ...“

Gegenvorschläge machen

„*Mit ... habe ich schon gute Erfahrungen gemacht.*
Meines Erachtens sollten wir bei ... berücksichtigen, dass ...
Man sollte / darf auch ... nicht außer Acht lassen.“

Zu einer Einigung kommen

„*Wie wäre es, wenn wir als Erstes ...*
Bevor wir eine endgültige Entscheidung treffen, müssen wir ...
Wir könnten ja unverbindlich mit ... Kontakt aufnehmen.“

c Präsentieren Sie Ihre Ergebnisse im Plenum.

Ich kann jetzt ...	☺	😐	☹
■ mich inhaltlich auf eine Diskussion vorbereiten.	☐	☐	☐
■ gemeinsam etwas planen und dabei Vorschläge machen.	☐	☐	☐
■ auf Vorschläge reagieren und zu einer Einigung kommen.	☐	☐	☐

HÖREN 2

1 Reiseandenken

a Notieren Sie Reiseandenken, die Sie schon einmal mitgebracht haben.

Was?	1	2	3
Wo und wann erstanden?			
Warum gekauft?			
Was ist damit passiert?			

b Vergleichen Sie Ihre Ergebnisse zu viert. Gibt es Übereinstimmungen? Wenn ja, welche?

c Welche Synonyme kennen Sie für das Wort *Reiseandenken*?

2 *Eulen aus Athen* → AB 24/Ü18

1 ◀)) 7 **a Hören Sie den Anfang eines Berichts. Welche Aussage ist richtig? Markieren Sie.**

- [a] Die Journalistin hat genau 1250 Reiseandenken zu Hause.
- [b] Sie verwendet gern die aus Thailand mitgebrachte Currysoße.
- [c] Sie ärgert sich über die vielen Souvenirs in ihrer Wohnung.

b Hören Sie den mittleren Teil nun in Abschnitten. Welche Aussage ist richtig? Markieren Sie.

1 ◀)) 8 **Abschnitt 1:**

- [a] Das „Mitbringsel aus schlechtem Gewissen" ist meist gut ausgewählt.
- [b] Die verreiste Person will der Familie zu Hause mit einem Geschenk ihre Zuneigung zeigen.
- [c] Mit „Gutmenschen-Geschenken" hilft man der Wirtschaft in unterentwickelten Ländern enorm.

1 ◀)) 9 **Abschnitt 2**

- [a] Mit dem „Konservier-Souvenir" möchte man die erlebten Gefühle mit nach Hause nehmen.
- [b] Meist freut man sich auch später noch über die gekauften Dinge.
- [c] Häufig bringt man Lebensmittel mit, weil deren Qualität besonders gut ist.

1 ◀)) 10 **Abschnitt 3**

- [a] Mit „Kalkül-Kauf"-Mitbringseln sollte man möglichst wenige Freunde beschenken.
- [b] „Kalkül-Käufe" sind nicht sehr beliebt.
- [c] „Spontan-Souvenirs" kauft man oft in einem Zustand geistiger Umnachtung.

1 ◀)) 11 **c Hören Sie nun den Schluss. Welche Aussage ist richtig? Markieren Sie.**

- [a] Ihr Mann freut sich über alle Arten von Souvenirs.
- [b] Sie bringt ihm nur noch konsumierbare Dinge mit.

d Was will die Autorin wohl mit ihrer detaillierten Analyse von Mitbringseln erreichen?

- [a] Sie will den Hörer genau über die möglichen „Andenken-Typen" aufklären.
- [b] Sie will zeigen, wie gut sie sich auskennt.
- [c] Sie macht sich über den Souvenir-Kauf lustig.

3 Verschiedene Motivationen

Welche der genannten Kauf-Motivationen können Sie am besten nachvollziehen? Warum?

Ich kann jetzt ...	☺	😐	☹
■ über selbst gekaufte Reiseandenken sprechen.	☐	☐	☐
■ einen ironischen Bericht über den Sinn von Reiseandenken detailliert verstehen.	☐	☐	☐

1 Sanfter Tourismus

Es geht um die Rücksichtnahme auf die Natur in der bereisten Region.

a **Viele Menschen wollen heutzutage *sanft* beziehungsweise *nachhaltig* reisen. Welche Anliegen verfolgt diese Art des Reisens? Sammeln Sie verschiedene Aspekte.**

b **Lesen Sie einen Artikel zum Thema *Sanfter Tourismus* und wählen Sie bei den Aufgaben 1–14 das Wort (a, b, c oder d), das jeweils in den Satz passt. Es gibt jeweils nur eine richtige Lösung.**

Allen, die gern die Welt erkunden, sollte heutzutage sanfter und nachhaltiger Tourismus am Herzen **(1)**. Eine Menge **(2)** Tipps, Zahlen und Fakten sowie viele nette Karikaturen zum **(3)** *Verantwortliches Reisen* findet man in der Broschüre *Fair reisen mit Herz und Verstand*, die auch mobil abrufbar ist.
Wer nun glaubt, man müsse **(4)** viele Annehmlichkeiten wie eine komfortable Unterkunft oder praktische Transportmittel verzichten, der irrt. Es geht auch nicht **(5)**, Verbote und Einschränkungen auszusprechen, sondern zu zeigen, wie das Reisen durch Achtung der Umwelt und Respekt gegenüber den Menschen und **(6)** Kultur qualitativ wertvoller wird und damit auch uns Reisende zufriedener macht.
Wichtig für die **(7)** Nachhaltigkeitsbilanz ist natürlich, möglichst umweltfreundlich anzureisen, das heißt, auf Flugreisen weitgehend zu verzichten bzw. keine kürzeren Fernreisen zu **(8)**. Auch bei der Wahl der Unterkunft empfiehlt die Broschüre beispielsweise eher kleinere lokale **(9)** als riesige, international geführte Hotelanlagen.
Im Reiseland **(10)** wünscht man sich dann häufig Hilfestellung bei ganz konkreten Entscheidungen, beispielsweise der Frage nach Trinkgeld oder zu angemessener Kleidung und Verhalten an religiösen Stätten. Man findet hier Links **(11)** Internetseiten, die sehr brauchbare Informationen zu vielen Reiseländern enthalten.
Die schönsten Erinnerungen an den Urlaub sind oft die Begegnungen mit den **(12)**. Die für **(13)** schönste Zeit im Jahr ist jedoch für die Menschen, die in den Urlaubsgebieten leben und arbeiten, Alltag. **(14)** wir also bewusster und nachhaltiger reisen, werden wir weiterhin schöne und eindrucksvolle Erlebnisse genießen, aber auch unseren Gastgebern ein besseres Leben ermöglichen.

1
a bleiben
b liegen
c sein
d stehen

2
a hilfreicher
b hilfsbereiter
c helfender
d geholfener

3
a Beispiel
b Gebiet
c Problem
d Thema

4
a für
b an
c auf
d um

5
a darum
b dafür
c worum
d daran

6
a seiner
b ihren
c ihrer
d Ihrer

7
a einige
b eigene
c selbige
d einstige

8
a unternehmen
b nehmen
c durchführen
d bestellen

9
a Bieter
b Anfragen
c Anbieter
d Gebote

10
a kommt an
b angekommen
c ankommen
d ankommt

11
a an
b für
c mit
d zu

12
a Unheimlichen
b Heimlichen
c Heimischen
d Einheimischen

13
a unser
b uns
c eure
d sie

14
a Wenn
b Ob
c Falls
d Da

c **Fassen Sie die wesentlichen Informationen des Textes mündlich zusammen.**

Ich kann jetzt ...

	😊	😐	☹
über die Ansätze des *sanften* bzw. *nachhaltigen Reisens* sprechen.	☐	☐	☐
einen Artikel zum Thema *Sanfter Tourismus* lesen und verstehen.	☐	☐	☐

SEHEN UND HÖREN

1 Eine Jungunternehmerin → AB 25/Ü19

Sehen Sie eine Fotoreportage in Abschnitten an und beantworten Sie die Fragen.

Abschnitt 1

2 1 Sehen Sie den Abschnitt zunächst ohne Ton.
- Was für ein Unternehmen hat die junge Frau wohl?
- Was könnte das Besondere daran sein?

2 2 Sehen Sie den Abschnitt nun mit Ton.
- Waren Ihre Vermutungen richtig?
- Was bietet Sibila Tasheva an? Für wen?
- Wo ist ihr Arbeitsplatz?

3 **Abschnitt 2**

- Wie bereitet Sibila ihr Serviceangebot vor?
- Wie unterscheidet sie sich von großen Anbietern?

4 **Abschnitt 3**

- Was ist in Sibilas Betrieb eher günstig, was war zu Beginn kostspielig?
- Wie ist ihr die Finanzierung ihres Unternehmens gelungen?
- Sibila Tasheva ist Juristin. Welche Vorteile hatte das wohl bei der Unternehmensgründung?

5 **Abschnitt 4**

Welche Vorteile ihrer juristischen Ausbildung nennt Sibila selbst? Notieren Sie.
- In Bezug auf ihr theoretisches Wissen: ______________________
- In Bezug auf ihre Qualitäten als Anwältin: ______________________

6 **Abschnitt 5**

- Wie ist die Unternehmenssituation derzeit?
- Was sind Sibilas Ziele?

2 Ihr Eindruck

7 **Sehen Sie die Fotoreportage noch einmal ganz an und unterhalten Sie sich dann in Kleingruppen.**

1 Wie gefällt Ihnen Sibilas Unternehmen?
2 Welche Chancen und Risiken sehen Sie dabei?
3 Fänden Sie es reizvoll, selbst ein kleines Unternehmen zu gründen? Wenn ja, in welchem Bereich?
4 Wie könnte sich Sibilas Unternehmen in zehn Jahren entwickelt haben?

Ich könnte mir vorstellen, dass der Trend zur Individualisierung weiter anhält und Sibilas Unternehmen deswegen …

Ich kann jetzt …

	😊	😐	☹
■ den Bericht einer jungen Unternehmerin über ihre Firma verstehen.	☐	☐	☐
■ Überlegungen zu Unternehmensgründungen anstellen.	☐	☐	☐
■ Vermutungen über die Zukunftsaussichten eines kleinen Unternehmens äußern.	☐	☐	☐

GRAMMATIK

1 Zweiteilige Konnektoren

a Zweiteilige konzessive Konnektoren ⇤ KB 15/3

Wenn ... auch, (so) und *wie ... auch* drücken eine Bedingung oder Ursache aus, die nicht die zu erwartende Wirkung hat.

Zweiteilige konzessive Konnektoren	Varianten
Wenn die Gegebenheiten **auch** unterschiedlich sind, **so** gibt es doch branchenbedingte Probleme.	**Obwohl** die Gegebenheiten unterschiedlich sind, gibt es branchenbedingte Probleme.
Wie aufwendig das alles **auch** sein mag, wir müssen viel dafür tun, unser Personal zu unterstützen.	Das mag **zwar** alles aufwendig sein, **aber** wir müssen viel dafür tun, unser Personal zu unterstützen.

b Zweiteilige restriktive Konnektoren ⇤ KB 16/2

Es sei denn, (dass) ...; außer, (wenn) ...; außer dass ... und *nur dass ...* drücken eine Einschränkung aus. Man verwendet sie, wenn etwas nur in einem bestimmten Fall oder in einer bestimmten Situation gilt.

Zweiteilige restriktive Konnektoren	Varianten
Wahrscheinlich reisen wir am Freitag an, ... – **es sei denn**, unser Kind wird krank. – **es sei denn, dass** unser Kind krank wird. – **außer** unser Kind wird krank. – **außer wenn** unser Kind krank wird.	Wir reisen am Freitag an. Dies gilt nicht, wenn unser Kind krank wird. *oder* Wir reisen am Freitag nur dann nicht an, wenn unser Kind krank wird.
Die beiden Hotelzimmer sind fast gleich, **außer dass** Sie im teureren Zimmer einen Balkon haben. **Außer dass** Sie im teureren Zimmer einen Balkon haben, sind die Hotelzimmer fast gleich. Die beiden Hotelzimmer sind fast gleich, **nur dass** Sie im teureren Zimmer einen Balkon haben.*	Die beiden Hotelzimmer sind fast gleich. Der einzige Unterschied besteht darin, dass Sie im teureren Zimmer einen Bal-kon haben.

* Der Satz mit *nur dass* ist immer der zweite Satzteil.

2 Feste Nomen-Verb-Verbindungen ⇤ KB 19/3

Nomen können mit verschiedenen Verben, manchmal mit Artikeln oder Präpositionen in Nomen-Verb-Verbindungen stehen.

Feste Nomen-Verb-Verbindung	Einfaches Verb
ein Profil von sich anlegen	sich anmelden
Freude bereiten	jemanden erfreuen
Freundschaft schließen	sich anfreunden
Vorbereitungen treffen	etwas vorbereiten
Möglichkeiten bieten	möglich sein
Schwierigkeiten bereiten	schwierig sein
Mühe machen	mühsam sein
in Erfahrung bringen	etwas erfahren
Kontakt aufnehmen	kontaktieren
Bescheid geben	jemanden informieren
in Kauf nehmen	etwas akzeptieren

Belma Spahic (42) kommt aus Bosnien und hat nach ihrem Schulabschluss in Sarajewo Bauingenieurwesen studiert. Seit zwei Jahren lebt sie in Kaufbeuren und ist dort bei einer größeren Baufirma beschäftigt. Zurzeit überwacht sie den Bau eines Bürokomplexes in der Innenstadt von Kaufbeuren und überprüft regelmäßig den Baufortschritt vor Ort.

CHECKLISTE SICHERHEIT AM ARBEITSPLATZ

- ☐ Sicherheitshinweise verstehen
- ☐ einen Arbeitsunfall melden
- ☐ sich nach einem Arbeitsunfall richtig verhalten
- ☐ einen Unfallbericht schreiben

1 Sicherheitshinweise verstehen

a **Die Sicherheit am Arbeitsplatz ist in Belmas Beruf sehr wichtig. Vor welchen Gefahren muss man sich auf einer Baustelle schützen? Sammeln Sie Ideen im Kurs.**

b **Belma liest eine Broschüre zum Arbeitsschutz. Was bedeuten die Symbole? Ordnen Sie zu.**

☐ 

☐ 

☐ 

☐ 

☐ 

Informationen zur persönlichen Schutzausrüstung

1 Atemschutzgeräte verhindern das Einatmen von Schadstoffen aus der Umgebungsatmosphäre und schützen vor Sauerstoffmangel.
2 Warnkleidung ist an Orten zu tragen, an denen das frühzeitige Erkennen von Personen erforderlich ist (z. B. im Straßenverkehr, auf Baustellen).
3 Ein Gehörschutz verhindert das Einwirken von schädigendem Lärm oder sehr lauter Umgebungsgeräusche auf das Gehör.
4 Schutzhelme sind meist aus Hartplastik gefertigt und dienen dem Schutz des Kopfes vor herabfallenden Teilen und in beengten Arbeitssituationen.
5 Sicherheitsschuhe haben eine Schutzkappe aus Metall oder Kunststoff und sind je nach Arbeitsbereich auch flammfest oder wasserdicht.

c **Welche Ausrüstung wäre bei diesen Gefahren sinnvoll? Diskutieren Sie.**

Schnee / Glätte | Rauch / Dämpfe | Strom / Elektrizität | Feuer / Brand | Wasser | Laute Baumaschinen

Wussten Sie schon?
Das Arbeitsschutzgesetz regelt die Arbeitssicherheit und den Gesundheitsschutz im Betrieb. Ab einer gewissen Betriebsgröße muss ein Unternehmen laut Gesetz eigene Fachkräfte für Arbeitssicherheit beschäftigen. Wenn für die Arbeit eine persönliche Schutzausrüstung erforderlich ist, muss diese der Arbeitgeber bereitstellen. Der Staat kontrolliert, ob sich alle Arbeitgeber an das Gesetz halten.

d **Welche Sicherheitsbestimmungen gelten in Ihrem Arbeitsumfeld? Welche Schutzkleidung ist vorgeschrieben?**

2 Einen Arbeitsunfall melden

1 🔊 12 **a Lesen Sie die Informationen zur Unfallmeldung. Hören Sie dann das Gespräch und markieren Sie, welche Punkte thematisiert werden.**

Einen Unfall melden
1 Ruhe bewahren ☐
2 Wer spricht? ☐
3 Was ist passiert? ☐
4 Wo ist es passiert? ☐
5 Wie viele Personen sind verletzt? ☐
6 Rückfragen beantworten ☐

1 🔊 12 **b Hören Sie das Telefongespräch noch einmal. Was soll Belma tun? Markieren Sie die richtigen Lösungen.**

- ☐ sofort den Chef verständigen
- ☐ abwarten, ob die Schmerzen zu- oder abnehmen
- ☐ zum Durchgangsarzt gehen
- ☐ mit dem Taxi zum Hausarzt fahren
- ☐ eine Bescheinigung des Durchgangsarztes an die Personalabteilung schicken
- ☐ einen Krankenwagen rufen
- ☐ zu Hause ihre Versichertenkarte holen
- ☐ auf das Eintreffen der Kollegen warten
- ☐ Herrn Berner bitten, die Abnahme auf der Baustelle zu übernehmen
- ☐ Herrn Maier nach der Untersuchung erneut anrufen

EXTRA BERUF

Wussten Sie schon?
Bei einem Arbeitsunfall muss die verletzte Person von einem Durchgangsarzt untersucht werden. Sucht das Unfallopfer zuerst einen Hausarzt auf, muss dieser den Patienten an einen Durchgangsarzt überweisen. Der Durchgangsarzt koordiniert alle Phasen der Behandlung, angefangen von der Erstversorgung bis hin zur Rehabilitation. Da bei einem Arbeitsunfall nicht die Krankenkasse, sondern die gesetzliche Unfallversicherung die Kosten übernimmt, ist für den Besuch beim Durchgangsarzt keine Gesundheitskarte erforderlich.

c Belma hat sich bei ihrem Unfall das Handgelenk gebrochen und erhält vom Durchgangsarzt eine Arbeitsunfähigkeitsbescheinigung. Ergänzen Sie.

Deutsche Gesetzliche Unfallversicherung (DGVU) • 02.04.1978 • Spahic, Belma • Bauingenieurin

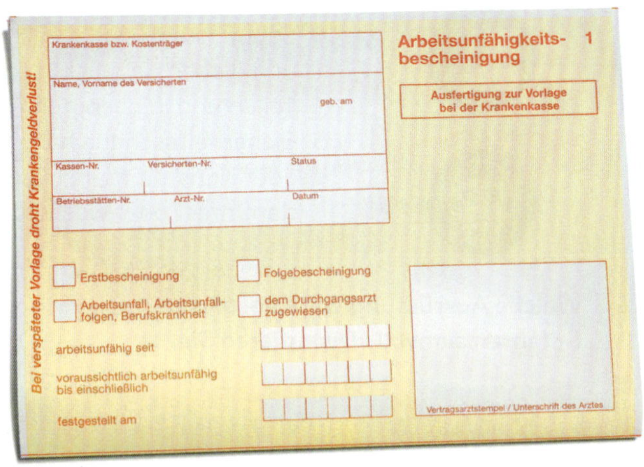
Bei verspäteter Vorlage droht Krankengeldverlust!
Krankenkasse bzw. Kostenträger
Name, Vorname des Versicherten
geb. am
Kassen-Nr. | Versicherten-Nr. | Status
Betriebsstätten-Nr. | Arzt-Nr. | Datum
Arbeitsunfähigkeits- bescheinigung 1
Ausfertigung zur Vorlage bei der Krankenkasse
☐ Erstbescheinigung ☐ Folgebescheinigung
☐ Arbeitsunfall, Arbeitsunfall- folgen, Berufskrankheit ☐ dem Durchgangsarzt zugewiesen
arbeitsunfähig seit
voraussichtlich arbeitsunfähig bis einschließlich
festgestellt am
Vertragsarztstempel / Unterschrift des Arztes

d Sehen Sie sich das Formular in 2c noch einmal an. Welche Informationen werden zu den folgenden Punkten in der Arbeitsunfähigkeitsbescheinigung angegeben? Sprechen Sie.

- Dauer der Arbeitsunfähigkeit
- Behandelnder Arzt
- Zeitpunkt der Diagnose
- Behandlungsort
- Versicherung
- Patient

e Welche Arbeitsunfälle können in Ihrem Arbeitsumfeld passieren? Haben Sie schon einmal einen Arbeitsunfall gesehen oder miterlebt? Berichten Sie.

3 Sich nach einem Arbeitsunfall richtig verhalten

a **Lesen Sie die Informationsbroschüre und ergänzen Sie die Überschriften.**

Muss der Arbeitgeber informiert werden? • Welcher Arzt ist der richtige? • Was zählt als Arbeitsunfall? • Wann sollte man Widerspruch einlegen?

Arbeitsunfall – Was ist zu tun?

____

Versichert sind alle Unfälle, die Arbeitnehmer in Zusammenhang mit ihrer Arbeitstätigkeit erleiden. Die gesetzliche Unfallversicherung kommt jedoch nicht für Gesundheitsschäden auf, die zufällig während der Arbeitstätigkeit auftreten.

____

Nach einem Arbeitsunfall müssen Arbeitnehmer zu einem Durchgangsarzt gehen. Das ist ein Facharzt mit Zulassung der Berufsgenossenschaften. Wenn ein Betroffener seinen Hausarzt aufsucht, muss dieser den Patienten an einen Durchgangsarzt überweisen.

____

Sofern sich der Arbeitsunfall außerhalb des Unternehmens ereignet, müssen Arbeitnehmer ihren Arbeitgeber informieren. Dieser muss den Unfall dokumentieren und der Berufsgenossenschaft melden, wenn die Arbeitsunfähigkeit länger als drei Tage dauert.

____

Lehnt die Berufsgenossenschaft ab, Leistungen zu erbringen, hat der Betroffene einen Monat Zeit, zu widersprechen. Es ist ratsam, den Widerspruch mithilfe eines Anwalts einzulegen, der sich im Sozial- und Berufsgenossenschaftsrecht auskennt.

b **Lesen Sie das Quiz und überlegen Sie, bei welchem Fall es sich um einen Arbeitsunfall handeln könnte. Markieren Sie und sprechen Sie anschließend im Kurs.**

Quiz der kuriosen Arbeitsunfälle

Die meiste Zeit des Tages verbringen wir in der Arbeit. Kein Wunder, dass dort auch die eigenartigsten Unfälle passieren. Dabei haben Arbeitnehmer nicht immer einen Anspruch auf Leistungen. Was denken Sie – Arbeitsunfall oder kein Arbeitsunfall?

	Arbeitsunfall
1 Ein Beamter schläft während der Dienstzeit ein, fällt vorn über vom Stuhl und bricht sich an der Tischkante die Nase.	☐
2 Eine Frau möchte auf dem Heimweg einen privaten Brief einwerfen, rutscht dabei auf einer Bananenschale aus und verletzt sich an der Hand.	☐
3 Ein Versicherungsvertreter verlässt morgens das Haus, stolpert vor der Tür über seinen schlafenden Hund und verstaucht sich den Knöchel.	☐
4 Eine Lehrerin geht mittags in die Kantine eines benachbarten Unternehmens und rutscht dort auf dem frisch gewischten Boden aus.	☐

Lösung: 1, 3

c **Wo gibt es in Ihrer Nähe einen Durchgangsarzt? Recherchieren Sie.**

4 Einen Unfallbericht schreiben

a **Belmas Arbeitgeber muss den Arbeitsunfall melden und benötigt von Belma einen Bericht, um den Unfall detailliert nachvollziehen zu können. Lesen Sie Belmas Bericht und ergänzen Sie.**

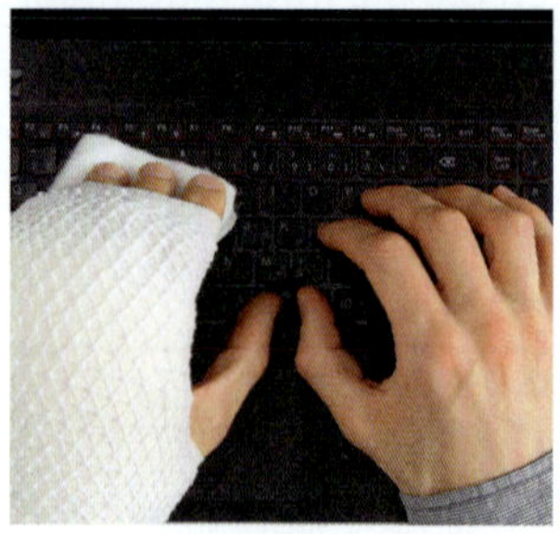

Schmerztabletten • Schlossallee 26 • Baufortschritt • Berufsgenossenschaft • Schürfwunden • Schwindelgefühl • Sturz • Durchgangsarzt

Unfallbericht

Am 12.02.20.. um 6:45 Uhr befand ich mich auf unserer Baustelle in der __________ (1) in 87600 Kaufbeuren und war gerade dabei, den __________ (2) zu begutachten. Bei Betreten der Baustelle rutschte ich auf einem vereisten Brett aus und stürzte. Meine linke Hand, mit der ich meinen Fall abzufangen versuchte, begann sofort nach dem __________ (3) zu schmerzen und schwoll stark an. Ich verspürte darüber hinaus ein leichtes __________ (4).

Nach einem Telefonat mit Axel Maier von der Personalabteilung fuhr ich mit einem Taxi zum zuständigen __________ (5) Dr. Bernhard Wichert. Dieser diagnostizierte einen Bruch des linken Handgelenks sowie leichte __________ (6). Das Handgelenk wurde verbunden und geschient. Herr Dr. Wichert verschrieb mir zudem __________ (7).
Ich bin voraussichtlich sechs Wochen arbeitsunfähig.

Ich bitte um die Meldung meines Arbeitsunfalls bei der entsprechenden __________ (8).

Kaufbeuren, 14.02.20..

Belma Spahic

EXTRA BERUF

Einen Unfallbericht schreiben
Beim Verfassen eines Berichts ist es am wichtigsten, die sogenannten W-Fragen zu beantworten: Was ist wann, wo, wie geschehen und weshalb? Im Idealfall haben Sie die entscheidenden Eckdaten und Details bereits kurz nach dem Unfall in Stichpunkten notiert, um diese nicht zu vergessen. Geben Sie in Ihrem Bericht das Datum, die Uhrzeit und den genauen Ort an. Erklären Sie zudem so präzise wie möglich, wie es zu dem Unfall gekommen ist. Bleiben Sie sachlich und verzichten Sie darauf, eine Bewertung zu treffen. Sofern es Augenzeugen gibt, erwähnen Sie diese in Ihrem Bericht – am besten mit Namen und Adressen.

b **Lesen Sie Belmas Bericht noch einmal. Schreiben Sie anschließend selbst einen kurzen Unfallbericht. Verwenden Sie die folgenden Informationen oder erfinden Sie die wichtigsten Details selbst.**

Lkw beladen • humpeln / nicht gehen können • blaue Flecken • eine Woche krankgeschrieben • auf den Fuß fallen • Schmerztabletten • Gel zur Kühlung • Umzugskartons

3 INTELLIGENZ UND WISSEN

1 Wissensquiz

Markieren Sie und vergleichen Sie anschließend mit den Lösungen auf Seite AB 95.

1 In welcher Zeit lebten die Menschen auf dem Bild?
- ☐ in der Eiszeit
- ☐ im Mittelalter
- ☐ in der Steinzeit

2 Was waren sie von Beruf?
- ☐ Siedler und Bauern
- ☐ Jäger und Sammler
- ☐ Ritter und Krieger

3 Was war wichtig für den täglichen Überlebenskampf?
- ☐ Geschicklichkeit und Vorsicht
- ☐ mathematisch-logisches Denken
- ☐ sprachliche Fähigkeiten

2 Ihre Meinung → AB 29/Ü2

Verfassen Sie in Kleingruppen einen kurzen Text über die Menschen auf dem Bild und ihr Leben. Beantworten Sie dabei folgende Fragen:

- Was waren damals die größten Herausforderungen für die Menschen?
- Welche Fähigkeiten und Fertigkeiten brauchten sie?
- Wie könnte ihr Tag ausgesehen haben?

Vor mehreren tausend Jahren standen die Menschen vor existenziellen Herausforderungen ...

1 Menschliche Fähigkeiten im Wandel

a Sehen Sie sich das Foto an. Was müssen Menschen heute beherrschen, was ist weniger wichtig als früher? Weshalb?

b Sind die Menschen Ihrer Meinung nach heutzutage intelligenter oder weniger intelligent als früher? Aus welchen Gründen?

2 Vom Jäger zum User → AB 30/Ü3

Lesen Sie erst den Text und ergänzen Sie dann die Textzusammenfassung auf Seite KB 31.

Der Mensch ist heute anders intelligent als früher

Der US-Forscher Gerald Crabtree behauptet, unsere Vorfahren seien intelligenter gewesen als wir, weil sie gezwungen waren, ihr Gehirn anzustrengen, um zu überleben. Dem widerspricht unter anderem der Psychologie-Professor Hugo Schmale, der meint, der Mensch von heute sei anders intelligent als der von früher.

Provokante These: Der Mensch wird immer dümmer

Heiße Diskussionen über die Intelligenzentwicklung löste der Entwicklungsbiologe Gerald Crabtree mit der Behauptung aus, dass die durchschnittliche Intelligenz des Menschen allmählich schwinde. Seine Theorie: Die geistige Kapazität war einst entscheidend, um etwa bei der Jagd erfolgreich zu sein. Wer hingegen nicht imstande war, Tiere zu erlegen, verhungerte. Nur die Schlauesten überlebten und vererbten ihre Intelligenz weiter. Abwärts ging es seiner Ansicht nach, seitdem der Mensch sich in größeren Gruppen niederließ, also sesshaft wurde. Die Stärkeren fütterten die Schwächeren mit durch. Intelligenz war nicht mehr unbedingt erforderlich für das Überleben. Deshalb entwickelten sich die durchschnittlichen geistigen Fähigkeiten der Spezies Homo sapiens langsam zurück.

Intelligenz verändert sich

„Intelligenz sinkt nicht, sie verändert sich", meint dagegen Schmale. „Durch Intelligenz ist man in der Lage, sich an die Außenwelt anzupassen." Ändert sich die Umwelt, ändern sich auch die Bereiche, in denen der durchschnittliche Mensch mit Klugheit glänzen kann.
Seit jeher beeindruckten Menschen mit einer ausgeprägten Merkfähigkeit und umfangreichem Wissen ihre Mitmenschen. Aber auch in diesem Bereich gab es einen Wandel. Herrscht beim gemütlichen Zusammensein Uneinigkeit über etwas, zückt garantiert einer in der Runde sein Smartphone. Ein Ozean an Informationen, in dem er schnell die Antwort findet, ohne die Notwendigkeit, seine Erinnerung zu bemühen. Die moderne Technologie macht es möglich, dem User nicht nur das Erinnern, sondern auch das Orientieren und selbst das Wissen abzunehmen, aber verdummen lasse sie einen dadurch nicht, sagt Schmale. Sie fördere die menschliche Intelligenz auf andere Weise, als es dies zum Beispiel das Jagen von Wildtieren vor Tausenden von Jahren gemacht habe.
Die Wissenschaft unterscheidet zwischen zahlreichen Intelligenzfaktoren. Für Schmale sind die drei wichtigsten Faktoren die numerische, die sprachliche und die anschaulich-praktische Intelligenz. Bei Letzterer muss das Gehirn zum Beispiel in relativ kurzer Zeit begreifen, was das Balkendiagramm auf dem kleinen Display über den Kontostand aussagt und wohin der Finger zu schieben ist, um die genauen Ausgaben vom 12. November anzusehen.
Auch Professor Dirk Hagemann von der Universität Heidelberg hält es für unwahrscheinlich, dass das Internet die Menschen zu „denkfaulen" Wesen macht. Es stellt für ihn lediglich eine bessere Verfügbarkeit von Wissen dar. Die Menschen hätten nicht den Wunsch, das eigenständige Denken einzustellen, das liege nicht in ihrer Natur. „Da gibt es noch ein anderes Prinzip, das dem entgegensteht, nämlich Neugierde, die Lust am Denken."

Wissenschaftler sind unterschiedlicher (0) darüber, ob und wie sich die Intelligenz der Menschen im Laufe der Zeit verändert hat. Laut Gerald Crabtree werden die Menschen seit einigen tausend Jahren langsam immer (1). In der Zeit der Jäger und Sammler (2) nämlich nur die Schlauesten. Sie bekamen wiederum intelligente (3). Als diese Gruppen sesshaft wurden, mussten auch (4) nicht mehr unbedingt verhungern, sondern wurden von den Stärkeren versorgt. Einige deutsche Forscher meinen dagegen, der Mensch würde sich seiner Umwelt (5), aber nicht schlauer oder dümmer werden. Ein gutes Beispiel für diese (6) sei das Faktenwissen. War es früher etwa wichtig, sich an vieles zu (7), findet man heutzutage fast alles Wissenswerte in Sekundenschnelle über sein Smartphone. Für den Umgang mit den modernen Medien nutzt man beispielsweise einen anderen Faktor der menschlichen (8) als die früheren Jäger. Außerdem gehen (9) nicht davon aus, dass die Menschen immer weniger Lust am Denken haben, weil sie von Natur aus (10) sind.

0 Meinung
1 ______
2 ______
3 ______
4 ______
5 ______
6 ______
7 ______
8 ______
9 ______
10 ______

Textzusammenfassungen ergänzen
Achten Sie bei den Wörtern, die Sie ergänzen sollen, auf inhaltliche und formale Richtigkeit. Überlegen Sie, welche Wortart zu ergänzen ist: Fehlt hier ein Adjektiv, ein Nomen, ein Verb etc.? In welcher Form? Vergleichen Sie den unvollständigen Satz mit der entsprechenden Stelle im ausführlichen Text. Nicht immer finden Sie dort genau den passenden Begriff, manchmal muss man z. B. statt eines Nomens ein Adjektiv oder auch ein Synonym für den Begriff im Originaltext einsetzen.

3 Umschreibung der Modalverben *können, müssen* und *wollen* → AB 31–32/Ü4–7

GRAMMATIK
Übersicht → KB 40/1

Schreiben Sie die Sätze mithilfe der Modalverben *können, müssen* oder *wollen* um. Manchmal gibt es mehrere Möglichkeiten.

1 ..., weil sie **gezwungen waren**, ihr Gehirn anzustrengen, um zu überleben. (Z. 3)
..., weil sie ihr Gehirn anstrengen mussten, um zu überleben.

2 Wer hingegen nicht **imstande war**, Tiere zu erlegen, verhungerte. (Z. 10/11)
______

3 Intelligenz war nicht mehr **unbedingt erforderlich** für das Überleben. (Z. 13/14)
______

4 „Durch Intelligenz ist man **in der Lage**, sich an die Außenwelt anzupassen." (Z. 17/18)
______

5 ... ohne **die Notwendigkeit**, seine Erinnerung zu bemühen. (Z. 24)
______

6 ... wohin der Finger **zu** schieben **ist**, um die genauen Ausgaben ... anzusehen. (Z. 33)
______

7 Die Menschen hätten nicht **den Wunsch**, das eigenständige Denken einzustellen ... (Z. 36/37)
______

Ich kann jetzt ...	☺	😐	☹
■ Meinungen über die Entwicklung der menschlichen Intelligenz austauschen.	☐	☐	☐
■ die Zusammenfassung einer Reportage ergänzen.	☐	☐	☐
■ Umschreibungen der Modalverben *können, müssen* und *wollen* verstehen.	☐	☐	☐

1 Sinnvolle Frühförderung?

a Sehen Sie die Fotos an. Um welche Art der Frühförderung handelt es sich wohl?

A

B

C

b Ordnen Sie die Texte den Fotos zu.

☐ 1 Durch die Bauchlage werden Reflexbewegungen der Babys stimuliert und die Koordination wichtiger Bewegungen früher aktiviert und stabilisiert. Die großflächigen Berührungsreize stimulieren die Nerven unter der Haut. Das aktiviert die Muskulatur, ermöglicht Entspannung und führt zu längerem und tieferem Schlafen der Kinder.

☐ 2 In diesem Kurs werden Kinder auf spielerische und kindgerechte Weise auf den Instrumentalunterricht vorbereitet. Im Vordergrund stehen vor allem das Erleben und Fördern von kreativen Ausdrucksformen wie Gesang, Tanz, Malerei und Spiel.

☐ 3 Der Umgang mit den unterschiedlichen Formen macht schon den Kleinsten Spaß. Durch Berühren und Zuordnen prägen sich die Symbole ganz spielerisch ein und machen die Kinder früh mit Dingen vertraut, mit denen sie in der Schule später täglich umgehen müssen.

2 Ein Elternforum → AB 33/Ü8

Lesen Sie im Elternforum *Rund ums Kind* einige Beiträge zum Thema *Früh-Förderung oder Über-Forderung?* Welches Anliegen haben die Personen? Ordnen Sie zu.

☐ Sie / Er ist der Meinung, man sollte sich an der internationalen Konkurrenz orientieren.
☐ Sie / Er findet es falsch, den Spieltrieb der Kinder zu unterbinden.
☐ Sie / Er kritisiert die intensive Frühförderung von Kleinkindern als übertrieben.

1

Lila, Magdeburg

Immer öfter liest man in Zeitschriften für Eltern etwas zum Thema *Frühförderung*. Und das fängt ja nicht erst im Kindergarten an: Schon für sechs Wochen alte Säuglinge wird Babyschwimmen angeboten und die Rhythmusgruppe gibt es bereits für Zweijährige! Aber nicht nur das: Es wird inzwischen von Kindern schon sehr früh erwartet, dass sie eine Fremdsprache lernen. Aus der Kita unseres 4-jährigen Sohnes besuchen einige Kinder hierzu eine private Vorschule. Wo soll das alles nur hinführen?

2

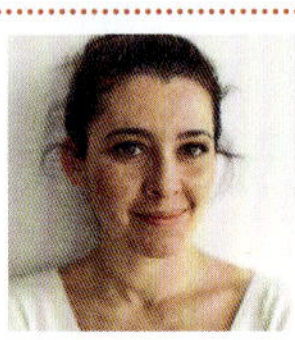

Barbara, Wien

Meiner Ansicht nach brauchen Kinder vor allem viel Freiraum, um spielerisch – möglichst auch draußen – die Welt entdecken zu können und sich und ihre Fähigkeiten auszuprobieren, zum Beispiel in einem Waldkindergarten. Dort ist es den Kindern erlaubt, die Natur selbst zu entdecken. Sie erleben so mehr als in einem herkömmlichen Kindergarten. Nicht zuletzt ist es doch am wichtigsten, dass die Kleinen sich gemeinsam mit den anderen Kindern zu „sozialen Wesen" entwickeln. Ich finde: Wir haben nicht das Recht, unseren Kindern schon vor Schulbeginn Leistung abzuverlangen!

SCHREIBEN

3

Piotr, Basel

Also mir leuchtet das irgendwie schon ein mit der Frühförderung. Ich finde es schließlich auch wichtig, dass meine Kinder die besten Chancen im Leben haben. Wenn man sich andere Regionen und Kulturen ansieht, merkt man erst, wie weit andere Kinder den unseren schon voraus sind. In anderen Ländern spielen 8-Jährige schon virtuos Instrumente und programmieren am Computer – das Lernen und Üben fängt für die Kleinen an, sobald sie laufen und sprechen. Ich würde allen Eltern empfehlen, ihren Nachwuchs frühzeitig nicht nur musikalisch, sondern auch in Fremdsprachen und im logischen Denken zu fördern.

3 Einen Forumsbeitrag verfassen → AB 33/Ü9

Verfassen Sie mithilfe der Redemittel einen eigenen Forumsbeitrag zum Thema Frühförderung. Argumentieren Sie für oder gegen Frühförderung und belegen Sie Ihre Argumente mit Beispielen. Achten Sie auf eine passende Wortwahl, den richtigen Stil und eine korrekte Schreibweise. Vergewissern Sie sich auch, dass Ihr Text zusammenhängend und klar gegliedert ist. Schreiben Sie circa 200 Wörter. Die folgenden Punkte und Redemittel können Ihnen dabei helfen.

- Was haben Sie bisher über Frühförderprogramme gehört?
- Was spricht aus Ihrer Sicht für / gegen die Frühförderung von Kindern?
- Was sind Beispiele von gelungener / misslungener Frühförderung?

Auf etwas Bezug nehmen

„*... ist mir nicht ganz unbekannt: ...*
... kann ich überhaupt nicht nachvollziehen.
Zu ... kann ich nur sagen, ...
... scheint sehr verbreitet zu sein, denn ...
... kann ich nicht beurteilen, weil ...“

Den eigenen Standpunkt erläutern

„*Meine Ansicht dazu ist folgende: ...*
... sehe ich eher positiv / kritisch / negativ, weil ...
Besonders kritikwürdig ist es, ...
Ich bin der festen Überzeugung, dass ...
Mein persönliches Fazit ist ...“

4 Umschreibung der Modalverben *dürfen* und *sollen* → AB 34/Ü10–11

GRAMMATIK

Übersicht → KB 40/1

Schreiben Sie die Sätze aus den Forumsbeiträgen in Aufgabe 2 mit den Modalverben *dürfen* oder *sollen* neu.

1 Es **wird** inzwischen von Kindern schon sehr früh **erwartet**, dass sie eine Fremdsprache lernen.
Kinder sollen inzwischen schon sehr früh eine Fremdsprache lernen.

2 Dort **ist es** den Kindern **erlaubt**, die Natur selbst zu entdecken.

3 Wir **haben nicht das Recht**, unseren Kindern schon vor Schulbeginn Leistung abzuverlangen.

4 Ich **finde es** schließlich auch **wichtig**, dass meine Kinder die besten Chancen im Leben haben.
Meine Kinder

5 Ich **würde** allen Eltern **empfehlen**, ihren Nachwuchs frühzeitig nicht nur musikalisch, sondern auch in Fremdsprachen und im logischen Denken zu fördern.

Ich kann jetzt ...

	😊	🙂	☹
▪ kurze Texte über unterschiedliche Formen der Frühförderung verstehen.	☐	☐	☐
▪ meine eigene Meinung zum Thema Frühförderung detailliert schriftlich darstellen.	☐	☐	☐
▪ Umschreibungen der Modalverben *dürfen* und *sollen* verstehen und anwenden.	☐	☐	☐

1 Kann das stimmen?

Arbeiten Sie in Kleingruppen. Lesen Sie die beiden Bildunterschriften. Was könnten Wissenschaftler dazu untersucht und herausgefunden haben? Diskutieren Sie.

A

Macht Bewegung schlau?

B

Beeinflusst Temperatur das Körpergewicht?

2 Neue Erkenntnisse → AB 35/Ü12

1 ◀)) 13 **a** **Sie hören einen Vortrag zum Thema *Alltagsrelevantes* aus der *Wissenschaft*. Lesen Sie dazu die Aufgaben. Sie hören den Vortrag zweimal. Welche Aussage ist jeweils richtig? Markieren Sie.**

1 In dem Vortrag erfährt man, ...
- a wie brauchbar Tipps und Tricks aus Zeitschriften und Internetblogs sind.
- b wie man seine körperliche Leistung durch Fitness optimieren kann.
- c welche neueren Forschungsergebnisse im täglichen Leben nützlich sein können.

2 Bei einer Versuchsreihe wurde getestet, ob ...
- a bei Sportlern ein Zusammenhang zwischen Joggen und Gehirnleistung besteht.
- b sich die Gehirnleistung bei unsportlichen Personen durch regelmäßiges Joggen ändert.
- c das Gehirn älterer Menschen durch Sport leistungsfähiger wird.

3 Am Ende stellte sich heraus, dass ...
- a rund 20 % der Jogger bessere geistige Leistungen erzielten.
- b Aktivitäten in verschiedenen Hirnbereichen keine Wirkung auf die Merkfähigkeit haben.
- c die körperlich aktive Gruppe eine schnellere Reaktion und eine bessere Merkfähigkeit hatte.

4 Viele Menschen nehmen im Laufe der Jahre stetig zu, ...
- a da sie immer die gleiche Nahrung zu sich nehmen.
- b weil sie zu wenig Sport machen und sich falsch ernähren.
- c obwohl sie sich gesund ernähren und sich ausreichend bewegen.

5 Was fanden Forscher in Bezug auf Raumtemperatur und Gewichtsabnahme heraus?
- a Wenn man sich täglich länger in Räumen unter 15 Grad aufhält, nimmt man ab.
- b Bei kurzem Aufenthalt in etwas kühleren Räumen bildet der Körper eine Art Fettverbrenner.
- c Um abzunehmen, braucht man zusätzlich zum Aufenthalt in kühleren Räumen viel Bewegung.

6 Eine weitere Folge niedrigerer Raumtemperaturen seien ...
- a positive Auswirkungen auf Umwelt und Geldbeutel.
- b mehr erkältete Menschen im Winter.
- c körperliche Probleme durch Muskelzittern.

3

b **Lesen Sie die Zeitungsüberschriften. Berichten Sie in Kleingruppen von weiteren interessanten Erkenntnissen, die Sie gehört oder gelesen haben.**

Koffein wirkt gegen Alzheimersymptome

Prothesen können nur über Gedanken bewegt werden

Bürolärm wird als Stressfaktor unterschätzt

c **Stellen Sie die interessantesten Ergebnisse im Plenum vor.**

3 Irreale Folgesätze → AB 36–37/Ü13–15

GRAMMATIK
Übersicht → KB 40/2

a **Lesen Sie die Aussagen. Welche Bedeutung haben sie? Markieren Sie.**

1 *Du bist im Moment* ***zu*** *angespannt,* ***um*** *eine richtige Entscheidung* ***zu*** *treffen.*
- ☐ Du bist im Moment sehr angespannt, deshalb kannst du keine richtige Entscheidung treffen.
- ☐ Um eine richtige Entscheidung zu treffen, musst du sehr angespannt sein.

2 *Der Büroalltag ist häufig viel* ***zu*** *stressig,* ***als dass*** *man gute Vorsätze wie gesündere Ernährung und mehr Sport einfach umsetzen* ***könnte****.*
- ☐ Der Büroalltag ist häufig sehr stressig, aber trotzdem könnte man gute Vorsätze wie gesündere Ernährung und mehr Sport einfach umsetzen.
- ☐ Der Büroalltag ist häufig so stressig, dass man gute Vorsätze wie gesündere Ernährung und mehr Sport nicht so einfach umsetzen kann.

b **Verbinden Sie die Sätze mit *zu … um zu*.**

1 Ich bin gerade sehr müde. Ich kann nicht joggen.
Ich bin gerade zu müde, um zu joggen.

2 Nach dem verlorenen Fußballspiel war der Trainer sehr wütend. Er wollte nicht mit den Journalisten sprechen.

3 Die Jugendlichen fanden die Filmdokumentation ziemlich langweilig. Sie haben sich den zweiten Teil nicht mehr angesehen.

c **Verbinden Sie die Sätze mit *zu …, als dass* + Konjunktiv II.**

1 Die Anforderungen an die Menschen waren in den verschiedenen Zeitaltern sehr unterschiedlich. Man kann ihre Leistungen nicht vergleichen.
2 Kinder im Vorschulalter sind noch sehr verspielt. Man kann ihnen keine trockenen Lernaufgaben vorsetzen.
3 Die Ergebnisse der Testreihe waren sehr uneinheitlich. Daraus lassen sich keine klaren Schlussfolgerungen ziehen.
4 Meine Arbeit ist anstrengend. Ich kann sie nicht wegen jeder Kleinigkeit unterbrechen.

1 Die Anforderungen an die Menschen waren in den verschiedenen Zeitaltern zu unterschiedlich, als dass man ihre Leistungen vergleichen könnte.

Ich kann jetzt …	☺	😐	☹
■ einen Bericht über neueste wissenschaftliche Erkenntnisse verstehen.	☐	☐	☐
■ über Ergebnisse wissenschaftlicher Studien berichten.	☐	☐	☐
■ irreale Folgen mit *zu …, um … zu* und *zu …, als dass* + Konjunktiv II ausdrücken.	☐	☐	☐

3

1 Wie intelligent sind Sie?

a Sehen Sie folgende Aufgaben aus einem Intelligenztest an und versuchen Sie, sie innerhalb von drei Minuten zu lösen. Vergleichen Sie Ihre Lösungen im Kurs. Die Auflösung finden Sie auf Seite AB 95.

1 Führen Sie die Zahlenfolge fort:
3, 6, 9, 15, 24, ________

2 Führen Sie die Buchstabenfolge fort:
B, E, H, K, ________

3 Der Tag, der nach übermorgen kommt, liegt vier Tage nach Samstag. Welcher Tag ist heute? Markieren Sie.
[a] Sonntag [b] Montag [c] Freitag
[d] Donnerstag [e] Samstag

4 Setzen Sie den fehlenden Buchstaben ein, sodass zwei Wörter entstehen:
HAU ______ ASCHE

5 Wählen Sie eine Figur (a–e) aus, die die obere Reihe fortsetzt:

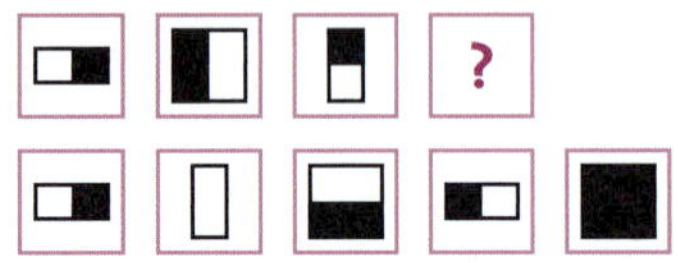

a b c d e

b In welchen Bereichen werden Intelligenztests wohl eingesetzt und was möchte man damit herausfinden? Sprechen Sie zu zweit und vergleichen Sie im Kurs.

2 Eignungstests im Visier

a Die SB-Bank hat beschlossen, die Suche nach neuen Mitarbeitern zu optimieren. Lesen Sie die Veröffentlichung der Geschäftsführung im Intranet und die beiden Stellungnahmen dazu. Halten Sie die Argumente in einer Tabelle fest.

Wir planen, ab Juni sämtliche neuen Bewerber als Erstes einen Online-Eignungstest absolvieren zu lassen. Dadurch können wir die grundsätzliche Eignung von Bewerbern für Positionen erkennen, die viele anspruchsvolle Aufgaben umfassen. Die neuen Testverfahren prüfen verschiedene intellektuelle Bereiche wie rechnerisches, sprachliches, räumliches und analytisches Denken. Auf diese Weise ersparen wir uns aufwendige Bewerbungsgespräche mit Kandidaten, die sich eventuell in der Probezeit als ungeeignet erweisen. Zusammen mit dem Betriebsrat laden wir alle interessierten Mitarbeiter zu einer Diskussion über folgende aktuelle Fragestellung ein: *Sind Online-Eignungstests ein adäquates Mittel für die Suche nach optimal qualifizierten Mitarbeitern?*

Andreas P., Betriebsratsmitglied:
Inzwischen müssen viele Jobsuchende online einen Eignungs- oder auch Intelligenztest machen. Einerseits lässt sich dadurch natürlich die grundsätzliche Eignung für einen Tätigkeitsbereich feststellen, andererseits denke ich, dass solche standardisierten Tests nicht sehr viel über einige wichtige Eigenschaften wie Zuverlässigkeit, Empathie oder Motivationsfähigkeit eines Menschen aussagen.

Amelie R., Mitarbeiterin der Personalabteilung:
Umfragen haben gezeigt, dass mehrere renommierte Unternehmen seit der Einführung von standardisierten Eignungstests bei der Einstellung von neuem Personal keine größeren Enttäuschungen mehr erleben. Auch für Bewerber kann es von Vorteil sein zu erfahren, ob ihre Fähigkeiten und Qualifikationen zu einer bestimmten Stelle passen.

Argumente für Eignungstests	Argumente gegen Eignungstests
man kann die grundsätzliche Eignung für eine Tätigkeit feststellen	

b Nehmen Sie Stellung zur Idee der SB-Bank, neue Bewerber einen Eignungstest absolvieren zu lassen. Wägen Sie die Vorteile und Nachteile ab. Begründen Sie Ihre Zustimmung oder Ablehnung.

3 Diskussion → AB 37–38/Ü16–17

a **Ordnen Sie die Redemittel den drei Kategorien zu.**

Diskussionsteilnehmer		Diskussionsleitung
Argumente anführen	auf ein Argument eingehen	
	4	Einleitung: ______ Diskussionsführung: ______ Abschluss: ______

1 „*Heute wollen wir uns mit dem Thema … auseinandersetzen.*
2 *Ich finde, dass man mit solchen Methoden …*
3 *Ein zentraler Punkt bei dieser Diskussion ist doch die Frage, …*
4 *Natürlich haben solche Tests ihre Berechtigung, aber man sollte …* ✔
5 *Du lässt also das Argument von … gelten, meinst aber auch, dass …*
6 *Ich würde mir wünschen, dass mehr Gewicht auf … gelegt wird. Dadurch …*
7 *Vielleicht sollten wir uns noch intensiver mit der Frage beschäftigen, …*
8 *Einerseits lässt sich damit … feststellen, andererseits …*
9 *Da hast du recht, problematisch finde ich …*
10 *Dem kann ich nicht zustimmen, weil …*
11 *Alles in allem könnte man also sagen, …*
12 *Ja, aber wäre es dann nicht sinnvoll, …*
13 *Abschließend könnten wir also festhalten, …*
14 *Das kann ich nicht nachvollziehen. Ist es nicht so, dass …*
15 *Ich vertrete den Standpunkt, dass …*
16 *Wer möchte sich dazu noch äußern?*
17 *… können wir später noch einmal aufgreifen.*“

b **Bilden Sie Gruppen und diskutieren Sie im Kurs. Gruppe A argumentiert für den Einsatz von Eignungstests, Gruppe B dagegen. Gruppe C besteht aus bis zu drei Diskussionsleitern, die die Moderation der Einleitung, des Mittelteils und des Abschlusses untereinander aufteilen.**

4 Adjektivendungen nach Artikelwörtern und nach Adjektiven/unbestimmten Zahlwörtern → AB 39–40/Ü18–20

GRAMMATIK
Übersicht → KB 40/3

a **Suchen Sie die Wörter in den Texten in 2a und ergänzen Sie die Endungen.**

Artikelwort	Adjektive/unbestimmte Zahlwörter		Nomen
keine		größer___	Enttäuschungen
solche		standardisiert___	Tests
alle/sämtliche		neu___/interessiert___	Mitarbeiter/Bewerber
	viele	anspruchsvoll___	Aufgaben
	zahlreiche	aufwendig___	Bewerbungsgespräche
	folgende	aktuell___	Fragestellungen
	einige	wichtig___	Eigenschaften
	mehrere	renommiert___	Unternehmen
	verschiedene	intellektuell___	Bereiche

b **Vergleichen Sie die Adjektivendungen in der Tabelle mit der Adjektivdeklination nach dem bestimmten Artikel und nach dem unbestimmten bzw. Nullartikel. Was fällt Ihnen auf?**

Ich kann jetzt …
- eine Debatte zum Thema Eignungstests vorbereiten und führen. ☐ ☐ ☐
- Adjektivendungen nach Artikelwörtern und unbestimmten Zahlwörtern/Adjektiven erkennen. ☐ ☐ ☐

1 Tierische Intelligenz → AB 41–42/Ü22–23

a Tieren werden häufig Eigenschaften zugeschrieben. Wie würden Sie einen Raben und einen Fuchs charakterisieren?

Wussten Sie schon? → AB 41/Ü21
Fabeln sind kurze Erzählungen, in denen Tiere wie Menschen handeln und menschliche Eigenschaften haben. Dabei kommen einige Tiere häufiger vor, wie beispielsweise der Löwe, der Wolf, die Eule oder der Fuchs. Durch den Verfremdungseffekt wird indirekt Kritik an negativen Verhaltensweisen der Menschen geübt, dem Leser wird sozusagen ein Spiegel vorgehalten. Eine Fabel endet meist mit einer Schlusspointe, die eine Belehrung oder Moral enthält. Sie soll ihre Leser aber auch unterhalten. Fabeln gibt es bereits seit der Antike.

b Lesen Sie nun die Fabel *Der Rabe und der Fuchs*. Wie werden die beiden Tiere hier beschrieben? Ergänzen Sie alle Charakterisierungen, d. h. Nomen und Adjektive für ...

- den Raben: *zufrieden, ...*
- den Fuchs: *vorbeiziehend, hungrig, ...*

Der Rabe und der Fuchs

An einem Morgen saß ein Rabe mit einem gestohlenen Stück Käse im Schnabel auf einem Ast, wo er in Ruhe seine Beute verzehren wollte. Zufrieden krächzte der Rabe über seinen Käse. Dies hörte ein vorbeiziehender, hungriger Fuchs, der gleich darüber nachdachte, wie er an den Käse kommen könnte. Endlich hatte er eine Idee: Freundlich begann das schlaue Tier, den Raben zu loben: „Oh Rabe, was bist du für ein wunderbarer Vogel! Wenn dein Gesang ebenso schön ist wie dein Gefieder, dann sollte man dich zum König aller Vögel krönen!" Das schmeichelte dem eitlen Raben und das Herz schlug ihm vor Freude höher. Stolz riss er seinen Schnabel auf und begann zu krächzen. Dabei entfiel ihm das köstliche Stück Käse. Darauf hatte der listige Vierbeiner nur gewartet. Schnell schnappte er sich die Beute und machte sich gleich ans Fressen. Da rief der naive schwarze Vogel empört: „He, das war gemein!" Doch der überlegene Fuchs lachte nur über den törichten Raben.

c Was soll man aus dieser Fabel lernen, was ist die sogenannte *Moral*?

d Welche Adjektive bezeichnen ...?

große geistige Fähigkeiten	geringe geistige Fähigkeiten
schlau	

e Kennen Sie Eigenschaften, die Tieren in anderen Kulturen zugeordnet werden? Tauschen Sie sich in Kleingruppen dazu aus.

f Kennen Sie selbst eine Fabel? Erzählen Sie sie in Kleingruppen. Finden Sie heraus, ob die anderen Gruppenmitglieder diese oder eine ähnliche Geschichte auch kennen.

In Japan gelten Katzen als Glücksbringer und stehen oft als winkende Keramikkatzen in Geschäften. Sie sollen den Kunden zuwinken, um sie ins Geschäft zu locken und so ihren Besitzern zu Reichtum verhelfen.

Ich kann jetzt ...

- die menschlichen Eigenschaften von Tieren in einer Fabel verstehen. ☐ ☐ ☐
- die Unterschiede von Adjektiven zur Beschreibung geistiger Fähigkeiten verstehen. ☐ ☐ ☐
- eine Fabel erzählen und dabei einen interkulturellen Vergleich anstellen. ☐ ☐ ☐

1 Intelligenzquotient und Verhalten

a **Sehen Sie das Bild aus einer Reportage an. Worum könnte es in der Reportage gehen?**

b **Sehen Sie die Reportage in Abschnitten an und beantworten Sie die Fragen.**

8 **Abschnitt 1**

1 Welche vier Fähigkeiten werden genannt? Markieren Sie.
Intelligente Menschen ...

- ☐ besitzen logisches Denkvermögen.
- ☐ sprechen oftmals mehrere Sprachen.
- ☐ können sich schnell auf Ungewohntes einstellen.
- ☐ verfügen über Strategien zur Problemlösung.
- ☐ haben ein besonders großes Gehirn.
- ☐ haben eine gute Merkfähigkeit.
- ☐ haben ein großes Faktenwissen.
- ☐ tun sich beim Lernen leicht.

2 Wofür stehen die Zahlen 85, 100 und 115? Und was bedeutet das für Tim und Lea?

9 **Abschnitt 2**

Was haben Studien über Intelligenz herausgefunden? Welche Unterschiede kann es bei Menschen unterschiedlicher Intelligenz in ihrer Lebensweise geben? Was davon ist wissenschaftlich wirklich erwiesen? Sprechen Sie.

Ordnung • Schlafenszeit • Sport • Lebens- und Genussmittel • Zufriedenheit • Einkommen

10 **Abschnitt 3**

1 Welche dieser Berufe würden wohl eher zu Tim, welche eher zu Lea passen? Verbinden Sie.

Tim Lea

2 Sehen Sie nun den Videoabschnitt. Waren Ihre Vermutungen richtig? Welche der in Abschnitt 1 genannten Fähigkeiten braucht man zur Ausübung der Berufe?

2 Ihre Meinung → AB 42/Ü24

11 a **Welche der Thesen könnten im letzten Abschnitt des Videos aufgestellt werden? Markieren Sie. Sehen Sie die Reportage einmal ganz und überprüfen Sie, ob Sie richtig lagen.**

- ☐ Weniger intelligente Menschen sind seltener krank als intelligente Menschen.
- ☐ Das Risiko, eine schwere Krankheit zu bekommen, ist bei weniger intelligenten Menschen höher.
- ☐ Intelligente Menschen arbeiten weniger hart und leben länger als weniger intelligente Menschen.

b **Stimmen Sie den Thesen des Videos zu? Warum (nicht)? Fallen Ihnen Personen ein, auf die die Thesen zutreffen bzw. eher nicht zutreffen? Berichten Sie.**

Ich kann jetzt ...	😊	🙂	☹
■ über Inhalt und Aussageabsicht einer Reportage sprechen.	☐	☐	☐
■ wissenschaftliche Erkenntnisse zum Thema Intelligenz verstehen und wiedergeben.	☐	☐	☐
■ Vermutungen zu den Thesen einer Reportage anstellen und deren Richtigkeit prüfen.	☐	☐	☐

1 Modalverben und ihre Alternativen ⇤ KB 31/3; 33/4

können

Der Mensch **kann** sich der Außenwelt anpassen.	Er ist	**in der Lage / imstande,**	sich der Außenwelt anzupassen.
	Er hat	**die Fähigkeit / das Vermögen,**	
Heutzutage **können** wir viele technische Hilfsmittel nutzen.	Wir haben	**die Möglichkeit / die Gelegenheit / die Chance,**	viele technische Hilfsmittel zu nutzen.

müssen

Die Menschen **mussten** immer schon ihr Gehirn anstrengen.	Es war immer schon	**erforderlich / unumgänglich,**	dass sie ihr Gehirn anstrengten.
	Sie waren immer schon	**gezwungen,**	ihr Gehirn an**zu**strengen.
Er muss die Arbeit rechtzeitig erledigen.	Er **hat** / Es **besteht** die **Notwendigkeit**,		die Arbeit rechtzeitig **zu** erledigen.
	Er **ist** dazu **verpflichtet**,		

wollen

Wir **wollen** uns mit Intelligenz beschäftigen.	Wir **haben vor**,	uns mit Intelligenz zu beschäftigen.
	Wir **beabsichtigen / sind bestrebt**,	
	Wir **haben die Absicht / die Intention**,	

dürfen

Eltern **dürfen** ihre Kinder früh fördern.	Eltern **haben das Recht / die Erlaubnis**,	ihre Kinder früh zu fördern.
	Es **ist** Eltern **erlaubt / gestattet**,	
Eltern **dürfen** ihren Kindern **nicht** Leistungen abverlangen.	Es **ist verboten / untersagt**,	den Kindern Leistungen abzuverlangen.

sollen/sollten

Kinder **sollen** etwas lernen.	Es **wird erwartet**,	dass die Kinder etwas lernen.
Man **sollte** Kinder fördern.	Es **wäre empfehlenswert / ratsam**,	Kinder zu fördern.

2 Irreale Folgesätze ⇤ KB 35/3

Mit der Konstruktion *zu* + Adjektiv, *als dass* + Konjunktiv II und *zu* + Adjektiv, *um ... zu* formuliert man eine irreale Folge, das heißt eine Folge, die nicht eintritt bzw. eingetreten ist.

Der Büroalltag ist **zu** stressig, **als dass** man gute Vorsätze für die Gesundheit **umsetzen könnte**.
(Der Büroalltag ist sehr stressig. Man kann die guten Vorsätze für die Gesundheit nicht umsetzen.)

Bei der Konstruktion *zu* + Adjektiv, *um ... zu* kann das Modalverb *können* wegfallen.

Die Vorgänge im Körper sind **zu** komplex, **als dass** man sie schnell erklären **könnte**.
Die Vorgänge im Körper sind **zu** komplex, **um** sie schnell **zu erklären. / erklären zu können**.

3 Adjektivendungen nach Artikelwörtern und nach Adjektiven/unbestimmten Zahlwörtern ⇤ KB 37/4

Artikelwörter	Adjektive/unbestimmte Zahlwörter		Nomen	Deklination
alle/sämtliche		interessiert**en**	Mitarbeiter	wie nach bestimmtem Artikel
keine		größer**en**	Enttäuschungen	
solche/welche		standardisiert**en**	Tests	
	einig**e**/mehrer**e**/verschieden**e**	renommiert**e**	Unternehmen	wie nach Nullartikel im Plural
	viel**e***/wenig**e***	anspruchsvoll**e**	Aufgaben	
	folgend**e**/zahlreich**e**	aktuell**e**	Fragestellungen	

* im Singular: viel neu**es** Wissen, wenig frei**er** Platz

4 MEINE ARBEITSSTELLE

1 Stationen eines Berufslebens

Welchen Beruf üben die Personen auf dem Bild aus? Wie sah ihr beruflicher Werdegang aus? Äußern Sie Vermutungen.

2 Zwei Wörter, ein Satz, ein Text → AB 45/Ü2

a Arbeiten Sie zu dritt. Jede/r in der Gruppe wählt ein Nomen und ein Verb aus und bildet damit einen Satz. Sie können auch weitere Wörter zum Thema „Arbeitsstelle" ergänzen.

der Beruf • die Balance • die Berufung • die Leidenschaft • ausspannen • hineinschnuppern • schuften • empfinden • ...

Nur wenige Menschen empfinden ihre Tätigkeit auch als Berufung.

b Die Sätze jeder Gruppe werden eingesammelt und an eine andere Gruppe weitergegeben. Die neue Gruppe verbindet die Sätze zu einem sinnvollen Text. Dabei darf sie auch etwas hinzufügen oder ändern.

c Präsentieren Sie die Ergebnisse im Plenum. Wählen Sie gemeinsam die zwei originellsten Texte aus.

1 Ein Beruf, der zu mir passt

a **Unterhalten Sie sich in der Gruppe: Üben Sie zurzeit einen oder mehrere Berufe aus? Wenn ja, welchen oder welche? Wie zufrieden sind Sie damit?**

b **Welche Faktoren sind wichtig, damit man einen Beruf gern ausübt? Sammeln Sie.**

der Verdienst • die Aufgaben • die Kollegen • die Stimmung in der Firma • der Weg zur Arbeit • ...

c **Arbeiten Sie zu zweit. Sehen Sie das Foto an. Welche berufliche Beschäftigung ist hier dargestellt? Wird sie eher hauptberuflich oder nebenberuflich ausgeübt? Warum?**

2 Die richtige Mischung macht's! → AB 46/Ü3

a **Lesen Sie den Text und unterstreichen Sie die Schlüsselwörter. Vergleichen Sie zu zweit.**

b **Ergänzen Sie zu zweit die wichtigsten Aussagen zu jedem Abschnitt in eigenen Worten. Vergleichen Sie die Ergebnisse im Kurs.**

Absatz 1 In Europa mögen viele Menschen ihre Arbeit nicht.
Absatz 2 ____________
Absatz 3 ____________
Absatz 4 ____________
Absatz 5 ____________

Berufswunsch: Generalist
Zeigen Sie, was wirklich in Ihnen steckt

1 Sind Sie zufrieden mit Ihrem Job? Nein? Dann geht es Ihnen wie über der Hälfte der Arbeitstätigen in Europa, die laut einer Umfrage unzufrieden mit ihrer Arbeit sind. Es geht aus den Ergebnissen der Umfrage aber auch hervor, dass die Mehrheit dieser Unzufriedenen zu träge oder zu ängstlich ist, um an dieser Situation etwas zu ändern. Die Menschen haben sich in einer Komfortzone eingerichtet und vermeiden die Anstrengung, sich neu zu orientieren. Oder es überwiegt die Angst, auf der Suche nach Veränderung mit versäumten Möglichkeiten und unerfüllten Träumen konfrontiert zu werden. Dabei gibt es in den allermeisten Fällen eigentlich gar keinen Grund, sich mit der Situation abzufinden. Wie aber stellen Sie es am besten an, eine Tätigkeit zu finden, bei der all Ihre Interessen zum Tragen kommen? Wir informieren Sie und zeigen Ihnen Perspektiven auf.

2 Im westlichen Kulturkreis ist nach wie vor die Mehrheit der Menschen der Ansicht, Spezialisierung sei der Weg zum Erfolg! Schon zum Ende der Schulzeit geht es darum, Begabungen zu erkennen, die richtige Ausbildung oder das richtige Studienfach zu wählen und sich so immer mehr auf das zu spezialisieren, was man gut kann. Der Arbeitsmarkt belohnt dieses Vorgehen: Spezialisten wie IT-Fachkräfte, Anästhesisten oder Maschinenbauingenieure mit Spezialisierung in einem bestimmten Bereich sind sehr gefragt. Sie können oftmals aus vielen Jobangeboten auswählen. Doch es ist fraglich, ob Menschen in diesen Berufen wirklich zufriedener sind.

3 Die meisten Menschen sind von ihrer Veranlagung her eher Generalisten mit Wissen und Kenntnissen auf unterschiedlichen Gebieten. Für diese vielseitig begabten Menschen ist es besser, wenn sie sich nicht auf einen Spezialberuf festlegen – sie haben es in hochspezialisierten Jobs nicht immer leicht. Karriereberater sind der Meinung, es sei heutzutage angesichts des immer schnelleren Wandels in der Arbeitswelt sinnvoll, ein breites Berufsprofil anzustreben.

4 Erstaunlicherweise kommt es vielen Menschen dennoch gar nicht in den Sinn, unkonventionelle Wege einzuschlagen. Dabei ergeben die Digitalisierung und die Flexibilisierung der Arbeit kombiniert mit modernen Arbeitszeitmodellen ganz neue Möglichkeiten. Doch es ist nicht ratsam, gleich zu kündigen! Vielmehr sollte man schrittweise kleinere „Ausflüge" in andere Berufsfelder wagen – zunächst vielleicht in Form eines Ehrenamtes oder einer kleinen Nebenbeschäftigung auf Stundenbasis. Und es ist nicht so wichtig zu wissen, wie das Ganze aussehen wird. Wichtig ist vielmehr, den ersten Schritt zu tun.

Anzeigen

5 Sind Sie zufrieden mit Ihrem Job? Wenn Sie diese Frage nicht zu 100% mit „Ja!" beantworten können, sollten Sie aktiv werden. Schließen Sie die Augen und fangen Sie an zu träumen. Was würden Sie gern machen? Was begeistert Sie, erfüllt Sie mit Leben, lässt Ihr Herz höher schlagen? Wollen Sie kreativ sein? Mit Menschen zu tun haben? In der Natur sein? Sich bewegen? Finden Sie **Ihren** Weg.
Unter www.arbeitenmitfreude.com finden Sie weitere Informationen und Kontakt zu unserem

c **Stimmen Sie den Ideen des Textes zu oder lehnen Sie diese ab? Welche Erfahrungen haben Sie persönlich bei der Wahl Ihrer Arbeitsplätze gemacht? Diskutieren Sie.**

d **Ihre Freundin Maryam hat nach der Schule eine Ausbildung zur Hebamme gemacht und hat schon drei Jahre in diesem Beruf gearbeitet. Maryam ist aber unzufrieden mit ihrer beruflichen Situation. Deshalb überlegt sie, ob sie ihre Stelle aufgeben und eine neue Ausbildung zur Mediengestalterin beginnen soll. Die Ausbildung dauert drei Jahre und sie würde wesentlich weniger verdienen. Maryam ist unsicher, ob sie das wagen soll, und fragt Sie um Rat. Spielen Sie zusammen mit Ihrer / Ihrem Lernpartner/in ein Gespräch. Wägen Sie die Vorteile und Nachteile ab und begründen Sie Ihre Entscheidung.**

4

3 *Es* als nicht-obligatorisches Satzelement → AB 46–47/Ü4–6

GRAMMATIK
Übersicht → KB 52/1a

a **Vergleichen Sie die Sätze in Spalte 1 mit den Entsprechungen aus dem Text in Spalte 2 und unterstreichen Sie jeweils die Nebensätze. Wie hat sich die Stellung von Haupt- und Nebensatz verändert? Warum wird in Spalte 2 das Pronomen *es* benötigt?**

Spalte 1	Spalte 2
1 Dass die Mehrheit ... träge oder ängstlich ist, geht aus den Ergebnissen ... hervor.	**Es** geht aus den Ergebnissen ... hervor, dass die Mehrheit ... träge oder zu ängstlich ist. (Z. 6–8)
2 Ob Menschen ... wirklich zufriedener sind, ist fraglich.	Doch **es** ist fraglich, ob Menschen ... zufriedener sind. (Z. 22)
3 Gleich zu kündigen, ist nicht ratsam.	Doch **es** ist nicht ratsam, gleich zu kündigen! (Z. 31–32)

b **Schreiben Sie die Sätze ohne *es*.**

1 Es ist wunderbar, dass sich so viele Möglichkeiten bieten.
Dass ______________________

2 Es ist normal, im Leben mehrmals den Job zu wechseln.
Im Leben ______________________

3 Es ist nicht sinnvoll, sein Leben lang einen ungeliebten Job auszuüben.
____

Ich kann jetzt ...
- Hauptaussagen eines anspruchsvollen Artikels zusammenfassen und diskutieren. ☐ ☐ ☐
- das Pronomen *es* als nicht-obligatorisches Satzelement erkennen und anwenden. ☐ ☐ ☐

1 Gute Arbeitgeber

a Sehen Sie die Fotos an. Wo würden Sie lieber arbeiten? Warum?

b Was spricht dafür, in einem kleinen Unternehmen zu arbeiten? Welche Vorteile hat es, Arbeitnehmer in einem Großkonzern zu sein? Sammeln Sie Argumente.

2 Eine Mitarbeiterbefragung → AB 48/Ü7–8

a Stellen Sie sich vor, Sie arbeiten in einem größeren Unternehmen und führen eine Umfrage zum Thema *Was unseren Mitarbeitenden wichtig ist* durch. Wählen Sie zu zweit eine der Kategorien und überlegen Sie sich hierzu mindestens drei Fragen.

Betriebsklima • Homeoffice • Umgangston • Mitspracherecht • Kollegialität • Honorierung • Arbeitszeit • Spaßfaktor • Vertragssituation • ...

Fragen formulieren

„Wie empfinden Sie ...?
Welche Rolle spielt Ihrer Meinung nach ...?
Wie könnte man ... verbessern?
Wie können wir ... in Zukunft ... vermeiden?
Welche Maßnahmen sollte das Unternehmen ergreifen, um ...?
Was würden Sie sich wünschen, um in Zukunft ...?"

b Bauen Sie im Kursraum mehrere Stationen auf, die das Unternehmen repräsentieren: Je eine Lernpartnerin / ein Lernpartner steht an einer Station und stellt Fragen. Die/Der andere geht von Station zu Station und beantwortet die Fragen des Unternehmens. Anschließend tauschen Sie die Rollen. Sammeln Sie die Antworten auf Ihre Fragen.

Persönliche Ansichten äußern

„Für mich ist / sind ... wichtiger als ...
Mich überzeugt besonders / überhaupt nicht, dass ...
Mir sagt (nicht) zu, dass ich / wir / alle Arbeitnehmer ...
Ich bin zufrieden / unzufrieden mit ..."

c Tragen Sie die Ergebnisse der Umfrage im Kurs zusammen.

Ergebnisse zusammentragen

„Auf die Frage ... haben die meisten geantwortet, ...
Besonders interessant fand ich, dass ...
Ein zentrales Ergebnis meiner Befragung war ..."

Ich kann jetzt ...	☺	😐	☹
▪ Fragen zur Situation am Arbeitsplatz formulieren und darauf antworten.	☐	☐	☐
▪ eine Kursumfrage durchführen und gemeinsam auswerten.	☐	☐	☐

1 Arbeitnehmer mit Migrationshintergrund → AB 49/Ü9

a **Sehen Sie die Fotos an. Wo arbeiten die Personen? Welche Tätigkeiten üben sie wohl aus? Sprechen Sie.**

A

B

C

b **Welche Erfahrungen machen Arbeitnehmerinnen und Arbeitnehmer mit Migrationshintergrund bei der Stellensuche in deutschsprachigen Ländern? Sammeln Sie im Kurs.**

Wussten Sie schon? → AB 49/Ü10
In Deutschland gibt es Millionen von sogenannten Geringfügig Beschäftigten, auch Minijobber genannt. Viele von diesen Arbeitnehmern arbeiten in Privathaushalten als Haushaltshilfe oder Kinderbetreuer. Viele sind aber auch in Betrieben beschäftigt, insbesondere im Reinigungsgewerbe und in der Gastronomie. Minijobber erhalten ein auf 450 Euro begrenztes monatliches Einkommen. Sie brauchen keine Sozialabgaben und Lohnsteuern zu bezahlen, erhalten dafür aber auch keine bzw. weniger Leistungen.

2 Erfahrungsberichte → AB 50/Ü11

1 ◀)) 14–18

Hören Sie die Meinungen von fünf Personen und entscheiden Sie, welche der Aussagen (a–g) zu welcher Person (1–5) passt. Zwei Aussagen passen nicht. Lesen Sie zuerst die Aussagen und hören Sie anschließend jede Meinung einmal.

a Unterlagen für eine Bewerbung sind heutzutage international einheitlich. ☐
b Wenn ein Arbeitgeber keine Bewerbungsunterlagen möchte, sucht er wahrscheinlich kein qualifiziertes Personal. ☐
c Mit anderen Menschen ein Büro teilen zu müssen, war für mich anfangs eine Überraschung. ☐
d Zusätzliche Angebote des Unternehmens spielen für mich eine wichtige Rolle. ☐
e Man kann in meinem Unternehmen Urlaubstage auch ein Jahr später nehmen. ☐
f Man hat in meiner Branche keine Schwierigkeiten, eine Anstellung zu finden. ☐
g Zeugnisse und Motivationsschreiben gehören in Deutschland bei Bewerbungen dazu. ☐

3 Meine Berufserfahrung → AB 51/Ü12

a **Berichten Sie von Ihren beruflichen Erfahrungen in den deutschsprachigen Ländern. Welchen Beruf üben Sie aus? Wie sieht Ihr Arbeitsalltag aus?**

b **Welche der in Aufgabe 2 genannten Aspekte spielen auch in Ihrem Berufsleben eine Rolle? Berichten Sie.**

Ich kann jetzt ... (😊 😐 ☹)

- Informationen zum Beschäftigungsverhältnis und der Arbeitssituation von Menschen mit Migrationshintergrund verstehen. ☐ ☐ ☐
- Einzelheiten zu Arbeitszeit, Arbeitsplatz und Bewerbungsverfahren verstehen. ☐ ☐ ☐

1 Beruflicher Status und Verdienst

a Welchen beruflichen Status haben diese jungen Leute? Ordnen Sie zu.

Aushilfe • Angestellte/r • Freiberufler/in

Lisa-Marie arbeitet seit dem Abschluss ihrer Lehre als Bankkauffrau bei der Österreichischen Nationalbank in Wien.

Mustafa entwickelt neben seinem Informatikstudium für einen Verlag eine App zum Training von Vokabeln.

Fadi jobbt neben dem Studium als Nachtportier in einem Hotel, um sich Geld für eine längere Reise zu verdienen.

A ______________ B ______________ C ______________

b Welches Arbeitsentgelt erhalten die Personen in 1a? Ordnen Sie zu.

[B] Honorar ☐ Gehalt ☐ Stundenlohn

c Welche dieser Bezahlungen ist monatlich, fest und regelmäßig?

2 Lohn- und Gehaltsabrechnung

Sehen Sie die Abrechnung an und beantworten Sie die Fragen.

1 Wie hoch sind die Abzüge insgesamt?
2 Aus welchen Posten setzen sich die Abzüge zusammen?
3 Wie viel Prozent des Bruttoeinkommens bleibt in diesem Fall nach allen Abzügen übrig? Markieren Sie:
circa [a] 65 % [b] 50 % [c] 40 %

Lohn- und Gehaltsabrechnung Sorgfältig aufbewahren! Gilt als Verdienstbescheinigung.

FKN 799968 Musterfirma Angebot

Musterfirma Angebot 799968
Musterstrasse 128 501431
88888 Musterstadt

Pers.Nr. 000001
01/09
Herr/Frau
Muster Anna-Lena
Musterstrasse 25
80888 Musterstadt

Abrechnung Monat Jahr: 01.09 | Url. Anspr.-VJ | Url. Anspr.-VJ: 28,00 | Url. gen. | Url. Rest: 28,00

Eintrittsdatum: 01.01.14 | St. Tg: 30 | Steuerklasse: 1 | Kinder-Freibeträge: 0,0 | Rel.: RK | KZ-Lst. Besch. | Freibetrag jährlich | monatlich

Geburtsdatum: 27.04.88 | Sv. TG: 30 | Sozialversicherung KV RV AV PV: 1 1 1 1 | K: K | Bundesland: BAY | Umlage: J | Pers. Gr. Schl.: 101

Krankenkasse: 000 | Name: Barmer Ersatzkasse

Bank: HYPO | IBAN: DE50 0000 1234 9876 5432 10 | BIC: ABC00DEF

LA	Anzahl	Bezeichnung	EUR	%	KOST	KOTR	SV.Btto.	ST.Btto.	Ges.Btto
		Abrechnung	01.09						
		Gesamtbrutto							***2820,00
		Abzüge							
		Lohnsteuer							371,41
		Kirchensteuer							29,71
		Solidaritätszuschlag							20,42
		AN-Anteil Krankenversicherung							218,55
		AN-Anteil Rentenversicherung							262,26
		AN-Anteil Arbeitslosenversicherung							35,25
		AN-Anteil Pflegeversicherung							50,06
		Gesamtabzüge							***987,66
		Nettolohn/Nettogehalt							***1832,35

3 Abgaben → AB 51–52/Ü13–14

a Was wird mit den Steuern, Versicherungen und Zuschlägen finanziert? Ordnen Sie zu.

1 Arbeitslosenversicherung
2 Kirchensteuer
3 Krankenversicherung
4 Lohnsteuer
5 Pflegeversicherung
6 Rentenversicherung

A die Unterstützung, die ein Arbeitnehmer erhält, nachdem er in den Ruhestand gegangen ist
B die monatliche Unterstützung, die ein Arbeitnehmer erhält, wenn er seinen Arbeitsplatz verloren hat
C der Unterhalt der Kirchengebäude, Gehälter für Pfarrer, Bischöfe, konfessionelle Kindergärten etc.
D die Maßnahmen, um alte und kranke Menschen zu Hause oder in einem Heim zu versorgen
E die Leistungen, die man erhält, wenn man zum Arzt oder ins Krankenhaus muss und Medikamente braucht
F die allgemeinen staatlichen Leistungen, z. B. kostenloser Schulbesuch, öffentliche Verkehrsmittel, Theater, ...

b Welche dieser Abgaben gibt es auch in anderen Ländern?

4

4 Mehr Netto vom Brutto → AB 52/Ü15

a Sehen Sie die Bilder an. Um welche Leistungen eines Arbeitgebers geht es hier wohl?

A

B

b Lesen Sie und ergänzen Sie die Verben in der richtigen Form.

Das Wort „Brutto" ______ (1) das Gehalt, bevor Steuern und Sozialabgaben ______ (2) werden. Der Teil, den Arbeitgeber an den Sozialabgaben bezahlen, wird auf der Abrechnung nicht ______ (3). Der Begriff „Netto" stammt (4) wie der Begriff „Brutto" aus dem Italienischen und ______ (5) in diesem Zusammenhang „rein": „Netto" ist ein Gehalt ohne den Anteil der Steuern und Sozialabgaben, also das „reine" Entgelt, das dem Arbeitnehmer zur Verfügung ______ (6). In der politischen Diskussion spielt die Frage, wie viel einem Arbeitnehmer nach allen Abzügen von seinem Lohn bzw. Gehalt übrig ______ (7), eine zentrale Rolle.

- abziehen
- angeben
- bleiben
- bedeuten
- ~~stammen~~
- stehen
- bezeichnen

Das steht nicht auf der Gehaltsabrechnung:

Um gut ausgebildete Fachkräfte zu ______ (1), lassen sich Arbeitgeber etwas einfallen. Statt einer Gehaltserhöhung werden zusätzliche Leistungen zum Lohn ______ (2). So bezahlten (3) zum Beispiel manche Firmen eine Kinderbetreuung. Große Unternehmen ______ (4) oft Betriebskindergärten. Für die Beschäftigten sind die Plätze kostenlos. Oder der Arbeitnehmer ______ (5) das neueste Smartphone inklusive Vertrag. Bei Arbeitnehmern mit schmalem Gehalt ______ jegliche Arten von Geschenk-, Bücher- oder Tankgutscheinen ______ (6). Gutscheine ______ (7) mittlerweile nicht nur in größeren Unternehmen zum Repertoire. Die Hauptsache bei all diesen Beispielen ist, dass dem Arbeitnehmer dadurch am Ende mehr Geld ______ (8), er also mehr Netto vom Brutto hat.

- anbieten
- binden
- erhalten
- eröffnen
- gehören
- ~~bezahlen~~
- übrig bleiben
- willkommen sein

Sich Wörter einprägen
Es hilft, wenn man beim Vokabellernen ausgewählte Wörter laut vor sich hin sagt. Man sollte diese Technik nicht bei allen Wörtern anwenden, sondern überlegen, welche Teile des Stoffs besonders wichtig für einen persönlich sind. Bei schwierig zu sprechenden Komposita empfiehlt sich der schrittweise Aufbau von hinten her, zum Beispiel Sicherung – Versicherung – los – arbeitslos – Arbeitslosenversicherung.

Ich kann jetzt ...

	😊	🙂	☹
■ detailliert über das Thema *Lohn und Gehalt* sprechen.	☐	☐	☐
■ Abgaben und Abrechnungen international vergleichen.	☐	☐	☐
■ Fachausdrücke der Lohn- und Gehaltsabrechnung verstehen und anwenden.	☐	☐	☐

1 Die lieben Kollegen

Sehen Sie die Bilder an. Welche Kollegentypen sind hier wohl dargestellt? Haben Sie schon einmal mit einem dieser Kollegentypen zusammengearbeitet? Beschreiben Sie diese Person.

2 Wer spricht? → AB 52/Ü16

a **Lesen Sie die Charakterisierungen und ordnen Sie die Zitate den Beschreibungen zu.**

Der blonde Mann mit der Sonnenbrille könnte ein Angeber sein. Einer, der sich wichtigmacht.

- ☐ „Die achte Stelle nach dem Komma ist falsch gerundet!"
- ☐ „Müller! Da haben Sie Mist gebaut!"
- ☐ „Mensch, sag' ich da zur Ann-Kathrin, ich muss dir was erzählen!"
- ☐ „Leute, ich hab' Nusskuchen dabei!"
- ☐ „Mein Ziel ist es, in fünf Jahren die Firma zu leiten."
- A „Ohne mich läuft hier gar nichts. Meine Kollegen sind so unfähig!"

4

A **Der Streber**

Höher, schneller, weiter – für den Streber gibt es am Arbeitsplatz kein Limit. Früh morgens ist er der erste im Büro, seine letzte E-Mail verschickt er kurz vor Mitternacht. Für Kaffeeklatsch nach der Mittagspause oder ein Feierabendbier hat er keine Zeit. Der Streber hat es immer eilig. Statt Urlaub macht er eine Weiterbildung. Der Streber weiß wie kein anderer, was Fleiß bedeutet. Andere sind manchmal müde, unmotiviert oder überfordert – er ist es nie. Durch den Übereifer sind die meisten Streber sehr produktiv, die wenigsten aber teamfähig.

B **Der Hochstapler**

Jahrelang im Business, Berufserfahrung im Ausland und bekannt wie ein bunter Hund: Der Hochstapler möchte nicht als Versager dastehen und sehnt sich danach, bewundert zu werden. Er hat es schon weit gebracht, aber er will immer weiter. Sein Ziel ist es, alle anderen zu übertrumpfen. Seine Methode: Die Menschen in seinem Umfeld zu blenden. Zur Selbstvermarktung trägt er immer einen Stapel Akten unter dem Arm und unterstreicht so seine Wichtigkeit. In Besprechungen formuliert er seine Meinung klar und präzise, sodass sich seine originellen Ideen erst später als trivial entpuppen.

C **Die Büromama**

Hilfsbereit, empathisch und immer alles im Blick: Wenn jemand im Team Liebeskummer hat, reicht sie ein Taschentuch und findet die richtigen tröstenden Worte. Und wenn jemand Geburtstag hat, kauft sie nicht nur das Geschenk, sie verpackt es auch. Während andere versuchen, den Chef mit ihren beruflichen Fähigkeiten zu beeindrucken, ist sie damit beschäftigt, für alle Kaffee zu kochen. Ihre hilfsbereite Art sorgt leider auch dafür, dass ihr oft die undankbaren Aufgaben aufgedrückt werden und ihre fachliche Kompetenz keine Beachtung findet. Sie hat es wirklich nicht leicht.

D **Die Quasselstrippe**

Sie schwätzt und quakt und labert. Über das Wetter, den Stadtverkehr oder die Geburtstagsfeier der Nichte – das Thema spielt keine Rolle. Die Quasselstrippe kann Stille ganz einfach nicht ertragen und redet in einer Tour. Allerdings sind die meisten Informationen, die sie von sich gibt, für den Arbeitsalltag irrelevant. In Besprechungen nervt sie alle damit, dass sie Dinge wiederholt, die schon längst gesagt wurden. Wenn aber ein neues Gerücht im Umlauf ist, weiß sie es als Erstes – und verbreitet es diskret und zugleich flächendeckend.

E **Der Pedant**

Der Kugelschreiber liegt stets im rechten Winkel zur Schreibtischkante. Die Kleidung ist unauffällig, gepflegt und adrett. Der Pedant lebt seinen Kontrollzwang bis ins kleinste Detail aus. Er will die Dinge systematisch und strukturiert bearbeiten und meint es eigentlich nur gut. Anderen Mitarbeitenden geht er damit jedoch mitunter sehr auf die Nerven. Stellt sich jemand gegen sein System, terrorisiert er alle mit ausführlichen E-Mails.

F **Der Choleriker**

Je lauter, desto richtiger und wichtiger: Choleriker sind tickende Zeitbomben, die jeden Moment explodieren können. Sie sind nicht nur leicht erregbar, sie sind vor allem auch unberechenbar. Warum sie auf einmal zu brüllen beginnen, dass die Wände wackeln, lässt sich in der Regel nur schwer vorhersagen. Choleriker sind hart im Nehmen, ihre Kolleginnen und Kollegen sind es aber oft nicht – und leiden unter ihnen. Denn meist sind es nur Lappalien, die einen Choleriker auf einmal aus der Haut fahren lassen.

b **Formulieren Sie Ratschläge, wie man mit den verschiedenen Kollegentypen gut auskommt.**

Wenn ein Kollege schreit, sollte man Ruhe bewahren.

3 *Es* als obligatorisches Satzelement → AB 53–54/Ü17–20

GRAMMATIK
Übersicht → KB 52/1b

a **Was ersetzt *es* in den folgenden Sätzen? Markieren Sie.**

	Nomen	Satzteil/ ganzen Satz	Adjektiv
1 Choleriker sind hart im Nehmen, ihre Kolleginnen und Kollegen sind *es* aber oft nicht ... (Z. 41/42)		x	
2 ... kauft sie nicht nur das Geschenk, sie verpackt *es* auch ... (Z. 19)			
3 Andere sind manchmal müde, unmotiviert oder überfordert – er ist es nie. (Z. 6)			

b **Mit welchen Verben oder Adjektiven geht *es* hier eine feste Verbindung ein? Ergänzen Sie diese im Infinitiv.**

1 Er ... meint es eigentlich nur gut. (Z. 34) = es gut meinen
2 Der Streber hat es immer eilig. (Z. 4) ______
3 Er hat es schon weit gebracht ... (Z. 11) ______
4 Sie hat es wirklich nicht leicht. (Z. 22/23) ______

c **In welchen der folgenden Sätze fehlt *es*? Markieren Sie und erklären Sie, warum.**

X Schwierige Kollegen gibt leider in fast jeder Firma.
2 Frau Kaplan eine Woche nicht zu sehen, ist eine Erholung.
3 Kann schwierig sein, mit solchen Menschen zurechtzukommen.
4 Ob man sie in ein Team integrieren kann, ist keineswegs sicher.
5 Bei manchen Kollegen handelt sich um echte Problemfälle.

d **Korrigieren Sie die falschen Sätze aus 3c.**

1 Schwierige Kollegen gibt es leider in fast jeder Firma.

Ich kann jetzt ...
- einen stilistisch anspruchsvollen, unterhaltsamen Zeitschriftenartikel verstehen. ☐ ☐ ☐
- das Pronomen *es* als obligatorisches Satzelement erkennen und anwenden. ☐ ☐ ☐

1 Interne Kommunikation → AB 55/Ü21–23

Lesen Sie die Situation und die beiden E-Mails von Gloria Haubner. Ergänzen Sie in der zweiten E-Mail die Lücken (1–10). Verwenden Sie dazu die Informationen aus der ersten E-Mail.

Gloria Haubner arbeitet in einem großen Logistikzentrum. Im Moment fehlt es an Personal im Warenversand. Aus diesem Grund schreibt sie heute zwei E-Mails: eine an ihre Freundin Anne und eine an Herrn Meier, den Abteilungsleiter Warenversand.

Hallo Anne,

freut mich zu hören, dass es bei euch zurzeit rund läuft! Bei uns läuft es eher nicht so gut. Frau Kleinert aus der Versandabteilung ist mal wieder hypernervös, denn die Personalsituation ist extrem angespannt. Im Moment sind fünf Kolleginnen krank, zwei von ihnen fallen sogar länger aus. Wir suchen also Aushilfen, damit der Warenversand normal ablaufen kann! Du kannst Dir wahrscheinlich schon denken, worauf ich hinaus möchte: Letzten Sommer warst Du eine riesengroße Hilfe, weil Du superschnell zwei studentische Aushilfen gefunden hattest. Die waren in kürzester Zeit top eingearbeitet. Leider habe ich ihre Kontaktdaten nicht mehr. Meinst Du, Du könntest uns nochmal helfen? Anderenfalls müssten wir auf sündteure Leiharbeiter zurückgreifen. Ich hoffe, Du kannst mir weiterhelfen – es ist echt megadringend!

LG Gloria

Sehr geehrter (1) Herr Meier,

Frau Kleinert hat mir von Ihrem dringenden Personalproblem ___ (2). Wir werden uns ___ (3), Aushilfskräfte als Vertretung für die erkrankten Mitarbeitenden zu finden, damit die Ware problemlos ___ (4) werden kann. Mein ___ (5) wäre es, erneut die beiden Studierenden zu engagieren, die bereits vergangenes Jahr als Aushilfen für uns ___ (6) waren. Sie kennen die Prozesse in unserem Unternehmen und brauchen keine ___ (7) mehr. Hinzu kommt, dass im Moment Semesterferien sind, weshalb sie womöglich sogar ganztägig im Warenversand aushelfen könnten. Wenn Sie ___ (8) sind, würde ich umgehend den ___ (9) zu den beiden Studierenden herstellen und nachfragen, ob sie Interesse daran hätten, erneut für uns zu arbeiten.

Mit ___ (10) Grüßen

Gloria Haubner

2 Wortbildung: Graduierung von Adjektiven → AB 56/Ü24

GRAMMATIK

Übersicht → KB 52/2

a **Unterstreichen Sie in Glorias E-Mail an Anne alle Wortteile, die Adjektive graduieren. Welche sind besonders positiv?**

hypernervös

b **Welche der folgenden Adjektive sind nicht verstärkt? Streichen Sie.**

topaktuell • langfristig • tieftraurig • vollbeschäftigt • termingerecht

Ich kann jetzt ...

	😊	😐	☹
■ die Informationen aus einem Text in einen anderen Text integrieren.	☐	☐	☐
■ die Graduierung von Adjektiven verstehen.	☐	☐	☐

1 Meine Zahl

Denken Sie an Ihre letzte Bewerbung. Welche Zahl bringen Sie damit in Verbindung? Sprechen Sie im Kurs.

Meine Zahl ist die Sieben. Bei meiner letzten Bewerbung habe ich meine Unterlagen an sieben Arbeitgeber geschickt.

Meine Zahl ist die Zwanzig. Vor einem Jobinterview musste ich zwanzig Minuten warten, bis ich ...

2 Chancen auf dem Arbeitsmarkt → AB 57/Ü25

a **Lesen Sie das Zitat. Was ist damit gemeint?**

Sag mir, wie du heißt, und ich verrate dir, welche Chancen du auf dem Arbeitsmarkt hast.

12 b **Sehen Sie den Anfang des Films. Auf welchem Gebiet ist Thomas Liebig Experte? Welche Zahl hat er gewählt und warum?**

13 c **Sehen Sie den Film einmal ganz. Lesen Sie anschließend die Begriffe, die Thomas Liebig verwendet, und deren Definition. Ordnen Sie zu.**

OECD • Chancengleichheit • Qualifikation • Experte • Schulbildung

1 ______	Durch jahrelanges Lernen in staatlichen oder privaten Einrichtungen gesammelte Erfahrungen und erworbenes Wissen, das oft ein wichtiger Faktor für die beruflichen Chancen ist
2 ______	Gleiche Entwicklungsmöglichkeiten, ohne aufgrund des Geschlechts, der Herkunft oder der Religion benachteiligt zu werden
3 ______	Eine internationale Organisation, die sich für wirtschaftliche Zusammenarbeit und Entwicklung einsetzt
4 ______	Die Eignung einer Person für einen Beruf oder eine bestimmte Aufgabe aufgrund ihrer individuellen Fähigkeiten und Kompetenzen
5 ______	Eine sachkundige Person, die über ein äußerst umfangreiches Wissen auf einem Fachgebiet verfügt

13 d **Sehen Sie den Film erneut. Welches Problem spricht Thomas Liebig an? Welches Ziel verfolgt die OECD mit diesem Film?**

3 Diskussion

a **Denken Sie an die Zahl, die Sie in Aufgabe 1 gewählt hatten. Überlegen Sie, welche zweite Zahl Sie als Ziel wählen würden.**

b **Arbeiten Sie in Gruppen. Was ist Ihre Meinung zum Thema *Chancengleichheit*? Welche Erfahrungen haben Sie gemacht? Berichten Sie und diskutieren Sie.**

Ich kann jetzt ...

	😊	🙂	☹
■ das kurze Statement eines Experten und schwierige Fachbegriffe verstehen.	☐	☐	☐
■ über eigene Erfahrungen bei der Arbeitssuche sprechen.	☐	☐	☐

1 Funktionen des Pronomens *es*

Das Pronomen *es* erfüllt im Deutschen verschiedene Funktionen. In manchen Sätzen steht *es* als obligatorisches Satzelement, in anderen Sätzen ist *es* nicht obligatorisch und kann wegfallen.

a *Es* als nicht-obligatorisches Satzelement ⇤ KB 43/3

Es als Repräsentant für einen Nebensatz oder Infinitivsatz*

	es repräsentiert einen ...
Es geht aus Umfragen hervor, dass die Mehrheit träge oder ängstlich ist.	dass-Satz
Doch **es** ist fraglich, ob Menschen in diesen Berufen zufriedener sind.	indirekten Fragesatz
Doch **es** ist nicht ratsam, gleich zu kündigen.	Infinitivsatz

* Wenn der Nebensatz oder Infinitivsatz vorangestellt ist, fällt *es* weg oder wird ersetzt durch *das*:
Dass sich so viele Möglichkeiten bieten, *(das)* ist wunderbar.

b *Es* als obligatorisches Satzelement ⇤ KB 49/3

Es als Pronomen

	es ersetzt ...
So funktioniert **es** meist nicht.	ein Nomen im Nominativ
Sie besorgt nicht nur das Geschenk, sie verpackt **es*** auch.	ein Nomen im Akkusativ
Meine Kolleginnen sind topfit, ich bin **es*** leider nicht.	ein Adjektiv oder Partizip
Choleriker sind hart im Nehmen, ihre Mitarbeiter sind **es*** aber oft nicht.	einen Satzteil oder einen ganzen Satz

* Hier kann *es* nicht auf Position 1 stehen.

Es als unpersönliches Subjekt oder Objekt

	es wird verwendet bei ...	*es*
Es regnet, schneit, donnert, blitzt, ist kalt, ...	Wetter	= Subjekt
Es ist 10 Uhr. **Es** ist noch früh. **Es** wird bald Mitternacht. ...	Zeit	
Es geht mir gut. **Es** tut mir weh. **Es** juckt mich am Bein. ...	Persönliches Befinden	
Es schmeckt mir gut. **Es** riecht nach ...	Sinneseindrücke	
Es klopft, klingelt, läutet, pfeift, raschelt, ...	Geräusche	
Es gibt, handelt sich um, geht um, ...	Thema	
Er hat **es** eilig. Sie lässt **es** darauf ankommen. Er macht **es** sich leicht; sie nimmt **es** schwer; er hat **es** schwer; Sie meint **es** ernst.	feste Ausdrücke	= Objekt

2 Wortbildung: Graduierung von Adjektiven ⇤ KB 50/2

In der Werbe-, Jugend- und Umgangssprache werden Adjektive häufig graduiert.

Graduierung		Adjektiv
top		aktuell / eingearbeitet
mega		dringend / groß
hyper		aktiv / modern / nervös
riesen	+	groß
super		nett / schnell / schön
tief		blau / traurig
sünd		teuer
voll		automatisch / beschäftigt

Graduierungen und Adjektive können nicht beliebig kombiniert werden:
affenstark, aber nicht *~~affenbreit~~*;
bildschön, aber nicht *~~bildnett~~*;
nagelneu, aber nicht *~~nagelaktuell~~*.

Gideon Ayuba (32) kommt aus Nigeria und hat in Lagos in einem Krankenhaus gearbeitet. Seit vier Jahren lebt er in Bremen und hat dort in einem Seniorenzentrum eine dreijährige Ausbildung zum Altenpfleger abgeschlossen. In Bremen lernte er auch seine Freundin Eva kennen, die Vollzeit in einer Apotheke arbeitet. Nun erwarten die beiden ihr erstes Kind.

CHECKLISTE BERUF UND FAMILIE

- ☐ Glückwünsche zur Geburt verstehen
- ☐ sich über Mutterschutz und Elternzeit informieren
- ☐ Elternzeit in Anspruch nehmen
- ☐ eine Elternzeitvertretung organisieren

1 Glückwünsche zur Geburt verstehen

a **Gideon geht am Tag nach der Geburt seines Kindes zur Arbeit und findet zur Begrüßung am Empfang Blumen und Glückwunschkarten. Lesen Sie und ergänzen Sie.**

neugeborenen • freudigen • Sonnenschein • begrüßen • Eltern • Glück • Hurra • Glückwunsch • Geburt • Wünsche • erdenklich • Gute

A

__________ (1) zur Geburt

Lieber Herr Ayuba,
herzlichen Glückwunsch zum __________ (2) Ereignis und liebe __________ (3) für Eltern und Kind! Im Namen der Geschäftsleitung wünsche ich Ihnen und Ihrer Familie alles __________ (4).
Ihr Henning Düren

B

__________ (5), jetzt bist du da!
Glückwunsch zum Baby

Lieber Gideon,
gestern habe ich von Pflegerin Elke erfahren, dass Sie Vater geworden sind. Ich wünsche Ihnen und Ihrem __________ (6) Kind alles __________ (7) Gute. Möge Ihrem Kind das __________ (8) der Welt für alle Zeit treu sein.
Ihre
Marta von Silberblick
(Station E37)

C

NICHT VON SCHLECHTEN
__________ (9)

Alles Liebe zur __________ (10) eures Babys!
Lieber Gideon, wir wünschen euch alles Gute zur Geburt eurer Tochter Ada! Wir freuen uns, sie auf dieser tollen Welt __________ (11) zu dürfen. Ganz viel Freude und __________ (12) mögen euch immer begleiten!
Elke Hermann Aleyna Shoja Manila

b **Lesen Sie die Glückwunschkarten in 1a erneut. Von wem stammen sie? Was charakterisiert die Texte? Ordnen Sie zu und sprechen Sie.**

☐ eine Bewohnerin des Altenheims ☐ Gideons Chef ☐ Gideons Arbeitskollegen

c **Wie finden Sie die Tradition, Kollegen zu besonderen Anlässen eine Glückwunschkarte zu schreiben? Haben Sie selbst schon einmal Glückwünsche von Kollegen erhalten? Berichten Sie.**

EXTRA BERUF

2 Sich über Mutterschutz und Elternzeit informieren

a **Gideon möchte gern Elternzeit nehmen und informiert sich im Internet über seine Möglichkeiten. Lesen Sie die Ratgeberseite und entscheiden Sie, ob die Aussagen richtig (R) oder falsch (F) sind.**

	R	F
1 Gideons Freundin Eva musste für die Termine der Vorsorgeuntersuchungen Urlaub beantragen.	☐	☐
2 Sechs Wochen vor der Geburt war es Eva gesetzlich verboten zu arbeiten.	☐	☐
3 Mutterschaftsgeld erhalten alle arbeitenden und krankenversicherten Frauen, die ein Kind erwarten.	☐	☐
4 Gideon hat als Vater weniger Anspruch auf Elternzeit als Eva.	☐	☐
5 Beide Elternteile können ihre Elternzeit unabhängig voneinander nehmen.	☐	☐
6 Gideon muss seinem Arbeitgeber die geplante Elternzeit in den ersten sieben Wochen nach der Geburt mitteilen.	☐	☐
7 Während der Elternzeit bezieht Gideon eine Ersatzleistung in der Höhe seines bisherigen Gehalts.	☐	☐
8 Gideon und Eva können während der Elternzeit in Teilzeit arbeiten.	☐	☐

EXTRA BERUF

Daten und Fakten zu Mutterschutz und Elternzeit

Schwangerschaft und Mutterschutz: Der Mutterschutz schützt die Gesundheit der Frau und ihres Kindes während der Schwangerschaft, nach der Entbindung und in der Stillzeit. Für ärztliche Vorsorgeuntersuchungen wird die schwangere Arbeitnehmerin von der Arbeit freigestellt. Während der gesetzlichen Schutzfrist darf der Arbeitgeber die Arbeitnehmerin nicht beschäftigen. Die Schutzfrist beginnt sechs Wochen vor der Entbindung und endet acht Wochen nach der Entbindung. Auf eigenen Wunsch kann die Arbeitnehmerin aber in der Schutzfrist weiterarbeiten.

Mutterschaftsgeld: Das Mutterschaftsgeld erhalten alle werdenden Mütter, die krankenversichert sind und zu Beginn des Mutterschutzes in einem Arbeitsverhältnis stehen. Es wird sechs Wochen vor und acht Wochen nach der Geburt gezahlt und entspricht dem bisherigen Nettogehalt.

Elternzeit: Nach der Geburt des Kindes haben beide Elternteile Anspruch auf maximal drei Jahre Elternzeit. Elternzeit darf dabei auch gleichzeitig mit dem anderen Elternteil in Anspruch genommen werden. Die Mutterschutzfrist hat auf die Elternzeit des Vaters keinen Einfluss. Die Elternzeit ist spätestens sieben Wochen vor dem geplanten Beginn schriftlich mitzuteilen. Der Arbeitgeber darf die vom Arbeitnehmer eingereichte Elternzeit nicht ablehnen.

Arbeit und Gehalt während der Elternzeit: In der Elternzeit bezieht man kein Einkommen. Als Ersatzleistung für das Gehalt kann man innerhalb der ersten 28 Lebensmonate des Kindes Elterngeld bzw. ElterngeldPlus beantragen. Es ersetzt das bisherige Einkommen bis zu einem gewissen Teil. Während der Elternzeit darf man stundenweise arbeiten, sofern die durchschnittliche Arbeitszeit 30 Wochenstunden nicht übersteigt.

b **Lesen Sie den Ratgebertext in 2a erneut. Welche Möglichkeiten haben Eva und Gideon, von der Arbeit freigestellt zu werden? Sprechen Sie.**

c **Waren Sie oder eine Kollegin / ein Kollege schon einmal im Mutterschutz und / oder in Elternzeit? Welche Erfahrungen haben Sie gemacht? Berichten Sie.**

Wussten Sie schon?
In Sachen Elternzeit gehen die deutschsprachigen Länder teilweise getrennte Wege. In Deutschland und Österreich sind die Regelungen vergleichbar. Mütter und Väter haben nach der Geburt einen Rechtsanspruch auf Freistellung von der Arbeit. In der Schweiz gibt es hingegen nur einen bezahlten Mutterschaftsurlaub. Väter erhalten bei der Geburt des Kindes lediglich einen Urlaubstag.

3 Elternzeit in Anspruch nehmen

1 🔊 19 a **Hören Sie das Gespräch und sprechen Sie.**

- Mit wem spricht Gideon? Worüber sprechen sie?
- Welche Entscheidung haben Gideon und Eva noch nicht getroffen?
- Welche Punkte aus dem Text in 2a werden angesprochen?

1 🔊 19 b **Lesen Sie die Fragen. Hören Sie das Gespräch noch einmal und notieren Sie die Antworten in Stichpunkten.**

1 Wie möchten Gideon und Eva ihr Arbeitsleben nach Evas Mutterschutz gestalten?

2 Wieso findet es Gideon gut, wenn Väter in Elternzeit gehen?

3 Wie reagierte Gideons Arbeitgeber auf seine Pläne?

4 Welcher Tätigkeit möchte Gideon in seiner Elternzeit weiterhin nachgehen?

5 Wie finanzieren Gideon und Eva in der Elternzeit ihren Lebensunterhalt?

EXTRA BERUF

c **Vergleichen Sie die Antworten in 3b im Kurs.**

d **Welche Meinung vertritt Gideon in Bezug auf das Thema Elternzeit? Was denken seine Arbeitskollegen Hermann und Elke? Fassen Sie die Unterschiede und Gemeinsamkeiten ihrer Ansichten zusammen.**

Elke denkt, dass es sich auf jeden Fall lohnt, wenn …

Hermann ist der Ansicht, Gideon sollte unbedingt …

e **Was ist Ihre Meinung in Bezug auf das Thema Elternzeit? Berichten Sie.**

Wussten Sie schon?
Die Zahl der Väter, die für ihren Nachwuchs eine berufliche Auszeit nehmen, steigt seit Jahren kontinuierlich. Dagegen gehen weniger Mütter in Elternzeit. Dennoch nimmt nach wie vor nicht einmal jeder zehnte Vater die Möglichkeit der Elternzeit in Anspruch. Noch immer sind es bei den meisten Paaren mit kleinen Kindern die Frauen, die Elternzeit nehmen und das Elterngeld beziehen. Zudem nehmen die Väter meist wesentlich kürzere Auszeiten als die Mütter.

4 Eine Elternzeitvertretung organisieren

a **Lesen Sie die Stellenanzeigen. Was wird hier gesucht? Welche Gemeinsamkeiten und Unterschiede gibt es? Markieren Sie Schlüsselbegriffe.**

1

Altenpfleger/in ab sofort gesucht!

Anderen Menschen ein Lächeln ins Gesicht zu zaubern – ist es das, was dich erfüllt? Dann bist du bei uns genau richtig! Wir suchen eine/n Altenpfleger/in (w/m/d) in Vollzeit (befristet, Elternzeitvertretung)
Altenheim Stift St. Martin

2

Apotheker/in (Teilzeit, befristet)
Vertretung Mutterschutz / Elternzeit
Ein tolles Team, ein vielschichtiger Job
Bewerbung bitte an
maier@blumenapotheke.de

3

VERKÄUFER/INNEN GESUCHT!
3 Stellen in Vollzeit als Vertretung für Mutterschutz und Elternzeit (befristet mit der Möglichkeit auf anschließende Festanstellung)
1 Stelle in Vollzeit (unbefristet)
Wir sind ein führendes europäisches Unternehmen in Halle (Saale)

b **Lesen Sie Gideons E-Mail an seine Kollegen. Welche Vorteile oder Nachteile hat das Elternzeitmodell für Arbeitnehmer (A), Arbeitgeber (B), Kolleginnen und Kollegen (C) und die Vertretung (D)? Ordnen Sie zu.**

EXTRA BERUF

☐ Überforderung ☐ Viel Zeit ☐ Zusätzliche Arbeitsbelastung ☐ Vertretungssuche

Absender: gideon@webbomail.net
Empfänger: team@ahstmartin.de

Liebe Kollegen,

Eva und ich haben uns sehr über eure Glückwünsche gefreut! Der Strampler, den ihr unserer kleinen Ada zur Geburt geschenkt habt, passt ihr inzwischen perfekt.
Es tut mir leid zu hören, dass ihr nun so einen Stress habt! Dass meine Vertretung sich erst einarbeiten muss und aufgrund der temporären Anstellung nicht sonderlich motiviert ist, kann ich irgendwie nachvollziehen. Aber für euch als Kollegen ist das natürlich supernervig! Ich bin mir aber sicher, dass es für unseren Chef nicht ganz leicht gewesen sein wird, eine Vertretung für mich zu finden.
Aber ich kann euch sagen: Die Elternzeit ist prima! Dass Eva gleich nach dem Mutterschutz wieder arbeiten gegangen ist, war gar kein Problem. So habe ich jetzt auch viel Zeit für Ada und mich. Ab August, wenn meine Elternzeit vorbei ist, wird Eva dann in Teilzeit arbeiten. So bekommen wir die ersten Jahre schon geschaukelt!
Ich freue mich, euch bald wiederzusehen!

Euer Gideon

c **Wie gehen Unternehmen damit um, wenn eine Mitarbeiterin / ein Mitarbeiter in Mutterschutz oder in Elternzeit geht? Welche Konsequenzen hat die Auszeit für den Arbeitgeber und die Kollegen? Sprechen Sie in Gruppen und sammeln Sie Ihre Ergebnisse anschließend im Kurs.**

Viele Arbeitgeber versuchen, die Arbeit …

Ich glaube, die meisten Kollegen haben Verständnis dafür, dass …

d **Gideons Elternzeit endet nach einem Jahr. Welche Maßnahmen könnte sein Unternehmen ergreifen, um ihm den Wiedereinstieg in das Arbeitsleben zu erleichtern? Welche Möglichkeiten kennen Sie? Berichten Sie.**

5 KUNST

1 Bildinterpretation → AB 61–62/Ü2–3

a Arbeiten Sie zu zweit. Sehen Sie das Bild an. Welcher Titel fällt Ihnen spontan dazu ein? Warum?

b Verfassen Sie zu zweit einen kurzen Text, in dem Sie das Bild und seine Wirkung beschreiben.

Auf dem Bild sieht man …
Die Farben sind …
Das Bild wirkt auf mich …

Ich würde das Bild „Meeresrosen" nennen, denn die Blumen haben die Farbe von roten Rosen und im Hintergrund schwimmen Fische im Meer.

c Stellen Sie Vermutungen über die Künstlerin / den Künstler an.

Ich könnte mir vorstellen, dass es sich um eine Künstlerin handelt, die …

2 Kunst, die mir gefällt

Berichten Sie, welche Art von Bildern Ihnen besonders gut gefällt. Beschreiben Sie, mit welcher Technik die Bilder gemalt oder hergestellt werden und warum diese Art von Kunst aus Ihrer Sicht schön ist.

1 Die Wirkung von Kunst

a Sehen Sie das Foto der Malerin Olivia Hayashi und das von ihr gemalte Bild auf der Einstiegsseite an. Welche der beiden Aussagen könnte von der Malerin stammen? Warum?

1 *„Das Leben ist nicht immer ein Wunschkonzert. Ich fange am liebsten die schweren, manchmal düsteren Momente in meinen Bildern ein."*

2 *„Was für mich wichtig ist und was mir aber nicht immer gelingt, ist so eine bestimmte Lebensvitalität, Leichtigkeit, Freude mit meinen Farben."*

b Was würden Sie gern über Olivia Hayashi erfahren? Sammeln Sie Fragen.

- Seit wann malt sie?
- ...

2 Die Malerin Olivia Hayashi → AB 63/Ü4

5

Sehen Sie das Videoporträt in Abschnitten an.

14

Abschnitt 1

Machen Sie Notizen zu den folgenden Stichworten.

- Heimatland: Mexiko
- Atelier: ______
- Familienhintergrund: ______
- Wunsch als Kind: ______
- Lebensunterhalt: ______

15

Abschnitt 2

1 War Ihre Vermutung in 1a richtig?
2 Beantworten Sie folgende Fragen.
- Was macht Olivia, wenn es ihr nicht so gut geht?
- In welchem Stil malt sie?
- Wie reagiert sie auf innere Malblockaden?
- Welche Werkzeuge und Hilfsmittel benutzt sie?
- Was geschieht, wenn sie ein Bild gemalt hat?

3 Gedächtnisspiel

Arbeiten Sie zu viert. Tragen Sie aus dem Gedächtnis noch einmal zusammen, was Sie über Olivia, ihre persönliche Geschichte und ihre Malerei wissen. Jede/r äußert einen Satz dazu.

Olivia ist aus Mexiko, lebt aber schon seit 30 Jahren in Deutschland.

Sie malt oft auf dem Boden.

Ich kann jetzt ...

	😊	😐	☹
Detailfragen zu einem Videoporträt über eine Künstlerin beantworten.	☐	☐	☐
Einzelheiten aus einem Videoporträt rekonstruieren.	☐	☐	☐

1 Wortbildung: Vorsilbe *be-* → AB 63–64/Ü5–6

GRAMMATIK
Übersicht → KB 68/1a

a **Im Kunstbetrieb: Was passiert hier? Beschreiben Sie die Bilder.**

A

B

C

D
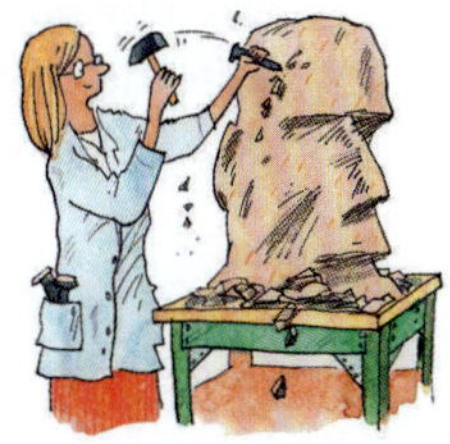

b **Ergänzen Sie die Verben *arbeiten, urteilen* oder *malen* und ordnen Sie die Sätze den Bildern aus 1a zu.**

☐ Der Maler bespannt den Rahmen mit der Leinwand.
☐ Dann be ______ er die Leinwand.
☐ Die Bildhauerin be ______ die Skulptur mit Hammer und Meißel.
☐ Der Kritiker be ______ die Kunstwerke.

c **Variieren Sie die Sätze aus 1b. Verwenden Sie dabei die Präpositionen *an, auf* oder *über*.**

1 Der Maler spannt die Leinwand auf den Rahmen.
2 Dann malt er ______
3 Die Bildhauerin ______
4 Der Kritiker ______

5

2 Wortbildung: Vorsilbe *ver-* → AB 64–65/Ü7–8

GRAMMATIK
Übersicht → KB 68/1b

a **Lesen Sie und markieren Sie alle Verbformen mit der Vorsilbe *ver-*.**

Auf dem Weg zur Vernissage

Im Sommer war ich in meiner Heimatstadt. Anlass war die Ausstellungseröffnung meines ehemaligen Mitschülers Jörg Haas. Ich war neugierig auf seine Kunstwerke und darauf, ob und wie unser kleines Städtchen sich verwandelt hatte. Wie sehr würden sich Jörg und andere Klassenkameraden, die er eingeladen hatte, verändert haben? Würden wir uns überhaupt wiedererkennen?
Als ich gegen 18 Uhr am Bahnhof ankam, war ich erst etwas verwirrt. Der Bahnhof sah nicht mehr wie damals aus. Es gab eine unterirdische Einkaufspassage und die Eingangshalle war verschönert und vergrößert worden. Ich verlief mich gleich. Deshalb wollte ich Jörg telefonisch nach dem richtigen Weg fragen, verwählte mich aber. Schließlich kam ich dann, um einiges verspätet, in der Galerie an. Jörgs Rede hatte ich zwar versäumt, aber es wurde alles in allem ein gelungener Abend.

b **Ergänzen Sie die Tabelle mit Wörtern, die zu den möglichen Bedeutungen von *ver-* passen.**

Was misslingt / geht schief? ______
Was hat sich verändert? ______

c **Schreiben Sie mit Ihrer Lernpartnerin / Ihrem Lernpartner Sätze.**

verlernen • verbessern • sich verhören • verschlafen • vergolden • vereinfachen • (sich) verwandeln • verkürzen ...

Gestern habe ich leider verschlafen ...

Ich kann jetzt ...

	☺	😐	☹
■ Verben mit der Vorsilbe *be-* bilden.	☐	☐	☐
■ gleichbedeutende Verben ohne *be-* mit Präpositionen bilden.	☐	☐	☐
■ verschiedene Bedeutungen der Vorsilbe *ver-* verstehen und anwenden.	☐	☐	☐

LESEN 1

1 Was ist Kunst?

Sehen Sie folgende Werke an. Welche gefallen Ihnen? Welche sind in Ihren Augen Kunst, welche nicht? Warum?

2 Moderne Kunst → AB 65/Ü9

Lesen Sie den Text und ordnen Sie zu. In welchem Textabschnitt (A–D) finden Sie die gesuchte Information (1–7)? Es gibt zu jeder Frage nur eine richtige Lösung. Jeder Abschnitt kann mehrere Informationen enthalten.

In welchem Textabschnitt …

1 ______ erläutert der Autor das lange Zeit vorherrschende Kunstverständnis?
2 ______ erklärt der Autor, worauf es heute in der Kunst ankommt?
3 ______ veranschaulicht der Autor ein Kunstprojekt, das viele Menschen erreicht?
4 ______ interpretiert der Autor ein berühmtes Zitat?
5 ______ zeigt der Autor Verständnis für die Reaktion mancher Betrachter von moderner Kunst?
6 ______ beschreibt der Autor, wie es zur Revolution des Kunstbegriffs kam?
7 ______ erläutert der Autor, welche Funktion Kunst seiner Ansicht nach hat?

A „Die immer gleiche Banane auf unzählige Eingangswände von Museen weltweit sprühen und somit Kunstorte markieren – das soll Kunst sein?", mag sich so manch einer fragen. Thomas Baumgärtel, der *Bananensprayer*, ist mit diesen Aktionen jedenfalls berühmt geworden und inzwischen aus der Szene als Künstler im öffentlichen Raum nicht mehr wegzudenken. Und wer hat nicht schon mal gedacht: „Das hätte ich auch machen können", wenn er im Museum vor einer Reihe Ziegelsteine stand. Oder vor einem Motorrad, das in einem Motorradladen natürlich keine Kunst wäre, sondern ein Motorrad. Es gibt auf diesen Spruch zwei mögliche Antworten. Die erste ist lustig und wahr, sie lautet: „Hast du aber nicht gemacht." Die Kunstgeschichte funktioniert wie das Patentamt: Erfunden ist erfunden. Wenn einer etwas schon gemacht hat, macht man das nicht noch einmal. Völlig egal, ob es schwierig war oder nicht. Die zweite Antwort auf den Spruch ist eher ein Stimmungskiller, sie lautet: „Nein, kannst du nicht." Warum nicht? Naja, Kunst machen können eben nur Künstler.

B Lange Zeit galt die Nachahmung in der Kunst allerdings nicht als verwerflich: Die Römer haben die Statuen der Griechen kopiert. Im Mittelalter malten eigentlich alle das Gleiche. Und dann wetteiferten wieder alle darum, wer so gut ist wie die Griechen. Kunst kam von *Können*, und man dachte, für das Können gäbe es feste Regeln. Dann kam vor gut hundert Jahren Kasimir Malewitsch und malte ein schwarzes Quadrat. Und dann kam Marcel Duchamp und stellte einen Flaschentrockner in die Galerie. Und plötzlich gab es keine Regeln mehr, beziehungsweise: Jeder konnte seine eigenen Regeln aufstellen. Jetzt kam es aber gar nicht mehr aufs Handwerk an. Bei einem schwarzen Quadrat kann man schwer darüber diskutieren, wie treffend hier die Wirklichkeit abgebildet oder wie virtuos der Farbauftrag ist. Schwarzes Quadrat malen, ins Museum stellen: Das kann ich auch. Was Kunst ist, entscheidet der Künstler. Bleibt natürlich die Frage: Wer entscheidet, wer ein Künstler ist? Das tun die Kunstexperten in den Museen. Warum können sie das entscheiden? Weil wir ihnen vertrauen.

C An dem Punkt kann man das ganze Spiel lächerlich finden und einfach nicht mehr mitmachen. Allerdings wird es gerade hier erst interessant. Joseph Beuys, der Fetthaufen und lebende Hasen ausstellte, hat gesagt, dass jeder ein Künstler sei. Das heißt aber nicht, dass jeder gut malen kann, eher: Jeder ist gleich viel wert, jeder soll sich ausdrücken können, und keiner soll darüber entscheiden dürfen, wer mitmachen darf und wer nicht. Man könnte auch sagen: Jeder Mensch ist einzigartig, niemand macht das Gleiche. Das heißt, dass jede Kinderzeichnung irgendwie ein Kunstwerk ist:

Die Welt kommt in einen rein und wieder raus und schaut dann anders aus. Viele berühmte Maler malen gern immer wieder mal wie Kinder.

D Kunstwerke sprechen auch nie nur mit dem Betrachter, der sie gerade anschaut. Sie unterhalten sich gleichzeitig mit allen anderen Kunstwerken, die es je gab und die es noch irgendwann geben könnte. Sie sind wie die Bewohner einer riesigen Stadt, die sich streiten oder lieb haben und sich immer wieder treffen, einander etwas zeigen oder etwas beibringen. Félix González-Torres hat zum Beispiel ein Werk erfunden, das man im Prinzip zu Hause aufbauen kann: Man kaufe ganz viele Bonbons und schütte sie auf einen Haufen. Viele Museen haben das schon gemacht. Von den Bonbons darf jeder Museumsbesucher so viele mitnehmen, wie er will, sie werden wieder aufgeschüttet, und zwar immer so viele, dass sie alle zusammen genau so schwer sind wie der Geliebte von Félix González-Torres war, der an Aids gestorben ist. Es ist ein ganz einfaches Kunstwerk, aber es ist voller Liebe und voller Trauer. Es spricht mit allen Bildern der Kunstgeschichte, auf denen der Leib Christi betrauert wird, es spricht mit den Ziegelsteinen, dem Flaschentrockner und mit Beuys' Fetthaufen. Deshalb fühlt es sich irgendwie an, als wäre es nicht nur hier, sondern gleichzeitig in einer anderen Welt. Jeder hätte das machen können. Aber auf die Idee kommt man nicht einfach so.

3 Zitate zur Kunst → AB 66/Ü10

a **Lesen Sie die Zitate berühmter Personen über Kunst. Wählen Sie zu zweit einen Ausspruch aus und erläutern Sie, was er Ihrer Ansicht nach bedeutet.**

„Die Kunst ist die Vermittlerin des Unaussprechlichen." (Johann Wolfgang von Goethe)
„Die Kunst ist zwar nicht das Brot, wohl aber der Wein des Lebens." (Jean Paul)
„Die Kunst gibt nicht das Sichtbare wieder, sondern macht sichtbar." (Paul Klee)
„Kunst wäscht den Staub des Alltags von der Seele." (Pablo Picasso)
„Wer sich mit der Kunst verheiratet, bekommt die Kritik zur Schwiegermutter." (Hildegard Knef)

b **Vergleichen Sie die Aussprüche miteinander. Gibt es Zitate, die etwas Ähnliches aussagen?**

4 Redewiedergabe mit *nach, laut, zufolge* und *wie* → AB 66–67/Ü11–13

GRAMMATIK
Übersicht → KB 68/2

a **Ergänzen Sie die Präpositionen mit Dativ *nach*, *laut* und *zufolge* sowie die Nebensatzeinleitung *wie*. Es können auch mehrere Wörter passen.**

1 ______________ (der Meinung von) Pablo Picasso wäscht Kunst den Staub des Alltags von der Seele.
2 Pablo Picassos Meinung ______________ wäscht Kunst den Staub des Alltags von der Seele.
3 ______________ Pablo Picasso meinte, wäscht Kunst den Staub des Alltags von Seele.

b **Markieren Sie in der Tabelle, was jeweils zutrifft.**

	nach	laut	zufolge	wie
Ist eine Präposition mit Dativ:	X			
Leitet einen Nebensatz ein:				
Kann / Muss auch nachgestellt werden:				
Man kann den Artikel danach weglassen:				
Am Ende des Ausdrucks steht ein Verb des „Sagens":				

c **Bilden Sie weitere Varianten der Zitate aus 3a mit *nach*, *laut*, *zufolge* oder *wie*.**

Ich kann jetzt ...
- die inhaltliche Struktur eines Textes zum Thema Kunst erfassen. ☐ ☐ ☐
- die Bedeutung von Zitaten zum Thema Kunst erschließen. ☐ ☐ ☐
- Redewiedergabe mit *nach*, *laut*, *zufolge* und *wie* erkennen und anwenden. ☐ ☐ ☐

1 Ein sehenswertes Museum → AB 68–69/Ü14–16

Bereiten Sie zu zweit eine Präsentation über ein sehenswertes Museum in Ihrer Nähe vor. Wählen Sie ein Museum aus und machen Sie sich Notizen. Denken Sie auch an eine Einleitung und an einen Schluss. Ihr Vortrag soll gut gegliedert sein und das Thema klar detailliert darstellen. Gehen Sie bei der Vorbereitung in folgenden Schritten vor.

Schritt 1: Wahl des Museums

Suchen Sie zu zweit ein Museum aus, das Sie gern besuchen würden. Sie können auch im Internet unter „Name Ihrer Stadt + Museen" suchen. Dabei können Sie ganz unterschiedliche Museumstypen auswählen.

Im Auswanderermuseum BallinStadt Hamburg gibt es spannende Sonderausstellungen zur Ein- und Auswanderergeschichte.

Mich fasziniert das Neue Museum für Kommunikation in Bern, da lernt man viel über den langen Weg, der bis zur Entwicklung unserer Smartphones zurückgelegt wurde!

Ich war mal im DDR-Museum in Berlin. Es ist interaktiv gestaltet und man erlebt den Alltag in der ehemaligen DDR zum Anfassen. Aber auch die Geschichte des Landes wird wissenschaftlich fundiert vermittelt – von den Anfängen bis zum Mauerfall.

Das Belvedere in Wien hat eine Kunstsammlung von Weltrang! Sie enthält Werke vom Mittelalter über das Barock bis ins 21. Jahrhundert mit einem deutlichen Schwerpunkt auf österreichische Maler.

Schritt 2: Stoffsammlung

Recherchieren Sie zu „Ihrem" Museum im Internet oder vor Ort und sammeln Sie Informationen. Wählen Sie auch ansprechendes Bildmaterial aus.
Auswahlgrund: Warum stellen wir dieses Museum vor?
Allgemeine Informationen: Wo liegt das Museum genau? Wie groß ist es? Was kann man zur Geschichte des Museums / zu den Besuchern / zur Sammlung ... erzählen?
Konzept: Wie ist das Museum aufgebaut?
Themen: Was wird alles ausgestellt? Gibt es eine Dauerausstellung und / oder temporäre Ausstellungen? Gibt es zurzeit etwas Besonderes zu sehen?

Schritt 3: Planung und Gliederung des Inhalts

Erarbeiten Sie nun eine Gliederung für Ihre Präsentation. Überlegen Sie, was in die Einleitung, den Hauptteil und den Schluss gehört. Lassen Sie sich für den Einstieg etwas Besonderes einfallen, etwa ein kleines Quiz oder einen interessanten Bildausschnitt, zu dem Sie Ihrem Publikum Fragen stellen. Beginnen Sie den Hauptteil mit den allgemeineren Informationen und ziehen Sie am Ende Ihrer Präsentation ein Resümee.

Schritt 4: Gestaltung der Folien für die Präsentation

Erstellen Sie Präsentationsfolien – möglichst auch mit anschaulichen Bildern!

Das DDR-Museum in Berlin

A Einleitung: kurzes Quiz zur DDR
B Hauptteil: Das Museum
  1 Errichtung des Museums
  2 Historische Hintergründe
  3 Einzelne Ausstellungsstücke
  Bedeutung des Museums für Berlin und Deutschland
C Resümee

Schritt 5: Formulieren des Begleittextes

Ordnen Sie die Redemittel den Sprechabsichten zu. Machen Sie sich dann Stichpunkte für Ihre Präsentation.

Sprechabsicht	Redemittel
A an ein Thema heranführen	1 „*Abschließend könnte man sagen, ... und möchte vorschlagen, dass wir ...*
B die Auswahl begründen	2 *Zuerst möchte ich / möchten wir ... Als Nächstes betrachten wir dann ... / zeigen wir euch dann ...*
C einen Überblick geben	3 *Jeder von uns hat schon einmal ... Dazu gibt es im ... museum ... / Derzeit kann man im ... Folgendes sehen: ...*
D einzelne Aspekte erläutern	4 *Wir haben uns für ... entschieden, weil ... / Grund für unsere Wahl war ...*
E auf Wichtiges hinweisen	5 *Besonders wichtig ist in diesem Zusammenhang auch ...*
F ein Resümee ziehen	6 *Hier möchte ich noch einen Punkt besonders hervorheben: ...*“

Schritt 6: Präsentieren und Feedback der Zuhörer

Halten Sie nun Ihre Präsentation im Kurs. Die Zuhörer machen sich während Ihres Vortrags Notizen. Anschließend stellen sie Fragen und geben Feedback.

Eine Präsentation kommentieren und Verbesserungsvorschläge machen

„*Ich finde, das war eine sehr gelungene / gut aufgebaute / informative / ... Präsentation.*
Besonders gefallen hat mir ... / Nicht so klar wurde mir allerdings ...
Ihr hättet / Du hättest vielleicht noch stärker / weniger auf ... eingehen können / sollen.“

Auf Einwände reagieren

„*Das ist eine gute Frage / ein interessanter Einwand: Dazu kann ich nur sagen, ...*
Richtig, auf ... konnten wir aus ... Gründen nicht weiter eingehen. Vielleicht nur kurz: ...“

Wussten Sie schon? → AB 69/Ü17
Das sogenannte Urheberrecht schützt individuelle und persönliche Texte einer Autorin / eines Autors. Man darf Teile eines solchen Textes zwar wiedergeben bzw. in einen eigenen Text einbauen, diese müssen aber als Zitat gekennzeichnet sein. Es sollte auch nur so viel wie nötig, aber so wenig wie möglich zitiert werden.

Ich kann jetzt ...

	😊	🙂	☹
■ eine Präsentation in Partnerarbeit planen, vorbereiten und halten.	☐	☐	☐
■ die Gliederung und Gestaltung eines Vortrags schrittweise erarbeiten.	☐	☐	☐
■ zu einer Präsentation Feedback geben und Rückfragen stellen.	☐	☐	☐

5

1 Ein Leben für die Kunst

a Was könnte man unter *brotloser Kunst* verstehen? Sprechen Sie im Kurs.

Brotlose Kunst
könnte bedeuten, dass man als Künstler …

b Lesen Sie die Reportage und ergänzen Sie die fehlenden Wörter (1–15). Die Lösungen müssen sinngemäß passen und grammatikalisch korrekt sein. Es gibt für jede Lücke eine Lösung mit einem Wort.

Wird die Kunst den Künstler ernähren?

Wer schafft den Durchbruch zum großen Künstler? Die meisten Kunststudenten sehen einer ungewissen Zukunft entgegen – der Konkurrenzkampf tobt. Und doch werden Einzelkämpfer wohl nicht weit kommen.

Gegen Ende des Sommersemesters verwandeln sich die Flure und Räume so mancher Kunstakademie in riesige, spannende Galerien, in denen (0) Studierende ihre hier entstandenen Arbeiten zum ______ (1) Mal einer größeren Öffentlichkeit präsentieren. Ein Rundgang durch solch eine Jahresausstellung mag noch so beeindruckend ______ (2) und gelegentlich sogar etwas Neid aufkommen lassen auf die freien Entfaltungsmöglichkeiten, die man Künstlern gemeinhin zuschreibt. Es drängt sich jedoch auch so manche Frage auf, die finanzielle Zukunft der jungen Schaffenden betreffend.

Einen Anhaltspunkt, ______ (3) welches Einkommen Künstler verfügen, geben statistische Zahlen der Künstlersozialkasse: Demnach verdienten die dort versicherten ______ (4) im letzten Jahr im Durchschnitt unter 14 000 Euro. Dass es auf dem „ungerechten" Kunstmarkt auch Stars ______ (5) den Leipziger Maler Neo Rauch gibt, die mit ihren Bildern Millionen verdienen, ist bekannt. Doch von einem finanziell so erfolgreichen Künstlerleben können die meisten nur träumen.

Unsere Reporterin unterhielt ______ (6) bei der diesjährigen Jahresausstellung an der Akademie der bildenden Künste in München mit einigen Ausstellenden auch über diesen Aspekt eines Künstlerlebens. Sie wollte von den jungen Künstlern ______ (7), was ihnen für die Zukunft als Künstler besonders wichtig sei und ob sie ihre Werke auch verkaufen würden bzw. schon einmal welche verkauft hätten. Die Studierenden wurden auch ______ (8), ob der Gedanke an den eigenen Broterwerb sie als Künstler manchmal beschäftige oder gar beunruhige. Außerdem bat man sie zu verraten, welche Möglichkeiten sie für sich sähen, ein finanziell einigermaßen abgesichertes Leben ______ (9) führen.

Dabei erhielt die Interviewerin interessante Einblicke in die mögliche Zukunftsplanung der jungen Menschen. Darius Forcher aus der Meisterklasse Bildhauerei formulierte es so: „Es ist mir ungemein ______ (10), immer genügend Freiräume für meine Kunst und mein Schaffen zu haben. Ich mache mir aber durchaus auch ______ (11) darüber, wie ich meine Werke am besten bekannt und auch zu Geld machen kann. Ein paar Werke konnte ich schon auf einer Gruppenausstellung verkaufen, die ich mit einigen Kommilitonen gemeinsam organisiert hatte."

Eine andere Studentin meinte, Einzelkämpfer kämen im Kunstbetrieb nicht weit und ohne gute Kontakte und Bekannte laufe gar ______________ (12). Sie habe sich deshalb auch schon für einen Selbstmarketing-Kurs einer Kunsthochschule zum Thema *Wie man sich vor Ort verkauft, ohne sich selbst zu verkaufen* ______________ (13), weil sie lernen wolle, sich besser und professioneller zu präsentieren und schneller die richtige Galerie zu finden. Und alternativ zum Verkauf könne man seine Werke auch über Tauschbörsen gegen Dienstleistungen und Dinge tauschen, unter ______________ (14) auch gegen Kunstwerke von anderen Künstlern. „Trotz vieler guter Ideen bleibt das Leben als bildender Künstler unsicher", bestätigte uns ein Dozent der Akademie und ______________ (15) seinen Studierenden, sich ein zweites Standbein zuzulegen – beispielsweise, indem man Kunst auf Lehramt studiert. So hat man später ein sicheres Einkommen und kann sogar wählen, ob man in Vollzeit oder nur in Teilzeit Kunstlehrer sein will.

c **Welche Möglichkeiten für junge Künstler, sich ihren Lebensunterhalt zu finanzieren, werden im Text angesprochen? Haben Sie noch weitere Ideen? Arbeiten Sie zu dritt.**

d **Ihr Freund Mahdi überlegt, ob er die Kunst zu seinem Hauptberuf machen soll. Im Moment jobbt er in einem Restaurant und muss oft bis spät abends arbeiten. Als Künstler hat er jedoch ein unsicheres Einkommen. Er kann sich nicht entscheiden und sucht Ihren Rat. Spielen Sie mir Ihrer / Ihrem Lernpartner/in ein Gespräch. Sagen Sie, wozu Sie Mahdi raten und begründen Sie Ihre Empfehlung.**

2 Fragen in der indirekten Rede → AB 70–71/Ü18–20

GRAMMATIK
Übersicht → KB 68/3a

a **Formulieren Sie den Satz als direkte Frage.**

Sie wollte von den jungen Künstlerinnen wissen, was ihnen für die Zukunft als Künstlerin besonders wichtig sei und ob sie ihre Werke auch verkaufen würden bzw. schon einmal welche verkauft hätten.

„Was ist Ihnen ____
____"

b **Markieren Sie im Text weitere Fragen in der indirekten Rede. Wie lauten die direkten Fragen dazu? Sprechen Sie im Kurs.**

c **Wie werden die indirekten Fragen eingeleitet? Notieren Sie die einleitenden Verben und das Fragewort / die Konjunktion.**

... wollten wissen, was ...

d **Lesen Sie zwei Varianten einer indirekten Frage und ordnen Sie zu.**

☐ Mündliche Umgangssprache ☐ Schriftsprache

1 *Die Studierenden wurden auch gefragt, ob der Gedanke an den eigenen Broterwerb sie als Künstler manchmal* ***beschäftige*** *oder gar* ***beunruhige****.*
2 *Die Studierenden wurden auch gefragt, ob der Gedanke an den eigenen Broterwerb sie als Künstler manchmal* ***beschäftigt*** *oder gar* ***beunruhigt****.*

Indirekte Fragen stellen
Es ist höflicher, wenn Sie Fragen indirekt mit Ausdrücken wie „Es würde mich interessieren, ob ..." einleiten. So kann sich der Angesprochene innerlich darauf vorbereiten, zu antworten. Mündlich verwendet man dabei fast immer Indikativ, während im Schriftlichen oder in formelleren Fragen auch Konjunktiv I oder II verwendet wird.

Ich kann jetzt ...	😊	😐	☹
■ in einer Reportage fehlende Wörter ergänzen.	☐	☐	☐
■ indirekte in direkte Fragesätze umformen.	☐	☐	☐
■ indirekte und direkte Fragen erkennen und selbstständig formulieren.	☐	☐	☐

SCHREIBEN

1 Gute Vorbereitung

Milan möchte Design studieren und muss dafür eine Bewerbungsmappe mit eigenen Werken vorbereiten. Wie könnte er am besten vorgehen? Sammeln Sie Ideen.

Er könnte im Internet nach Tipps für die Zusammenstellung einer solchen Mappe suchen.

2 Anmeldung für einen *Mappenkurs*

a **Von seiner Bekannten Sara hat Milan von sogenannten *Mappenkursen* als Vorbereitung für die eigene Bewerbungsmappe gehört. Er hat sich bei einer Künstlerwerkstatt telefonisch erkundigt und mündlich einen Platz für den nächsten Kurs reserviert. Nun hat er folgende E-Mail erhalten und sich dazu ein paar Notizen für sein Antwortschreiben gemacht. Ordnen Sie die Notizen den entsprechenden Stellen in der E-Mail zu.**

1 Den Kurs brauche ich aber unbedingt!

3 Kann mich nicht erinnern bzw. habe nichts bekommen???

5 Mist! – hab ich vergessen ...

2 Was heißt hier unverbindlich? Hab doch zugesagt! Telefon!

4 Zu spät! Mappenabgabe ist Anfang Mai!!! Brauche unbedingt Platz im Märzkurs!

Von: Linus Vollitsch <linus.volltisch@mappenkurs-werkstatt.de>
An: milankarbovski@infomail.de
Betreff: Anmeldung „Mappenvorbereitung für Kunststudiengänge“
Datum: 20.2.20..,11:31

Sehr geehrte/r Frau / Herr Karbovski,

Sie haben sich am 10.1.20... telefonisch zum Kurs „Mappenvorbereitung für Kunststudiengänge“ vom 13.-15. März 20.. angemeldet. Leider haben wir Ihre Anmeldung nicht, wie bei unserem Gespräch vereinbart, in schriftlicher Form erhalten. ______

Vor drei Wochen haben wir Sie deshalb noch einmal schriftlich aufgefordert, uns Ihre verbindliche Anmeldung per Post oder Fax bzw. Scan zuzuschicken. Darauf haben Sie nicht reagiert. ______

Wir müssen Ihnen daher heute mitteilen, dass wir den Platz nicht länger für Sie reservieren konnten und an eine andere Interessentin vergeben haben. ______

Wir bitten um Verständnis dafür, dass wir aufgrund der großen Nachfrage unverbindliche Anmeldungen nicht mehr berücksichtigen können. ______

Als nächstmöglichen Termin können wir Ihnen den Kurs vom 22. bis 25. Mai anbieten und würden uns über Ihre Anmeldung freuen. ______

Mit freundlichen Grüßen
Linus Vollitsch
Kursverwaltung

b Überlegen Sie gemeinsam mit Ihrer Lernpartnerin / Ihrem Lernpartner, wie Sie die Dringlichkeit Ihres Anliegens, einen Mappenkurs besuchen zu können, noch verstärken können. Welche Argumente fallen Ihnen ein? Notieren Sie.

c Formulieren Sie ein angemessenes Antwortschreiben und versuchen Sie, Ihre Teilnahme am Seminar trotz selbst verschuldeter Versäumnisse durchzusetzen. Gehen Sie in Ihrer Antwort auf alle notierten Punkte in höflicher und formeller Weise ein. Achten Sie auf die Merkmale eines formellen Schreibens (Anrede, Schlussformeln, Höflichkeitsformen).

Eine formelle E-Mail verfassen

„Sehr geehrter Herr ...,
soeben erhielt ich Ihre E-Mail mit der Mitteilung, ...
Es tut mir sehr leid, dass ich ...
Allerdings habe ich kein/e ... erhalten.
Den Kurs nicht zu besuchen, würde für mich bedeuten, ...
... ist für mich leider keine Option, da ...
Es wäre für mich äußert wichtig, ...
Aus diesem Grund würde ich Sie dringend bitten, ...
Vielen Dank für Ihr Verständnis und Ihre Bemühungen!
Mit freundlichen Grüßen ...“

3 Imperativ in der indirekten Rede → AB 71–72 / Ü21–22

GRAMMATIK
Übersicht → KB 68/3b

5

1 20–23 a **Milan erzählt Sara von seinem Missgeschick. Hören Sie die Sprachnachrichten, die die beiden hin- und herschicken. Welche Ratschläge hat Sara? Notieren Sie Stichpunkte.**

sich bei anderen Studierenden erkundigen, ______

1 20–23 b **Hören Sie Saras Ratschläge noch einmal und ergänzen Sie die Imperative in der indirekten Rede.**

- ☐ Sara sagt(e), Milan solle sich am besten bei ______ erkundigen, wie sie sich ______.
- ☐ Sie sagt(e), er müsse unbedingt noch ______.
- ☐ Sara meint(e), Milan dürfe auf keinen Fall ______.
- B Sara bittet ihn, er möge ihr ______.
- ☐ Außerdem meint sie, er solle sich nicht ______, er werde bestimmt angenommen.

c **Ordnen Sie den Sätzen in 3b die Bedeutungen zu.**

A Dringende Aufforderung B ~~Höfliche Bitte~~ C Neutrale Aufforderung
D dringende Aufforderung mit Negation E neutrale Aufforderung mit Negation

Ich kann jetzt ...	😊	😐	☹
■ einer E-Mail Notizen für ein Antwortschreiben zuordnen.	☐	☐	☐
■ in einer Antwort-Mail zu einzelnen Punkten Stellung nehmen.	☐	☐	☐
■ Imperative in der indirekten Rede erkennen und anwenden.	☐	☐	☐

GRAMMATIK

1 Wortbildung: Vorsilben *be-* und *ver-*

a Verben mit der untrennbaren Vorsilbe *be-* ⇤ KB 59/1

Verben mit der Vorsilbe *be-* + Akkusativ	Verben mit Präposition
Der Bildhauer **bearbeitet** die Skulptur. Der Kritiker **beurteilt** die Kunstwerke.	Der Bildhauer **arbeitet an** der Skulptur. Der Kritiker **urteilt über** die Kunstwerke.

b Verben mit der untrennbaren Vorsilbe *ver-* ⇤ KB 59/2

Beispiel	Bedeutung
Dann habe ich mich auch noch am Telefon **verwählt**. *Ebenso:* sich verfahren, sich verhören, sich verirren, sich verzählen, ...	das Resultat der Handlung ist unerwünscht
Mit ein paar Bildern kann man ein Zimmer **verschönern**. *Ebenso:* vergrößern, verbessern, verlängern, (sich) verändern, ...	das Resultat der Handlung ist ein veränderter Zustand
Der Bildhauer **verbringt** viel Zeit in seinem Atelier. *Ebenso:* verstehen, verschicken, sich vergnügen, sich verhalten, ...	neutrale Bedeutung

2 Redewiedergabe mit *nach, laut, zufolge* und *wie* ⇤ KB 61/4

Präposition	Pablo Picassos **Meinung / Aussage nach** ... **Laut (der) Meinung / Aussage von** Pablo Picasso ... **Laut** Pablo Picasso ... Pablo Picasso **zufolge** ...	wäscht Kunst den Staub des Alltags von der Seele.
Nebensatz mit *wie*	**Wie** Pablo Picasso **meinte / sagte**,	

5

3 Indirekte Rede: Fragen und Imperativ

a Fragen in der indirekten Rede ⇤ KB 65/2

Indirekte Fragen werden mit einem Verb, z. B. *fragt, will wissen, ...* und einem Fragewort, z. B. *wer, wie, ...* oder dem Konnektor *ob* eingeleitet. Das konjugierte Verb steht am Satzende und vor allem in der geschriebenen Sprache im Konjunktiv I oder II.

Direkte Frage	Frage in der indirekten Rede
Die Reporterin wollte wissen: – Was **ist** Ihnen für die Zukunft besonders wichtig? – **Haben** Sie schon Werke **verkauft**? – Warum **haben** Sie Kunst **studiert**?	Die Reporterin wollte wissen, – was den Künstlerinnen für die Zukunft besonders wichtig **sei**.* – ob sie schon Werke **verkauft hätten**.* – warum sie Kunst **studiert hätten**.*

* auch Indikativ möglich

b Imperativ in der indirekten Rede ⇤ KB 67/3

Bei Imperativen in der indirekten Rede verwendet man in der geschriebenen Sprache die Modalverben *sollen* (neutrale Bitte), *möge/n* (höfliche Bitte), *müssen* (dringende Bitte) oder *nicht dürfen / nicht sollen* (negative Bitte) im Konjunktiv I oder II.

Direkter Imperativ	Imperativ in der indirekten Rede
Sara sagte / meinte / riet Milan: – „Erkundige dich bei anderen!" – „Schau bitte nach Anbietern!" – „Schick mir unbedingt Fotos davon!" – „Fang nicht zu spät an!"	Sara sagte / meinte / riet Milan, – er **solle** sich bei anderen erkundigen. – er **möge** nach Anbietern schauen. – er **müsse** ihr Fotos schicken. – er **solle/dürfe** nicht zu spät anfangen.

6 STUDIUM

1 Man lernt nie aus

Arbeiten Sie zu dritt. Sehen Sie das Foto an. Finden Sie eine Bildunterschrift und erläutern Sie diese.

Unsere Bildunterschrift heißt: … Das ist für uns alle sehr wichtig. …

2 Studienziele → AB 75/Ü2

a **Welche Beweggründe zu studieren hat die abgebildete Person im Vergleich zu „normalen" Studierenden wohl?**

Ich könnte mir vorstellen, dass sie Lust hat, noch einmal etwas Neues zu lernen und sich weiterzuentwickeln. Nach Abschluss ihres Berufslebens hat sie auch die Zeit dazu.

b **Wie fänden / finden Sie es, mit Studierenden wie der abgebildeten Person zusammen zu lernen? Haben Sie das selbst schon erlebt bzw. davon gehört? Berichten Sie.**

1 Studienrichtungen → AB 76–77/Ü3–5

a **Lesen Sie, was die Personen gut können und gern machen. Lesen Sie anschließend die Beschreibungen der Studienrichtungen. Welche Studienrichtung passt zu wem? Mehrere Antworten sind möglich. Sprechen Sie und begründen Sie.**

1 

Rayna kommt aus einer großen Familie. In ihrer Freizeit arbeitet sie ehrenamtlich als Betreuerin von Kinder- und Jugendgruppen. Auch in ihrem Beruf würde sie später gern Kinder beim Lernen und Entdecken unterstützen. In der Schule waren ihre besten Fächer Biologie und Chemie.

2 

Vincent macht es großen Spaß, knifflige Denkaufgaben und mathematische Rätsel zu lösen. In der Schule war er besonders gut in Fächern, die logisches Denken erfordern. Er spielt seit seinem fünften Lebensjahr Klavier und könnte sich auch gut vorstellen, die Musik zum Beruf zu machen.

3 

Tanja ist sehr kreativ und liebt es, detailreiche Bilder zu zeichnen. Am liebsten illustriert sie Kinderbücher, die sie im Internet verkauft. Dafür hat sie sich einen eigenen Onlineshop eingerichtet. Der wirtschaftliche Aspekt macht ihr dabei genauso viel Spaß wie der künstlerische.

4 

Marinus hat ein Händchen dafür, Streitigkeiten zu schlichten. Freunde fragen ihn gern, wenn sie einen Rat brauchen. Was Vorschriften und Gesetze angeht, ist er ein Kontrollfreak. Der präzise Umgang mit der deutschen Sprache und prägnante Formulierungen in Gesetzestexten faszinieren ihn.

5 

Barbara liest gern dicke Bücher und gibt in ihrer Freizeit Kindern Nachhilfe in Deutsch. Es fasziniert sie, wie viele unterschiedliche Sprachen und Kulturen es auf der Welt gibt. Sehr große Freude bereitet es ihr, wenn sie bei der Arbeit direkten Kontakt zu anderen Menschen hat.

Studienrichtungen

S Sprach- und Kulturwissenschaften

Dazu zählen Hunderte einzelne Fächer wie Bibliotheks-, Geschichts- und Kulturwissenschaft sowie viele Philologien, von Anglistik über Germanistik bis hin zu Zentralasienstudien. Beim Studium eines Sprachzweigs empfiehlt sich zum Erlernen der Sprache ein Auslandsaufenthalt fern der Heimat, denn die Beherrschung der studierten Sprache wird als Grundlage für das Studium vorausgesetzt.

N Natur- und Lebenswissenschaften

Die Naturwissenschaften setzen sich mit der belebten und unbelebten Natur auseinander. Zu den klassischen Naturwissenschaften gehören Biologie, Physik, Chemie und Geologie. Biologie oder Biochemie werden auch als Lebenswissenschaften bezeichnet. Auch Informatik und Ingenieurwesen sowie Human- und Tiermedizin gehören dazu. Wichtigste Hilfsdisziplin ist die Mathematik.

R **Rechts- und Wirtschaftswissenschaften**
Im Mittelpunkt steht die Wirtschaft samt ihren rechtlichen Grundlagen. Möglich sind auch Doppelstudiengänge aus Betriebswirtschaft und Ingenieurwesen, Informatik oder Wirtschaftsrecht. Daneben gehört auch Jura, also die wissenschaftliche Beschäftigung mit gültigem Recht, zu diesen Studienrichtungen.

G **Gesellschafts- und Sozialwissenschaften**
In dieser Studienrichtung geht es um das menschliche Verhalten innerhalb der Gesellschaft. Den Anforderungen entsprechend zählen Politikwissenschaft, Psychologie, Soziologie, Sozialpädagogik und Sozialarbeit, aber auch das Fach Sportwissenschaft dazu. Studierende sollten Interesse an Menschen und deren sozialen, wirtschaftlichen und individuellen Lebensbedingungen mitbringen.

K **Kunst, Gestaltung, Musik**
In dieser Studienrichtung beschäftigt man sich mit den theoretischen Grundlagen der künstlerischen Disziplinen Gestaltung und Design, (Innen)Architektur und Bildende Kunst. Auch Kunstgeschichte sowie Musik- und Theaterwissenschaften gehören zu diesem Bereich. Anderen Institutionen zuliebe verzichtet die Wissenschaft dabei jedoch auf eine praktische Ausbildung. Diese erhält man an Musikhochschulen und Kunstakademien.

b **Markieren Sie, welche Charakteristika der Studienrichtungen zu Ihren eigenen Interessen passen. Fassen Sie diese zu einem kurzen Statement zusammen und tauschen Sie sich anschließend im Kurs aus. Wer hat die gleiche Studienrichtung wie Sie gewählt?**

Ich interessiere mich für die Natur, mache viel Sport und mag intensive Gespräche mit Freunden. Deshalb habe ich die Studienrichtungen N und G markiert. Spannend fände ich es ...

2 Präpositionen mit Dativ → AB 78/Ü6–8

GRAMMATIK
Übersicht → KB 80/1

a **Was bedeuten die Präpositionen *fern, samt, entsprechend* und *zuliebe*? Ordnen Sie zu.**

für/wegen • ~~passend zu~~ • weit weg von • zusammen mit

1 *ein Auslandsaufenthalt fern der Heimat* (Z. 5 – 6) = ______
2 *Die Wirtschaft (...) samt ihren rechtlichen Grundlagen* (Z. 15) = ______
3 *Den Anforderungen entsprechend* (Z. 21) = passend zu den Anforderungen,
4 *Anderen Institutionen zuliebe* (Z. 29) = ______

b **Ergänzen Sie die Präpositionen *fern, samt, entsprechend* und *zuliebe*.**

1 Meinen Eltern ______ habe ich Wirtschaftswissenschaften studiert.
2 Ein Doppelstudium wäre ______ der Studienordnung an unserer Uni möglich.
3 Im Vorlesungsverzeichnis findet man Lehrveranstaltungen ______ den Namen der Professoren.
4 Für Moritz war der Studienaufenthalt ______ (von) seiner Heimat eine Herausforderung.

Ich kann jetzt ...

	😊	🙂	☹
■ Studienrichtungen unterscheiden und verschiedenen Interessengebieten zuordnen.	☐	☐	☐
■ über meine eigenen Studienpräferenzen sprechen.	☐	☐	☐
■ die Dativ-Präpositionen *fern, samt, entsprechend* und *zuliebe* verwenden.	☐	☐	☐

1 Interessante Forschungsergebnisse

a Finden Sie Überschriften für die Schlagzeilen und vergleichen Sie sie anschließend im Kurs.

1 Langschläfer in der Tierwelt
Faultiere, Igel und Löwen haben eine Gemeinsamkeit: Sie schlafen bis zu 20 Stunden pro Tag. Zu dieser Erkenntnis kamen vor Kurzem Wissenschaftlerinnen aus Berlin.

2 ______
Schweizer Forscher ermittelten, wie viele Kalorien beim Lachen verbraucht werden. Sie wollen eine Humor-Diät entwickeln.

3 ______
Ein Forscherteam aus Deutschland hat herausgefunden, dass die Zahl von Regenperioden in Europa in den vergangenen 60 Jahren um 15 bis 20 Prozent abgenommen hat. Ihre Recherchen haben ergeben, dass die Regenperioden seltener, aber länger werden.

4 ______
Ein Erwachsener fängt sich durchschnittlich zwei bis vier Erkältungen pro Jahr ein. Das haben Wissenschaftler aus Österreich in einer aktuellen Studie festgestellt.

5 ______
Schüler erzielen in gleichgeschlechtlichen Klassen bessere Ergebnisse als in gemischten. Das entdeckten Bildungsforscher in einer breit angelegten Untersuchung.

6 ______
Eine Studie an einer Schweizer Universität mit 150 Ehepaaren brachte ans Tageslicht, dass regelmäßiger Streit sich negativ auf die Gesundheit auswirkt. Ein weiteres Ergebnis: Das Risiko für Herzkrankheiten erhöht sich bei Frauen stärker als bei Männern.

b Markieren Sie in jedem Absatz einen Ausdruck, der die Tätigkeit eines Forschers beschreibt.

1 Zu der Erkenntnis kommen
2 ______
3 ______
4 ______
5 ______
6 ______

c Schreiben Sie die Ausdrücke auf Zettel und legen Sie diese in einen Korb. Ziehen Sie anschließend je einen Zettel mit einem Ausdruck. Referieren Sie damit ein interessantes Forschungsergebnis.

2 Wortbildung: Nachsilben bei Nomen → AB 79/Ü9

GRAMMATIK
Übersicht → KB 80/2

a Ergänzen Sie die Artikel.

das Argument • ___ Distanz • ___ Dokument • ___ Eleganz • ___ Experiment • ___ Instrument • ___ Sekretär • ___ Intelligenz • ___ Resonanz • ___ Konferenz • ___ Journalismus • ___ Kommentar • ___ Kompetenz • ___ Konkurrenz • ___ Sarkasmus • ___ Medikament • ___ Organismus • ___ Enthusiasmus •

b Ergänzen Sie nun die Tabelle.

Nachsilbe ... → Artikel ___	Nachsilbe ... → Artikel ___	Nachsilbe ... → Artikel ___
-ismus/-asmus ___	-ment ___	-anz ___
-ar/-är (Person) ___		-enz ___

Ich kann jetzt ...
- über Forschungsergebnisse berichten. ☐ ☐ ☐
- bei Nomen auf *-ar/-är*, *-ismus/-asmus*, *-ment*, *-anz* und *-enz* den richtigen Artikel verwenden. ☐ ☐ ☐

1 Sprache und Geschlecht

a **Sehen Sie die Zeichnung an. Was wird hier thematisiert?**

b **Weiblich oder männlich? Um welche Form handelt es sich? Weiblich (w), männlich (m), geschlechtsneutral (gn) oder sind beide Geschlechter sichtbar (gs)? Markieren Sie.**

	w	m	gn	gs
1 StudentInnen	☐	☐	☐	☐
2 Dozenten	☐	☐	☐	☐
3 Dozierende	☐	☐	☐	☐
4 Lehrer	☐	☐	☐	☐
5 Lehrkraft	☐	☐	☐	☐
6 Professorin	☐	☐	☐	☐
7 Student/-in	☐	☐	☐	☐
8 Studentinnen und Studenten	☐	☐	☐	☐

Wussten Sie schon?
Zahlreiche deutschsprachige Universitäten, öffentliche Einrichtungen sowie Firmen haben Frauenbeauftragte, die sich um die Gleichstellung von Mann und Frau am Arbeitsplatz kümmern. Zu ihrem Arbeitsbereich gehören unter anderem Vorschriften zur geschlechtergerechten Sprache. Besonders im Schriftverkehr und in Publikationen soll die einseitige männliche Perspektive vermieden werden. Die Regeln umfassen vor allem Anredeformen, Vokabular und Orthografie.

2 Veränderung der Sprache → AB 79–80/Ü10–11

1 ◀)) 24 **a** **Hören Sie den Radiobeitrag einmal ganz. Ordnen Sie die Reihenfolge der Aussagen.**

- [1] Trend zur geschlechtsneutralen Sprachverwendung
- ☐ Funktion der männlichen Formen im Spanischen
- ☐ Verschwinden der Anrede *Fräulein*
- ☐ Geschlechtsspezifik in der englischen Sprache
- ☐ Wirklichkeit führt zu Veränderungen: Duzen

b **Hören Sie den Radiobeitrag noch einmal in Abschnitten und bearbeiten Sie die Aufgaben.**

1 ◀)) 25 **Abschnitt 1**

Wie schätzt der Experte die Möglichkeit ein, die deutsche Sprache zu verändern? Markieren Sie.

- a Negativ: Die jahrhundertelange Entwicklung lässt sich nicht aufhalten.
- b Neutral: Es bleibt offen, ob die deutsche Sprache aktiv verändert werden kann.
- c Positiv: Er ist fest davon überzeugt, dass sich Sprache verändern lässt.

1 ◀)) 26 **Abschnitt 2**

Wie werden die weiblichen und die männlichen Formen im Englischen und Spanischen gegenüber dem Deutschen differenziert? Berichten Sie.

3 Meine Sprache

Arbeiten Sie zu zweit. Wie werden *weiblich* und *männlich* in Ihrer Muttersprache differenziert? Gibt es diesbezüglich Kritik? Wenn ja, welche?

Ich kann jetzt ...	☺	😐	☹
■ verschiedene Varianten geschlechtsspezifischer und -neutraler Sprache unterscheiden.	☐	☐	☐
■ einem Radiobeitrag Informationen zur geschlechtsspezifischen Sprache entnehmen.	☐	☐	☐
■ sprachübergreifende Vergleiche anstellen.	☐	☐	☐

1 Studierende im Gespräch → AB 81/Ü12

a Sehen Sie die Fotos an. Was studieren die Personen? Stellen Sie Vermutungen an.

A

Abdallah (23) aus Syrien

B

Farah (24) aus Bangladesch

C

Asim (21) aus Afghanistan

b Lesen Sie die drei Erfahrungsberichte. Wer sagt das? Ordnen Sie zu.

☐ Berlin ist super! Alles ist voller Leben hier. Aber ich wünschte, ich hätte etwas mehr Freizeit. Ich bin seit drei Jahren hier und studiere Humanmedizin. Die Studierenden an meiner Uni kommen aus 20 Nationen. Wir lernen hier schon im Studium die modernsten Techniken kennen. Neben dem Studium mache ich zweimal pro Woche Nachtdienst in der renommierten Charité. Da möchte ich gern auch meine Facharztausbildung machen, denn diese Klinik hat international einen guten Ruf.

☐ Ich habe mich schon vor Monaten einschreiben wollen. Das hat leider sehr lang gedauert. Deshalb war mein erster Eindruck: Viel Bürokratie! In der Wartezeit habe ich einen Deutschkurs besucht, auf den mich das *International Office* der Universität hingewiesen hatte. Überhaupt waren die alle sehr nett dort. Ich bin jetzt für den Bachelorstudiengang Volkswirtschaftslehre immatrikuliert. Obwohl Praktika nicht verpflichtend sind, möchte ich auf jeden Fall bereits während des Studiums erste Arbeitserfahrungen sammeln. Das verbessert später meine Chancen, eine Arbeit zu finden.

☐ In meinem Heimatland hatte ich schon ein Bachelorstudium der Informatik abgeschlossen. Seit ich hier bin, lerne ich vor allen Dingen Deutsch – und ich bereite mich auf das Masterstudium vor. Ich möchte an der Technischen Universität den Masterstudiengang *Visual Computing* beginnen. Den macht ein Freund von mir bereits und er hat diese Entscheidung bisher nicht bereut. Im Studiengang lernt man viel über softwaregestützte Bildverarbeitung und Visualisierung. Im Bereich Robotik, in dem ich später gern einmal arbeiten würde, spielt diese Technik eine große Rolle.

c Lesen Sie das Interview. Welche Fragen wurden gestellt? Ergänzen Sie frei.

1 Wie findest du dein Studium in einem deutschsprachigen Land?

Abdallah: Großartig, ich liebe die Stadt und auch das Studium gefällt mir sehr gut. Ich freue mich, hier studieren zu können.
Farah: Ich finde es auch super! Manchmal habe ich ein bisschen Heimweh ... aber hier ist so viel los, die Zeit verfliegt.
Asim: Mir macht das Studium auch sehr viel Spaß. Mein Deutsch ist inzwischen viel besser geworden, sodass ich fast alles verstehe und nur noch selten nachfragen muss, wenn ich etwas nicht verstehe.

2 ______________________________

Abdallah: Das hat leider sehr lang gedauert. Wenn man Medizin studieren möchte, gibt es sehr spezielle Vorschriften und Regelungen. Dadurch hat das ganze Prozedere der Einschreibung schon viel Zeit gekostet.

Farah: Da ich meinen Bachelor bereits in Bangladesch gemacht habe, war das alles kein großer Aufwand. Ich habe schnell eine Rückmeldung von der Uni bekommen und konnte nahtlos weiterstudieren.

Asim: Fast zwei Jahre! Mir fehlten noch Unterlagen, die ich vorlegen musste. Mein Abiturzeugnis war zunächst nicht auffindbar. Als ich endlich eine Kopie bekommen hatte, musste ich eine amtlich beglaubigte Übersetzung vorlegen. Das hat wieder Zeit in Anspruch genommen.

3 ______________________________

Abdallah: Man muss hier schon sehr viel lernen und die Prüfungen sind wirklich schwer.

Farah: Dem stimme ich zu, das ist bei mir ähnlich. Es reicht nicht, nur in die Vorlesungen zu gehen. Insbesondere vor Semesterende verbringe ich sehr viel Zeit in der Bibliothek und lerne, damit ich die Prüfungen bestehe.

Asim: Ich finde, in meinem Fach sind die Prüfungen nicht so schwer wie in anderen Fächern. Aber ich glaube, spätestens im Masterstudium werde auch ich viel lernen müssen.

4 ______________________________

Abdallah: Die meisten Vorlesungen werden von sehr vielen Studierenden besucht. Da hat man kaum Kontakt zu den Professoren. Aus diesem Grund sind unsere Tutoren besonders wichtig. Das sind Kommilitonen aus höheren Semestern, die bei Fragen immer ein offenes Ohr haben.

Farah: Das Verhältnis zwischen den Lehrenden und Lernenden ist bei uns sehr eng. Oft diskutieren wir in kleinen Arbeitsgruppen und haben dementsprechend viel Kontakt zu unseren Professoren. Auf Exkursionen sind sie selbstverständlich auch immer dabei.

Asim: Dazu kann ich nichts sagen, bislang hatte ich noch keinen persönlichen Kontakt zu Professoren.

2 Verweiswörter → AB 82–83/Ü13–16

GRAMMATIK
Übersicht → KB 80/3

a Worauf beziehen sich diese Wörter im Text? Notieren Sie.

1 *hier* (Z. 3) → bezieht sich auf die Stadt
2 *Das* (Z. 10) → ______
3 *Dadurch* (Z. 11) → ______
4 *Das* (Z. 18) → ______
5 *Dem* stimme ich zu (Z. 23) → ______
6 *Da* (Z. 31) → ______
7 *Aus diesem Grund* (Z. 31) → ______
8 *dementsprechend* (Z. 35) → ______

b Schreiben Sie die Sätze aus dem Text ohne die Verweiswörter um.

1 Ich freue mich, in dieser Stadt studieren zu können.

Ich kann jetzt ...

- persönliche Erfahrungsberichte von Studierenden verstehen. ☐ ☐ ☐
- Fragen zu den Antworten mehrerer Interviewpartner formulieren. ☐ ☐ ☐
- Bezüge in Texten mithilfe von Verweiswörtern verstehen. ☐ ☐ ☐

SPRECHEN

1 Tätigkeiten im Studium und im Beruf

a Sehen Sie die Fotos an. Wo befinden sich die Personen? Was machen sie? Woran erkennen Sie das?

A

B

C

b Welche Tätigkeiten passen am besten zum Studium (S), welche zum Beruf (B)? Markieren Sie. Manchmal passen beide Möglichkeiten.

____ an Sitzungen teilnehmen
____ ein Protokoll schreiben
____ Informationen zu einem Thema recherchieren
__S__ eine Mitschrift zu einer Vorlesung anfertigen
____ eine Präsentation halten
____ eine Seminararbeit verfassen
____ einen Kalender führen
____ einen Projektantrag verfassen
____ Fachliteratur bibliografieren
____ geschäftliche Kontakte pflegen

c Welche dieser Tätigkeiten haben Sie selbst bereits gemacht? Berichten Sie.

6

2 Diskussion → AB 84–85/Ü17–19

Das Studierendenwerk will ausländische Studierende mit Veranstaltungen unterstützen. Sie beteiligen sich an der Planung und Auswahl des Programms. Nur eines der Projekte kann finanziert werden. Arbeiten Sie zu zweit. Vergleichen Sie die verschiedenen Vorschläge und begründen Sie Ihren Standpunkt. Widersprechen Sie Ihrer / Ihrem Gesprächspartner/in, wenn Sie nicht einverstanden sind. Kommen Sie am Ende zu einer gemeinsamen Lösung.

- Fächerübergreifendes Seminar zur interkulturellen Verständigung
- Jährliches Sommerfest mit dem Schwerpunkt Interkultureller Austausch
- Tutorenprogramm zur Zusammenführung von Studierenden aus In- und Ausland
- Ganzjährig kostenlose Intensivsprachkurse auf allen Niveaus

Auf Argumente des Gegenübers eingehen

„Dein Argument leuchtet mir ein, ...
Da hast du völlig recht. ...
Das kann ich (leider nicht) nachvollziehen, denn ...
Meines Erachtens sollte man berücksichtigen, dass ...“

Alternativen vorschlagen

„Ich würde gern einen anderen Vorschlag machen: ...
Das könnte man auch anders sehen, zum Beispiel ...
Wir könnten doch auch ...
Könnte man nicht auch sagen, dass ...“

Eine Entscheidung einleiten

„Wenn wir alle Argumente zusammenfassen. Was stellen wir dann fest?
Für welchen Vorschlag gab es denn die stärksten Argumente?
Unser Fazit ist also ...“

Ich kann jetzt ...	☺	😐	☹
■ Tätigkeiten im Studium und im Beruf unterscheiden.	☐	☐	☐
■ Projekte zur Unterstützung ausländischer Studierender vergleichen und bewerten.	☐	☐	☐
■ die Argumente anderer verstehen und darauf eingehen.	☐	☐	☐
■ mit einer / einem Gesprächspartner/in zu einer Einigung kommen.	☐	☐	☐

1 Studienberatung und Studienfachberatung

a **Was meinen Sie? Wer nutzt wohl welche Art von Beratung?**

Eine Studienberatung nutzen wohl eher Studienanfänger.

b **Bei welchen Fragen wenden Sie sich an die fachübergreifende Beratung (FüB) und bei welchen an die Fachberatung (FB)? Ordnen Sie zu und ergänzen Sie. Manche Begriffe passen bei beiden.**

	FüB	FB		FüB	FB
Studieninhalte	☐	☒	Einschreibung	☐	☐
Zulassungsvoraussetzungen	☐	☐	Prüfungstermine	☐	☐
Auslandssemester	☐	☐	Wohnungssuche	☐	☐
Krankenversicherung	☐	☐	Fachwechsel	☐	☐
Stipendium/BAföG	☐	☐	Kinderbetreuung	☐	☐

2 Eine Beratungsstelle → AB 86/Ü20–21

Sehen Sie den Film in Abschnitten an und beantworten Sie die Fragen.

16

Abschnitt 1

1 Um welche Art von Beratungsstelle geht es?
2 Welche Informationen konnte Ramona zu folgenden Themen erhalten? Notieren Sie Stichpunkte.
- ECTS-Punkte: ______
- Fächerkombinationen: ______
- Studienschwerpunkt: ______

17

Abschnitt 2

1 Zu welchen Themen konnte sich Ramona weiter informieren? Markieren Sie und ergänzen Sie in der Tabelle.

☐ psychologische Betreuung ☒ Stundenplan ☐ Austauschsemester
☐ Jobs an der Uni ☐ Prüfungstermine

2 Sehen Sie den Abschnitt noch einmal an. Was konnte Ramona über die Themen aus 1 erfahren? Ergänzen Sie in der Tabelle.

Thema	Informationen
Stundenplan	

3 Was passiert, wenn die Beratung nicht weiterhelfen kann?

3 Bewertung und Kommentar

a **Wie findet Ramona die Beratung und warum? Wie begründet sie ihre Meinung?**

b **Schreiben Sie einen Kommentar auf der Webseite der Beratungsstelle. Geben Sie darin Anregungen, zu welchen weiteren Aspekten Sie auf der Webseite gern Informationen finden würden.**

Ich würde gern noch erfahren, welche Voraussetzung man überhaupt mitbringen muss, um an einer Schweizer Uni zu studieren.

Ich kann jetzt ...

	😊	😐	☹
den Informations- und Beratungsbedarf von ausländischen Studierenden benennen.	☐	☐	☐
einen Informationsfilm über das Serviceangebot einer Studienfachberatung verstehen.	☐	☐	☐
einen Kommentar schreiben und darin Anregungen formulieren.	☐	☐	☐

1 Hätten Sie es gewusst?

Lösung: 1b, 2c, 3a, 4a, 5c, 6a

Was wissen Sie über die sogenannten MINT-Berufe? Beantworten Sie zu zweit die Quizfragen und markieren Sie.

1 Was ist der *Girls' Day*?
- [a] eine Veranstaltung, bei der Mädchen Prominente aus Forschung und Lehre kennenlernen
- [b] ein Aktionstag, der Mädchen motivieren soll, einen technischen oder naturwissenschaftlichen Beruf zu ergreifen
- [c] ein Tag im Jahr, an dem alle Mädchen schulfrei haben

2 Wie viele Nachwuchskräfte werden jährlich im MINT-Bereich gesucht?
- [a] ungefähr 2000
- [b] mehr als 85000
- [c] um die 60000

3 In welchem Fach beträgt der Frauenanteil bereits rund 50 Prozent?
- [a] Mathematik
- [b] Maschinenbau
- [c] Informatik

4 Was ist ein *Technikum*?
- [a] eine ehemalige Schul- und Hochschulform der technischen Bildung
- [b] eine Unternehmensform, bei der viele MINT-Absolventen später arbeiten möchten
- [c] eine Stiftung, die sich insbesondere mit neuen Technologien befasst

5 Wie hoch ist die Abbrecherquote bei Studierenden der MINT-Fächer?
- [a] nur jeder zehnte Studierende bricht das Studium ab
- [b] rund ein Viertel der Studierenden schließt das Studium nicht ab
- [c] mehr als ein Drittel der Studierenden beendet das Studium nicht

6 Wie viel Prozent der Ingenieure sind weiblich?
- [a] 10 Prozent
- [b] 22 Prozent
- [c] 34 Prozent

2 Eine positive Entwicklung? → AB 86/Ü22

a **Lesen Sie den kurzen Text und sehen Sie sich die Statistik an. Welche aktuelle Entwicklung wird dargestellt? Sprechen Sie im Kurs.**

FRAUEN IN MINT-FÄCHERN

Im deutschsprachigen Raum nimmt die Zahl der Frauen in den Studienbereichen Mathematik, Informatik, Naturwissenschaft und Technik (kurz MINT) seit mehreren Jahren stetig zu. Statistisch gesehen steigt das Interesse der Studentinnen an den bisher von männlichen Studenten dominierten Fachbereichen. Allerdings unterscheidet sich die Zunahme je nach Studiengang stark voneinander.

ANZAHL DER STUDENTINNEN IN DEN MINT-FÄCHERN

	2004	2009	2014	2019
Ingenieurwesen	20 100	26 200	38 900	44 200
Maschinenbau	5 200	6 100	6 800	7 300
Mathematik und Physik	10 800	23 600	34 100	41 200
Biologie und Chemie	28 500	31 300	35 900	36 200
Elektrotechnik und Informatik	8 700	11 500	15 400	17 100

b Woran liegt es, dass Frauen an manchen Fachbereichen mehr Interesse zeigen als an anderen? Nennen Sie mögliche Gründe der dargestellten Entwicklung. Stellen Sie dar, was getan werden kann, um Frauen in manche Studiengänge stärker einzubinden. Begründen Sie Ihre Überlegungen anhand der Grafik.

c Lesen Sie zwei Meinungen zum Thema und diskutieren Sie im Kurs.

Die Zahl der Studentinnen im Fach Maschinenbau hat kaum zugenommen. Das Fach gilt als „Männerdomäne" und schreckt dadurch viele Frauen ab. Eine höhere Anzahl an Professorinnen hätte eine Vorbildfunktion.

Die Zahlen zeigen, dass manche Fächer Frauen weniger ansprechen als andere. Es macht deshalb keinen Sinn, hier um Frauen zu werben. In anderen Fächern gibt es ja auch mehr Frauen als Männer.

d Schreiben Sie einen Beitrag für ein Unimagazin. Nehmen Sie zu den beiden Aussagen in 2c Stellung und begründen Sie Ihre Meinung. Beschreiben Sie anhand des Textes und der Grafik in 2a, welche MINT-Fächer Frauen bevorzugt studieren und welche Veränderungen seit 2004 zu beobachten sind. Schreiben Sie einen zusammenhängenden und klar gegliederten Text. Gehen Sie am Schluss auch auf die Situation in Ihrem Heimatland ein.

Informationen einer Grafik wiedergeben

„Aus der Grafik geht hervor, dass ...
Der Tabelle kann man entnehmen, dass ...
Gemäß den Daten in der Tabelle sind besonders ...“

Schriftlich zu Meinungen Stellung nehmen

„Die erste / zweite Meinung überzeugt mich, denn .....
Die erste / zweite Meinung finde ich ...
Aus meiner Sicht sind beide Meinungen ...“

Überzeugende Texte schreiben
Wortschatz spielt beim Verfassen von Texten eine entscheidende Rolle. Wichtig ist dabei nicht nur, wie anspruchsvoll und differenziert die Ausdrücke sind, die Sie verwenden. Auch sollten Sie die Wörter fehlerfrei zum jeweiligen Kontext passend verwenden. Hilfreich sind dabei feste Nomen-Verb-Verbindungen.

Ich kann jetzt ...
- Fakten mithilfe von Zahlen und Daten schriftlich wiedergeben. ☐ ☐ ☐
- verschiedene Meinungen zu einem Thema verstehen und dazu Stellung nehmen. ☐ ☐ ☐
- die eigene Meinung formulieren und begründen. ☐ ☐ ☐

1 Präpositionen mit Dativ ⇤ KB 71/2

Die folgenden Präpositionen gehören zum gehobenen Sprachgebrauch bzw. zur Schriftsprache.

zuliebe	Meinen Eltern **zuliebe** habe ich Wirtschaftswissenschaften studiert.
entsprechend	Ein Doppelstudium ist **entsprechend** der neuen Studienordnung möglich.
samt	Im Vorlesungsverzeichnis findet man die Namen **samt** der E-Mail-Adressen.
fern*	Moritz studiert **fern (von)** seiner Heimat.

* auch mit Genitiv möglich: *fern des Alltags*

2 Wortbildung: Nachsilben bei Nomen ⇤ KB 72/2

Nomen mit den gleichen Nachsilben haben meistens den gleichen Artikel.

der		das	die	
-asmus/-ismus	-ar/-är*	-ment	-anz	-enz
Enthusi**asmus**	Bibliothek**ar**	Doku**ment**	Bil**anz**	Konfer**enz**
Organ**ismus**	Kommiss**ar**	Experi**ment**	Dist**anz**	Intellig**enz**
Journal**ismus**	Sekret**är**	Instru**ment**	Eleg**anz**	Kompet**enz**

* gilt für männliche Berufsbezeichnungen; Wörter aus dem Lateinischen sind neutral, z. B. das Semin*ar*, das Vokabul*ar*, das Exempl*ar*

6

3 Verweiswörter ⇤ KB 75/2

Um Sätze zu kohärenten, logisch aufgebauten und stilistisch guten Texten zu verbinden, gibt es Verweiswörter.

	Verweiswörter
Die Stadt gefällt mir sehr gut.	Ich freue mich, **hier** studieren zu können.
Die Immatrikulation war nicht so einfach.	**Das** hat leider sehr lang gedauert.
Es gibt spezielle Vorschriften und Regeln.	**Dadurch** hat die Einschreibung viel Zeit in Anspruch genommen.
Man muss schon sehr viel lernen.	**Dem** stimme ich zu.
In den Vorlesungen sind sehr viele Studierende.	**Da** hat man kaum Kontakt zu den Professoren.
Wir haben nur wenig Kontakt zu den Lehrenden.	**Aus diesem Grund** sind die Tutoren sehr wichtig.
Wir diskutieren Themen oft in kleinen Arbeitsgruppen.	**Dementsprechend / Infolgedessen / Demzufolge** haben wir viel Kontakt zu den Professoren.
In der vorlesungsfreien Zeit **sind wir fast nie an der Uni.**	**Stattdessen** verbringen wir die meiste Zeit mit Freunden oder in der Stadt.

KONFLIKTE AM ARBEITSPLATZ

Hoa Pham (39) kommt aus Vietnam und hat Betriebswirtschaft studiert. Ihren Master in *International Business* absolvierte sie an der Universität Leipzig. Seit einem Jahr arbeitet sie im Controlling einer großen Firma für Anlagentechnik in Dresden. Der Job gefällt ihr gut, aber seit Kurzem hat sie Probleme am Arbeitsplatz.

CHECKLISTE KONFLIKTE AM ARBEITSPLATZ

- ☐ In E-Mails geäußerte Kritik verstehen
- ☐ ein Beratungsgespräch mit dem Betriebsrat führen
- ☐ Infomaterial des Betriebsrats lesen
- ☐ auf Vorwürfe von Vorgesetzten reagieren

1 In E-Mails geäußerte Kritik verstehen

a **Hoa erhält eine E-Mail von ihrer Chefin, Frau Seifert. Lesen Sie die E-Mail und beantworten Sie die Fragen.**

- Was ist der Anlass für die E-Mail?
- Wie ist die E-Mail aufgebaut und welche Punkte spricht Frau Seifert an?
- Was erwartet Frau Seifert von Frau Pham?

Absender: Cordula Seifert <c.seifert@kgcontroll.net>
Empfänger: Hoa Pham <h.pham@kgcontroll.net>
Betreff: Aufgaben und Arbeitspensum Ihrer Stelle

Sehr geehrte Frau Pham,

wie ich sehe, haben Sie das Tätigkeitsfeld Controlling inzwischen hinreichend kennenlernen und sich einarbeiten können. Und lassen Sie mich vorwegnehmen: Ich schätze Sie als stets freundliche und hilfsbereite Mitarbeiterin, die alle ihr zugewiesenen Aufgaben korrekt ausführt. Aber: Es scheint mir, dass Sie in den letzten Wochen mit dem Umfang der anfallenden Arbeit nicht gut zurechtkommen. Das Management wartet bereits seit Tagen auf die bereinigten Umsatzzahlen des vergangenen Quartals. Außerdem kommen Sie anscheinend bei der Erstellung von Budgetplänen und Verkaufsprognosen nicht schnell genug voran. Die von mir erbetene erste Rückmeldung dazu habe ich bis heute nicht erhalten.

Natürlich möchten wir allen Mitarbeitern die Chance bieten, Versäumnisse nachzuholen und ihre Leistung zu optimieren. Deshalb würde ich Sie zunächst bitten, Ihre Arbeitsweise zu beschleunigen, das heißt, Ihre Arbeitszeit noch intensiver zu nutzen. Bei inhaltlichen Fragen wenden Sie sich bitte an Ihre Kollegen. Zudem fordere ich Sie auf, Ihre Arbeitszeit bis auf Weiteres um mindestens 60 Minuten täglich zu verlängern. Die anfallenden Überstunden werden dann im Laufe des Jahres wieder in Form von Freizeit ausgeglichen.

Ich hoffe auf Ihr Verständnis. Falls Sie dazu Fragen haben, können Sie sich jederzeit an mich wenden.

Mit freundlichen Grüßen
Cordula Seifert
Abteilungsleitung Finanzen und Controlling

b **Wie sollte Hoa Ihrer Ansicht nach auf das Schreiben ihrer Vorgesetzten reagieren? Sprechen Sie.**

Ich denke, sie sollte mit einer Kollegin oder einem Kollegen sprechen.

c **Hatten Sie selbst schon einmal Konflikte mit einem / einer Vorgesetzten? Wie haben Sie gehandelt? Berichten Sie.**

2 Ein Beratungsgespräch mit dem Betriebsrat führen

1 🔊 27 a **Hören Sie ein Telefongespräch zwischen Hoa und ihrer Kollegin Marta Steiner. Ergänzen Sie die Aussagen.**

1 Hoa bittet Marta um
- ☐ Unterstützung bei der Arbeit.
- ☐ einen Rat, wie sie weiter vorgehen sollte.

2 Hoa meint, dass sie
- ☐ ihr Arbeitstempo erhöhen könnte.
- ☐ bereits sehr schnell arbeitet.

3 Marta empfiehlt Hoa
- ☐ eine Stellenausschreibung für einen neuen Job.
- ☐ einen Ansprechpartner für ihr Problem.

4 Sie nennt Hoa
- ☐ Kontaktmöglichkeiten des Betriebsrats.
- ☐ den Termin der Betriebsversammlung.

> *Probleme am Arbeitsplatz ansprechen*
> *Konflikte in der beruflichen Zusammenarbeit haben meist mit anderen Personen und der individuellen Art zu kommunizieren zu tun. Größere Konflikte am Arbeitsplatz vermeidet man am besten, indem man Probleme offen und ehrlich anspricht. Aus Scham oder Angst vor Konflikten zu schweigen, ist selten eine gute Lösung. Wenn Sie sich unsicher sind, wie Sie ein Problem mit Kollegen oder Vorgesetzten am besten kommunizieren, gibt es in vielen Unternehmen einen Betriebsrat, der Sie unterstützt.*

EXTRA BERUF

1 🔊 28 b **Hoa geht in die Sprechstunde des Betriebsrats. Hören Sie das Gespräch zwischen Hoa Pham und dem Betriebsrat Vincent Brasch. Welche Themen werden angesprochen? Sprechen Sie.**

Betriebsvereinbarung | E-Mail | Überstunden | Arbeitstempo | Betriebsversammlung | Jahresabschluss | Kantine | Urlaubssperre

c **Hören Sie das Gespräch erneut. Was ist richtig? Markieren Sie.**

1 Hoa hatte sich vor dem Gespräch beim Betriebsrat angemeldet. ☐
2 Der Betriebsrat Vincent Brasch kennt das Schreiben von Hoas Chefin bereits. ☐
3 Vincent Brasch findet, die Kritik der Vorgesetzten an Hoa ist in ihrem Arbeitsbereich nichts Besonderes. ☐
4 Hoa bemüht sich immer, ihre Aufgaben schnellstmöglich zu erledigen. ☐
5 Hoa glaubt, dass ihre Chefin nicht das Recht hat, Mehrarbeit in Form von Überstunden zu verlangen. ☐
6 Überstunden müssen laut Herrn Brasch immer im selben Kalenderjahr mit Freizeit ausgeglichen werden. ☐
7 Er findet es sinnvoll, dass ein Betriebsratsmitglied Hoa zum ersten Gespräch mit ihrer Chefin begleitet. ☐

d **In welchen Belangen kann ein Betriebsrat die Angestellten eines Betriebs noch vertreten? Recherchieren Sie im Internet und tragen Sie die Informationen im Kurs zusammen.**

e **Hatten Sie in Ihrer bisherigen (beruflichen) Laufbahn Kontakt mit einem Betriebsrat oder einer ähnlichen Einrichtung? Berichten Sie.**

KONFLIKTE AM ARBEITSPLATZ

3 Infomaterial des Betriebsrats lesen

a **Auf der Seite des Betriebsrats im Intranet findet Hoa allgemeine Tipps zum Umgang mit Konflikten am Arbeitsplatz. Ordnen Sie die Überschriften zu.**

Konflikte niemals ignorieren • Berufliches und Privates trennen • Ich-Botschaften senden • Konkrete Ziele vereinbaren • Systematisches Mobbing • Schlichter miteinbeziehen

1 ______________________

Es hat Konfliktpotenzial, wenn persönliche Beziehungen und berufliche Ziele nicht klar voneinander unterschieden werden. Freundschaften am Arbeitsplatz sind nicht ungewöhnlich, aber sie bringen auch Risiken mit sich. Wichtig ist es deshalb, gegensätzliche Meinungen nicht als persönliche Ablehnung zu bewerten.

2 ______________________

Ein großes Problem ist es, wenn einzelne Mitarbeiterinnen oder Mitarbeiter über einen längeren Zeitraum schikaniert, benachteiligt oder ausgegrenzt werden. Das Verhalten kann im Kollegenkreis auftreten, aber auch von Vorgesetzten ausgehen. Als Betroffene/r oder Beobachter/in eines solchen Verhaltens sollten Sie aktiv werden. Wenden Sie sich an eine Vertrauensperson oder bitten Sie den Betriebsrat um Hilfe.

3 ______________________

Wenn sich ein Konflikt mit Kollegen oder Vorgesetzten anbahnt, ist es wichtig, diesen schnell zu erkennen und zu reagieren. Einer Person aus dem Weg zu gehen in der Hoffnung, alles würde sich in Luft auflösen, funktioniert in der Regel nicht. Bei ernsthaften Differenzen sollte man die Angelegenheit ansprechen und aktiv versuchen, eine Lösung zu finden.

4 ______________________

Auch wenn Sie sich ungerecht behandelt fühlen, sollten Sie es stets vermeiden, jemand anderen als Schuldigen darzustellen und direkt anzugreifen. Versuchen Sie vielmehr aufzuzeigen, wie das Verhalten Ihres Gegenübers auf Sie gewirkt hat und warum die Situation für Sie so belastend ist. Damit greifen Sie niemanden persönlich an, sondern ermöglichen es der anderen Partei, sich in Ihre Lage zu versetzen und Sie besser zu verstehen.

5 ______________________

Sind alle Konfliktparteien bereit, miteinander zu sprechen, kann es sinnvoll sein, eine unbeteiligte Person mit einzubinden, die die Auseinandersetzung moderiert und dafür sorgt, dass alle Argumente und Ansichten ausreichend beleuchtet werden können. Diese Aufgabe kann beispielsweise von einem Betriebsratsmitglied übernommen werden, der das Treffen der einzelnen Konfliktparteien entsprechend vorbereitet.

6 ______________________

Oft gelingt es nicht, in einer einzigen Sitzung alle Schwierigkeiten zu beseitigen. Wichtig ist nur, dass die Probleme benannt werden und die unterschiedlichen Sichtweisen für alle nachvollziehbar sind. Manchmal ist es sinnvoll, mithilfe des Schlichters Schritte zu überlegen, die am Ende zu einer Beilegung des Konflikts führen.

Gesprächsvorbereitung

Steht ein wichtiges Gespräch am Arbeitsplatz an, ist es sinnvoll, sich darauf vorzubereiten. Oft ist man gerade bei sensiblen Themen oder Gesprächen mit Vorgesetzten nervös und lässt sich schnell aus dem Konzept bringen. Notieren Sie sich deshalb stichpunktartig Ihr Anliegen. Überlegen Sie sich auch, welche Argumente Ihr Gegenüber vorbringen könnte und wie Sie darauf reagieren würden.

b **Welche Tipps sind Ihrer Meinung nach besonders nützlich? Kennen Sie weitere Strategien, die hier nicht genannt wurden? Berichten Sie.**

4 Auf Vorwürfe von Vorgesetzten reagieren

a **Hoa hat sich gut auf das Gespräch mit Frau Seifert vorbereitet. Je zwei Antworten passen zu jeder Frage, die Frau Seifert stellen könnte. Ordnen Sie zu.**

1 Fühlen Sie sich Ihren Aufgaben im Allgemeinen gewachsen? ____
2 Warum haben Sie der Geschäftsleitung so lange keine Rückmeldung gegeben? ____
3 Gab es Komplikationen bei der Erstellung der Budgetpläne? Wenn ja, welche? ____
4 Wären Sie dazu bereit, in nächster Zeit Überstunden zu machen? ____
5 Könnten Sie sich auch vorstellen, in eine andere Abteilung zu wechseln? ____

A *Mir war es wichtig, die Ergebnisse meiner Arbeit noch einmal gewissenhaft zu prüfen, bevor ich sie weitergebe.*

B *Darüber müsste ich erst mit meiner Familie sprechen.*

C *Das kommt etwas überraschend für mich. Bevor ich mich mit dieser Idee auseinandersetze, würde ich gern den Grund für Ihre Frage wissen.*

D *Ja, denn nach zwei Wochen haben mir immer noch Informationen gefehlt. Um niemanden zu nerven, habe ich aber bei den Kollegen nicht nachgefragt.*

E *Im Großen und Ganzen auf jeden Fall. Nur wenn plötzlich sehr viel Arbeit in kurzer Zeit zu erledigen ist, macht mich das nervös.*

F *Das wäre für mich prinzipiell eine Möglichkeit. Ich müsste jedoch wissen, über welchen Zeitraum wir hierbei sprechen.*

G *Ich hatte Angst, dass Sie mich für unfähig halten, wenn ich Ihnen mitteile, dass ich noch länger brauche.*

H *Das halte ich für keine gute Lösung des Konflikts. Besser fände ich es, wenn wir die Differenzen klären und beilegen können.*

I *Das ist je nach Arbeitslast unterschiedlich. Insgesamt fühle ich mich in der Lage, alle Aufgaben auszuführen.*

J *Das Hauptproblem war, dass mir Unterlagen fehlten. Ich habe zu lange gewartet, bevor ich bei den Kollegen nachgehakt habe. Das werde ich in Zukunft ändern.*

EXTRA BERUF

b **Welche Antwort erscheint Ihnen jeweils passender? Wählen Sie für jede Frage eine der beiden Möglichkeiten aus und begründen Sie Ihre Wahl. Unterstreichen Sie anschließend in den Fragen (1–5) und den Äußerungen (A–J) alle Wendungen, die man in Konfliktgesprächen nutzen kann.**

c **Arbeiten Sie zu zweit. Spielen Sie das Gespräch zwischen Hoa und Frau Seifert. Achten Sie darauf, die unterstrichenen Wendungen zu benutzen. Tauschen Sie anschließend die Rollen.**

d **Wie würden Sie sich auf ein Konfliktgespräch im Beruf vorbereiten? Welche Möglichkeiten haben Sie, sich über Gesprächsstrategien zu informieren? Sprechen Sie im Kurs.**

ARBEITSBUCH

LEKTION 1 DIGITALER WANDEL

WIEDERHOLUNG WORTSCHATZ

1 Modernes und Unmodernes

a Ergänzen Sie die Nomen.

1 Ahmed ist seit drei Monaten wieder Single (INGSLE).
2 In der ________________ (NERAGEONIT) meiner Großeltern war es undenkbar, dass unverheiratete Paare zusammenlebten.
3 In den heute sehr verbreiteten „Patchwork"-Familien ist es wichtig, dass der neue Partner vor den Gefühlen der Kinder des Partners ________________ (SPREEKT) hat.
4 Eins bleibt immer gleich: In jeder guten Beziehung spielen Vertrauen, Wärme und ________________ (BORGEGHIEENT) eine entscheidende Rolle.
5 Oft hält die Liebe nicht ewig: Es gibt in Europa Länder mit einer ________________ (DUNGSCHEISTERA) von über 60 %.
6 Sara und Murat haben eine Fernbeziehung, deshalb sehen sie sich nur alle zwei bis drei Wochen. Oft haben sie große ________________ (HNSECHTSU) nach einander.
7 In einer globalen Welt wachsen die ________________ (DERANUNGFOREN) an die Mobilität der Menschen.
8 Arbeitende Mütter haben oft ein schlechtes ________________ (WIGESSEN), weil sie befürchten, dass ihre Kinder zu kurz kommen.
9 Durch die modernen Medien gibt es einen enormen ________________ (ERÜBUSSFL) an Information. Wir müssen lernen, trotzdem den Blick aufs Wesentliche zu behalten.

b Was passt? Ordnen Sie zu.

1 interpretieren	A eine Krankheit erkennen und benennen
2 tolerieren	B einer Sache eine bestimmte Bedeutung geben
3 integrieren	C mit einer – oft unangenehmen – Sache einverstanden sein
4 diagnostizieren	D Personen oder Sachen respektieren, auch wenn man anderer Meinung ist
5 akzeptieren	E etwas verbrauchen (Essen, Trinken, Tabak)
6 konsumieren	F jemanden oder etwas zum Mitglied/Inhalt einer Gruppe machen.

WIEDERHOLUNG GRAMMATIK

zu Hören, KB 2, Aufgabe 2

2 Vergangene Zeiten

Ergänzen Sie *wollen, sollen, dürfen, können* oder *müssen* in der richtigen Form. Achten Sie dabei auf den Kontext.

Mein kleiner Slavko, weißt du, woran ich mich noch erinnern kann (1)? Es gab einmal eine Zeit, als man in seiner Tasche kein dauernd klingelndes Smartphone hatte und man nicht aus einem inneren Zwang heraus ständig seine Textnachrichten checken ________ (2). Ich kann mich noch an Tage erinnern, an denen ich mir einen Film im Kino ansehen ________ (3), ohne dass das Handy meines Sitznachbarn klingelte. An Wochenenden, an denen die Leute während des Familienspaziergangs nicht zwanghaft auf ihre Displays schauen ________ (4), sondern sich wirklich mit ihrer Familie beschäftigen ________ (5). Damals ________ (6) man auch noch Zug fahren – ja, das war möglich! –, ohne die Probleme der Mitreisenden mithören zu ________ (7). Diese privaten oder beruflichen Angelegenheiten interessieren wirklich niemanden, das ________ (8) sich diese Leute mal klarmachen! Das wäre meine Empfehlung. Wer ________ (9) auf einer Reise schon dauernd gestört werden? Zu meiner Zeit hatte man wenigstens in der Luft noch seine Ruhe, denn in Flugzeugen ________ (10) man diese Dinger nicht anstellen, das war verboten. Aber heutzutage gibt es ja sogar im Himmel keine Ruhe mehr.

zu Hören, KB 2, Aufgabe 2

3 Subjektive Bedeutung der Modalverben *müssen, dürfen* und *können*

GRAMMATIK ENTDECKEN

a **Wie sicher ist sich der Sprecher? Ergänzen Sie *50 %, 75 %, 90 %* oder *100 %* in der mittleren Spalte.**

1 ■ Miro will versuchen, eine Woche ohne Handy zu leben. Ich bin mir ganz sicher, dass er verrückt ist.	100 %	muss
2 ◆ Ich halte es für möglich, dass ihm eine Woche ohne Handy guttut.		
3 ■ Ich bin mir fast sicher, dass er den Artikel über Handymanie gelesen hat.		
4 ◆ Vielleicht fühlt sich das für Miro ja auch wie Urlaub an.		
5 ■ Wahrscheinlich hält er das eine Woche lang gar nicht durch.		
6 ◆ Mit absoluter Sicherheit sind Freunde von Miro auf diese Idee gekommen.		

b **Ordnen Sie den Ausdrücken in 3a in der rechten Spalte die Modalverben *müssen, dürfen* und *können* in der richtigen Form zu.**

c **Schreiben Sie die Sätze aus 3a mit dem passenden Modalverb neu.**

1 Miro will versuchen, eine Woche ohne Handy zu leben. Er muss verrückt sein.
2 Eine Woche ohne Handy ...

1

zu Hören, KB 2, Aufgabe 2

4 Subjektive Bedeutung der Modalverben: Ausdruck von großer Sicherheit

GRAMMATIK ENTDECKEN

a **Lesen Sie das Gespräch. Wie wird ausgedrückt, dass man sich (positiv / negativ) sehr sicher ist? Unterstreichen Sie.**

Celina: Schau mal, der Typ da drüben. Das muss Saša sein, den Nadja vor Kurzem beim Joggen kennengelernt hat. Der sieht aber wirklich nett aus!
Mara: Nein, das kann er nicht sein. Nadja hat doch gesagt, dass Saša blonde Haare hat. Der da drüben hat schwarze.
Celina: Stimmt. Dann muss das Mika aus dem Tanzkurs sein, oder? Der hat ihr doch auch so gut gefallen.
Mara: Ja, das kann eigentlich nur Mika sein, denn der Typ da drüben, der auch schwarze Haare hat, ist ja in Begleitung. Und so vertraut, wie er mit der Frau redet, kann das nur seine Freundin sein, oder? Den kann Nadja also nicht gemeint haben ...

b **Welche Modalverben / Ausdrücke mit Modalverben aus 4a entsprechen den Bedeutungen? Ordnen Sie zu.**

1 Ich bin mir ganz sicher! → das muss ...,
2 Das ist nicht möglich! →

zu Hören, KB 2, Aufgabe 2

5 Einschätzungen, Notwendigkeiten und Bitten

GRAMMATIK

a **Ist die Bedeutung der Sätze mit Modalverb subjektiv (s) oder objektiv (o)? Markieren Sie.**

	s	o	G	V
1 ■ Mit wem telefoniert Tarek da eigentlich? ◆ Das muss seine neue Freundin sein, da bin ich mir sicher, sonst ist Tarek nämlich nicht so charmant.	x		x	
2 ● Wieso schaut Leyla denn ständig auf ihre Uhr? ✖ Sie muss genau um 13.30 Uhr einen Kunden anrufen.		x		
3 ▲ Warum ist Malek denn so unruhig? ▼ Ich bin mir fast sicher, dass er auf den Paketboten wartet, denn Malek müsste heute sein neues Handy bekommen.				
4 Entschuldigung, dürfte ich Sie um einen Gefallen bitten? Reichen Sie mir doch bitte mal das Telefon.				
5 ■ Wie alt ist Li-Ming denn auf dem Foto? ◆ Sie dürfte zu der Zeit ungefähr 20 Jahre alt gewesen sein.				
6 Tina, könntest du mir dein Rad leihen? Ich muss in die Bibliothek.				
7 ● Sarah und Amir sehen so glücklich aus, haben sie keinen Streit mehr? ✖ Ich weiß, dass sie sich letzte Woche lange miteinander unterhalten haben, da könnten sie sich versöhnt haben.				
8 ▲ Wer ruft denn um diese Zeit noch an? ▼ Das kann nur Ali sein, es gibt keine andere Möglichkeit.				

b **Unterstreichen Sie in 5a in den Sätzen mit subjektiver Bedeutung das Modalverb und den Infinitiv und markieren Sie, ob die Sätze in der Gegenwart (G) oder in der Vergangenheit (V) stehen.**

zu Hören, KB 2, Aufgabe 2

6 Miros Zeit ohne Smartphone

GRAMMATIK

a **Miro hat sich vorgenommen, eine Woche lang kein Handy zu benutzen.**
Lesen Sie die Einschätzung, die Miros Freund in einer E-Mail schreibt.
Wie sicher ist er sich, dass Miro das schafft? Unterstreichen Sie die Ausdrücke.

„Miro ohne Handy? Das halte ich für unmöglich!" Das war meine erste Reaktion. Aber dann ist mir meine eigene handylose Zeit eingefallen … Ich bin mir sicher, dass Miro einerseits die Ruhe genossen hat, andererseits hat er sich bestimmt gedacht, dass er etwas ganz Wichtiges verpasst. Das ist nämlich typisch für die erste Zeit ohne Handy. Ich bin fast sicher, dass Miro in den folgenden Tagen immer nervöser geworden ist. Wahrscheinlich hat sich dann nach einer Woche eine große Ruhe eingestellt, denn man weiß dann: Wer mich erreichen will, der schafft das schon irgendwie. Ich halte es für möglich, dass Miro in der handylosen Zeit ruhiger, freundlicher und kontaktfreudiger geworden ist, denn man schreibt in dieser Zeit ja keine Nachrichten mehr oder postet etwas, sondern schenkt seinen Freunden mehr persönliche Aufmerksamkeit. Und als er das Handy nach einer Woche wieder angestellt hat, hat er wahrscheinlich erlebt, dass ihm nichts wirklich Wichtiges entgangen ist. So war's bei mir damals auch.

b **Schreiben Sie den Text mit Modalverben neu.**

„Miro ohne Handy? Das kann nicht sein!" Das war meine erste Reaktion.
Aber dann ist mir meine eigene handylose Zeit eingefallen …

zu Hören, KB 2, Aufgabe 2

7 Jugendliche lieben Apps!

LESEN

Lesen Sie die Ergebnisse einer Untersuchung und ordnen Sie zu. Achten Sie auf die Form.

- ☐ Im direkten Vergleich
- ☑ 1 erfreuen sich immer größerer Beliebtheit
- ☐ bevor sie eine Anwendung herunterladen und auf dem Gerät installieren
- ☐ konnten in Einzelfällen bereits nachgewiesen werden
- ☐ ob und wie schädlich das Surfen, Chatten, Liken und Posten ist

Nutzung von Apps nimmt stetig zu

Praktisch alle Jugendlichen und jungen Erwachsenen besitzen heutzutage ein Smartphone. Besonders beliebt ist dabei die Nutzung von Apps zum Spielen und Versenden von Nachrichten. Aber auch Anwendungen zum Streamen von Musik, Serien oder Filmen __(1)__.

Aktuellen Umfragen zufolge nutzen 85 Prozent der 12- bis 17-Jährigen ihr Smartphone knapp drei Stunden täglich. __(2)__ verbringen Mädchen sogar noch etwas mehr Zeit als Jungen an ihren Geräten. Und: Mit steigendem Alter nehmen auch die Stunden zu, die im Netz verbracht werden.

Nach wie vor umstritten ist jedoch, __(3)__. So wird angenommen, dass die zu intensive Nutzung eines Smartphones besonders bei jungen Menschen eine potenzielle Suchtgefahr innehat. Aber auch emotionale Verstimmungen bis hin zu Schlafmangel und schweren Depressionen __(4)__.

Immer wieder für Diskussionen sorgt auch das Thema Datenschutz. Die wenigsten Besitzer eines Smartphones lesen sich Datenschutzerklärung und Servicebestimmungen durch, __(5)__. Hinzu kommt, dass insbesondere Jugendliche die oft mit vielen juristischen Fachbegriffen formulierten Texte zur Datensicherheit und Nutzung einer App nur schwer verstehen.

zu Lesen, KB 3, Aufgabe 2

8 Fremdwörter

WORTSCHATZ

a Was passt? Ergänzen Sie, wo nötig, den Artikel und ordnen Sie zu.

Effekt • ~~etablieren~~ • innovativ • rasant • Transformation • verkomplizieren

1 etwas einrichten / ins Leben rufen: etablieren
2 eine Formveränderung findet statt: __________
3 neuartig und kreativ: __________
4 eine beabsichtigte oder nicht beabsichtigte Wirkung: __________
5 sehr schnell: __________
6 etwas schwieriger als vorher machen: __________

b Was passt? Ergänzen Sie die Wörter aus 8a in der richtigen Form.

1 Veränderungsprozesse gab es in der Wirtschaft schon immer. Allerdings ist die __________ heute besonders umfangreich und schnell.
2 Es ist manchmal nicht leicht, mit Mara zusammenzuarbeiten. Sie kann einfache Aufgaben wirklich anstrengend machen, denn sie __________ alles.

3 Die Bäckerei meines Bruders läuft super! Sie haben das Geschäft inzwischen gut ______________________ .
4 In einer Zeitschrift für Gründer habe ich gelesen, dass die wirklich ______________________ Ideen unserer Zeit meistens von jungen Startup-Unternehmen kommen.
5 Wir haben uns wirklich angestrengt. Aber der ______________________ unserer Bemühungen war gleich null.
6 Durch die Expansion der großen Unternehmen hat sich die Branche in den letzten Jahren ______________________ verändert.

zu Lesen, KB 3, Aufgabe 2

9 Moderne Arbeitswelten

HÖREN

3 🔊 1

Hören Sie eine Radiosendung, in der neue Bücher vorgestellt werden. Hören Sie die Sendung einmal und wählen Sie bei jeder Aussage, zu welchem der drei vorgestellten Bücher die Aussage passt.

	Digitales Marketing	*Schöne neue Arbeitswelt*	*Ethik im Digitalzeitalter*
1 Das Buch erzählt eine Geschichte in der fernen Zukunft.	a	b	c
2 Es präsentiert verschiedene Ratschläge und Empfehlungen.	a	b	c
3 Es wirft einen kritischen Blick auf aktuelle Entwicklungen.	a	b	c
4 Es beschreibt die Entstehung neuer Vertriebsstrategien.	a	b	c
5 Es stellt eine Verbindung zwischen Technik und Philosophie her.	a	b	c
6 Es handelt von der zukünftigen Herstellung von Fahrzeugen.	a	b	c

WIEDERHOLUNG GRAMMATIK

zu Lesen, KB 5, Aufgabe 3

10 Hotel der Zukunft?

Schreiben Sie Sätze mit *sollen*.

1 Ich habe gelesen, dass es in Japan ein Hotel gibt, das hauptsächlich von Robotern geführt wird.
In Japan soll es ein Hotel geben, das hauptsächlich von Robotern geführt wird.

2 Angeblich gibt es an der Rezeption Dinosaurier-Roboter.

____

3 Es wird behauptet, dass die Roboter sechs Sprachen sprechen.

____

4 Es heißt, dass eine japanische Firma diese Roboter konstruiert hat.

____

5 Laut *Nippon News* übernehmen die Roboter ungefähr 90 % der Aufgaben im Hotel.

____

zu Lesen, KB 5, Aufgabe 3

11 Subjektive Bedeutung des Modalverbs *wollen*

GRAMMATIK ENTDECKEN

a **Unterstreichen Sie in der linken Spalte das Modalverb *wollen* und den Infinitiv.**

1 Milan sagt: „Ich spreche zwölf Sprachen fließend!" Boris erzählt seiner Frau: „Milan will zwölf Sprachen fließend sprechen. So ein Angeber!"	s
2 Milan sagt: „Ich habe mein Studium in Zürich in Rekordzeit beendet." Boris erzählt seiner Frau: „Milan will sein Studium in Zürich in Rekordzeit beendet haben."	
3 Milan sagt: „In Zürich bin ich der beste Sportler seit 100 Jahren." Boris erzählt seiner Frau: „In Zürich will er der beste Sportler seit 100 Jahren sein."	
4 Boris meint: „Ich will Milan mal sagen, dass er sich nicht immer so wichtigmachen soll. Das ist mein Plan für unser nächstes Treffen."	
5 Die Frau von Boris sagt: „Milan hat angerufen. Er wollte dich sprechen. Er will es morgen wieder versuchen."	

b **In welchen Sätzen aus a hat *wollen* eine subjektive Bedeutung (s), in welchen eine objektive Bedeutung (o)? Ergänzen Sie in der rechten Spalte.**

c **Was ist richtig? Markieren Sie.**

1 Mit dem Modalverb *wollen* in der subjektiven Bedeutung gibt der zweite Sprecher wieder, was der erste Sprecher (hier: Milan) ... sagt.
- ☐ über sich selbst
- ☐ über andere

2 Der zweite Sprecher (hier: Boris) ... dass diese Behauptung stimmt.
- ☐ bezweifelt,
- ☐ bezweifelt nicht,

3 In der Gegenwart hängt es ... ab, ob die subjektive oder die objektive Bedeutung gemeint ist.
- ☐ vom Kontext / von der Situation
- ☐ vom Modalverb

4 Die Vergangenheit bildet man mit
- ☐ dem Modalverb und dem Infinitiv Vergangenheit (zum Beispiel: *will gesehen haben*).
- ☐ *haben* und Infinitiv + Infinitiv Modalverb (zum Beispiel: *hat sehen wollen*).

1

zu Lesen, KB 5, Aufgabe 3

12 Was macht ein Clickworker?

GRAMMATIK

Formulieren Sie die Sätze mithilfe der Modalverben *müssen, dürfen, können, wollen* oder *sollen* um. Achten Sie auf die subjektive Bedeutung.

Milica

Meine Freundin Asija möchte mit Clickworking Geld verdienen. Ein Freund von ihr behauptet von sich (1), dass er damit in kurzer Zeit 1500 Euro verdient hat. Ob das stimmt? Soweit ich weiß, wird ein Clickworker nur für einfachste Dienstleistungen bezahlt: Man schreibt kurze Texte, sucht Fehler in Apps oder kategorisiert Bilder. Es heißt (2), dass vor allem kleine Rechercheaufgaben lukrativ sind. Ein geübter Clickworker verdient möglicherweise (3) um die 10 Euro pro Stunde. Es ist mit Sicherheit (4) schwer, mit Clickworking reich zu werden. Wahrscheinlich (5) können die meisten davon nicht leben. Angeblich (6) gibt es aber auch Plattformen, auf denen man mehr verdienen kann. Hat da jemand Erfahrungen?

1 Ein Freund von ihr will damit in kurzer Zeit 1 500 Euro verdient haben.

zu Wortschatz, KB 6, Aufgabe 1

13 Digitaler Entzug

HÖREN

3 ◀)) 2 **Lesen Sie die Notizen durch. Hören Sie dann den Vortrag und ergänzen Sie die Notizen.**

NOTIZEN
DIGITALER ENTZUG

Die Nutzung von sozialen Medien

- Das Internet ist heutzutage überall und die Nutzung der mobilen Netze erreicht ständig __________________ (1).
- Die Folge davon ist unsere __________________ (2) von den sozialen Medien.

Methode und Zielsetzung des *Digitalen Entzugs*

- Durch den zeitweisen Verzicht auf digitale Medien entzieht man sich der permanenten Vernetzung und __________________ (3).
- Es geht darum, den alltäglichen Stress zu reduzieren, sich auf die eigenen Bedürfnisse zu konzentrieren und wieder mit der realen Welt zu __________________ (4).
- In Camps und Workshops lernt man sowohl __________________ (5) zu kommunizieren als auch, sich zu entspannen.

Probleme und Erfolgsaussichten

- Viele erwarten eine automatische __________________ (6). Der Alltag mit seinen Gewohnheiten und __________________ (7) ändert sich jedoch meistens nicht. Wer denkt, er müsste das Verpasste nun nachholen, lebt auch weiterhin nicht __________________ (8).
- Ein Erfolg stellt sich nur dann ein, wenn die neue Art der Mediennutzung dauerhaft in den Alltag __________________ (9).
- Um das zu erreichen, muss man sein digitales Verhalten beobachten, __________________ (10) und gegebenenfalls ändern.

zu Wortschatz, KB 6, Aufgabe 2

14 Verben mit *ent-*

GRAMMATIK

a **Was passt? Ordnen Sie zu.**

entbürokratisieren • entfernen • entfristen • ~~enteisen~~ • enthaaren • entkalken • entlassen • entsalzen • entsorgen • entwässern • entwurzeln

im Haushalt	1 das Eisfach im Kühlschrank enteisen 2 den Plastikmüll getrennt in Containern _____ 3 die Kaffeemaschine _____
Schönheitspflege	4 den Körper / die Achselhöhlen / die Beine _____ 5 den Nagellack _____
Umwelt & Klima	6 das Meerwasser _____ 7 sumpfige Gebiete _____ 8 Bäume _____
Soziales und Wirtschaft	9 einen Arbeitsvertrag _____ 10 wegen wirtschaftlicher Schwierigkeiten Mitarbeiter _____ 11 die Bearbeitung von Anträgen _____

b **Was passt zusammen? Schreiben Sie Sätze.**

~~die Fahrkarte~~ • der Plan • die Idee • das Fahrrad • die Kaffeemaschine • das Missgeschick • die Reise

entkalken • ~~entwerten~~ • entwerfen • entwickeln • entschuldigen • sich entschließen • entrosten

Wir müssen noch die Fahrkarte entwerten.

zu Wortschatz, KB 7, Aufgabe 3

15 Im Alltag

GRAMMATIK

Was passt? Markieren Sie.

1 Lassen Sie die Tablette langsam im Mund *zergehen / zerreden*.
2 Achtung, da ist eine Biene. Bitte nicht *zertreten / zerkauen*.
3 Diese Bluse ist aus einem ganz tollen Material. Der Look soll so *zerflossen / zerknittert* aussehen.
4 Ich suche dringend ein Mittel gegen Motten! Meine Teppiche sind schon ganz *zerfressen / zersetzt*.
5 Gestern habe ich mir wirklich lange den Kopf *zerplatzt / zerbrochen*. Aber ich kann einfach keine Lösung finden.
6 Das neue Produkt wird sich gut verkaufen, da bin ich sicher. Ich möchte Ihre Zweifel gern *zerstreuen / zerspringen*.

zu Wortschatz, KB 7, Aufgabe 3

16 Verben mit *miss-* und *zer-*

GRAMMATIK

a **Ergänzen Sie die passende Vorsilbe und ordnen Sie die Sätze zu, die die Bedeutung des Verbs umschreiben.**

1 ______ pflücken
2 ______ gönnen
3 ______ brechen
4 ______ lingen
5 zer platzen (→ B)
6 ______ schneiden
7 ______ schlagen
8 ______ trauen
9 ______ treten

A Der Bürgermeister durchtrennt zur Eröffnung des Gebäudes ein Band.
B Die Hoffnung auf Frieden hat sich nicht erfüllt.
C Der Redner nahm die Argumentation seines Vorredners auseinander.
D Die Farbauswahl für sein Gemälde ist ihm nicht so gut geglückt.
E Die Polizei hat einen Ring von Drogenhändlern aufgelöst.
F Nach dem Grillfest hat einer die Glut mit dem Fuß ausgemacht.
G Der Unternehmer war neidisch auf den Erfolg seines Konkurrenten.
H Als es auf den Boden fiel, ging das Glas kaputt.
I Er wollte sich auf seinen Geschäftspartner nicht verlassen.

b **Schreiben Sie Sätze im Perfekt und ergänzen Sie – wo nötig – Präposition und Artikel.**

1 Freundin von Maryam / ihr Vertrauen / missbrauchen
Die Freundin von Maryam hat ihr Vertrauen missbraucht.

2 Natalias Hoffnungen / eine neue Stelle / sich zerschlagen
______

3 Hasan / sein Kollege / früher / jeden Erfolg / missgönnen
______

4 Selma / zerpflücken / Argumentation / Vorredner
______

5 Da / du / ganz schön / mich / missverstehen!
______

6 Vorfahrt / Autofahrer / missachten
______

7 Traum / Lottospieler / großem Geld / zerplatzen
______

zu Wortschatz, KB 7, Aufgabe 4

17 Rezept für einen Eintopf

GRAMMATIK

Ergänzen Sie *miss-* oder *zer-*. Manchmal gibt es mehrere Lösungen.

drücken • gehen • ~~klein machen~~ • kochen • laufen • (ge)lingen • pflücken • schneiden • fallen

Für dieses Rezept muss man alle Zutaten gut zerkleinern (1). Die Knoblauchzehe sollte man mit der Messerspitze ______ (2) statt sie zu schneiden. Die Butter langsam ______ (3) lassen. Die Petersilie sollte man nicht mit einem Messer ______ (4), sondern besser mit der Hand ______ (5).
Das Gemüse auf keinen Fall zu lange auf dem Herd lassen, sonst ______ (6) es. Nicht auf zu hoher Temperatur kochen, sonst ______ (7) der Eintopf. Besonders die Bohnen ______ (8) sehr leicht. Lassen Sie sich dieses Gericht auf der Zunge ______ (9).

1

zu Sprechen, KB 8, Aufgabe 1

18 Zukunft der Arbeit

LESEN

Lesen Sie das Interview mit Hermann Dittrich, einem Experten für die Digitalisierung der Arbeitswelt. Markieren Sie bei den Aufgaben 1 – 8 das Wort (a, b, c oder d), das in den Satz passt. Es gibt jeweils nur eine richtige Antwort.

„Es wird in allen Bereichen große Veränderungen geben."

Wann wird die Digitalisierung in allen Arbeitsbereichen angekommen sein?
Das ist schwer vorherzusagen. Fest steht allerdings schon jetzt, dass sich die gegenwärtigen Umbrüche noch zwei Jahrzehnte fortsetzen werden. Das zeigt unter anderem eine **(1)** Arbeitsmarktstudie.

Wird es in diesen zwei Jahrzehnten grundlegende Veränderungen geben?
Ja, das wird es. Ein zentraler Punkt ist: Die Digitalisierung wird nur geringe Auswirkungen auf die Zahl der Arbeitsplätze haben, **(2)** die Arbeitenden müssen sich auf Veränderungen in Bezug auf ihre Arbeit einstellen.

In zwei Sätzen bitte: Wie sieht Arbeit für die nächste Generation aus?
In zwei Dekaden wird es die Hälfte der Jobs, die wir kennen, nicht mehr geben. Und noch zwei weitere Jahrzehnte später wird wahrscheinlich niemand mehr arbeiten – **(3)** nicht für Geld.

Was werden die bisherigen Arbeitnehmer dann mit all der Zeit machen?
Die Menschen werden wahrscheinlich ein Ehrenamt übernehmen oder sich intensiver mit ihren Hobbys beschäftigen. Es geht ihnen dann nicht mehr **(4)**, mit der Arbeit Geld zu verdienen, sondern ihrem Leben einen Sinn zu geben.

Welche Berufe sind vor allen Dingen betroffen?
Einer der ersten Berufe, der der Digitalisierung zum Opfer fällt, ist wahrscheinlich der des Assistenten. Die meisten Chefs **(5)** sich schon bald komplett auf Spracherkennungssysteme verlassen. Und auch die Berufe Buchhalter und Steuerberater werden über kurz oder lang aussterben.

Und wie sieht es im Transportwesen aus?
Auch hier wird es große Veränderungen geben, Stichwort Autonomes Fahren. Taxi- und Busfahrer werden ihren Job aufgeben müssen, **(6)** die Maschinen selbst das Steuer übernehmen können. Daran anschließen wird sich eine Revolution in der Logistikbranche.

Gibt es auch Berufe, die sich nicht einfach digitalisieren lassen?
Ja, natürlich – man könnte sie „menschelnde Berufe" nennen, also solche, die kreatives **(7)** erfordern oder die nicht so leicht von Maschinen übernommen werden können, weil sie zu vielseitig sind. Handwerker sind hierfür das beste Beispiel.

Das heißt also, manche Berufe sterben schneller aus als andere?
So ist es. Es gibt die einen Berufe, die bereits heute komplett von Maschinen ausgeführt werden können. Und dann gibt es **(8)** andere Berufe, da lassen sich nur Teile automatisieren, sprich von Künstlicher Intelligenz ausführen. Aber auch hier ist es nur eine Frage der Zeit, bis Alternativen gefunden werden.

(1)
- a aktuelle
- b alte
- c andere
- d alternative

(2)
- a aber
- b obwohl
- c trotz
- d trotzdem

(3)
- a zuerst
- b zur Not
- c zu viel
- d zumindest

(4)
- a dafür
- b damit
- c darum
- d dazu

(5)
- a dürften
- b müssten
- c sollten
- d wollten

(6)
- a bevor
- b sobald
- c solange
- d während

(7)
- a Verständigen
- b Glauben
- c Spekulieren
- d Denken

(8)
- a wiederum
- b ebenfalls
- c anderenfalls
- d konträr

1

zu Sprechen, KB 8, Aufgabe 2

19 Konsumverhalten

KOMMUNIKATION

a **Was ist richtig? Markieren Sie das passende Wort.**

1 In unserer Gruppe haben wir uns mit dem Thema Konsumverhalten
☐ entschieden. ☐ vorbereitet. ☒ befasst.
2 Als ☐ Antwort ☐ Ergebnis ☐ Folge lässt sich festhalten:
Wir sollten mehr darüber nachdenken, was wir kaufen.
3 Wenn man sich die Entwicklung der letzten Jahre ☐ ansieht, ☐ zusammenzählt,
☐ vergisst, stellt man fest, dass wir immer öfter nach günstigen Angeboten im Internet suchen.
4 Danke, lieber Kiran. Zunächst möchte ich mich mit dem ersten Aspekt ☐ aufgreifen.
☐ beschäftigen. ☐ hervorheben. Was kaufen wir eigentlich und wie ist unser Kaufverhalten?
5 Es wird ☐ deutlich, ☐ offen, ☐ besser, dass die meisten von uns viel zu viel kaufen.
6 In meinem Beitrag geht es um einen anderen Aspekt des Konsumverhaltens. Anne wird
☐ anschließend ☐ dafür ☐ gern darüber sprechen, wofür Menschen in unserem
Alter Geld ausgeben.
7 Man ☐ ist zu ☐ lässt sich ☐ kann beobachten, dass die Lebensdauer von Konsumartikeln
heutzutage nicht mehr so lang ist wie früher.
8 Yussuf wird jetzt zum ☐ Abbruch ☐ Ergebnis ☐ Schluss ein Beispiel dafür vorstellen,
das uns zum Nachdenken bringen soll.

b **Markieren Sie die passende Funktion des Satzes in 19a.**

1	[a] Thema vorstellen	[b] Vortrag beenden
2	[a] Aufbau vorstellen	[b] Vortrag beenden
3	[a] Thema einleiten	[b] Ergebnisse zusammenfassen
4	[a] das Wort übernehmen	[b] Vortrag beenden
5	[a] Aufbau vorstellen	[b] Ergebnisse zusammenfassen
6	[a] Aufbau vorstellen	[b] das Wort übernehmen
7	[a] Aufbau vorstellen	[b] beschreiben oder vergleichen
8	[a] das Wort übergeben	[b] Aufbau vorstellen

zu Schreiben, KB 10, Aufgabe 2

20 Blogbeitrag

KOMMUNIKATION

Markieren Sie, was (stilistisch besser) passt.

In einer Zeitschrift las ich einen *Report/Aufsatz* (1) zum Thema „Partnerbörsen im Internet". Der Autor *ging darauf ein/ließ sich darüber aus* (2) , dass eine erfolgreiche Partnerwahl auch entscheidend davon abhängt, wie man die Sache angeht. *Seiner Meinung nach/In seiner Vorstellung* (3) ist es beim Online-Dating vor allem wichtig, ehrlich zu sein. Wenn man falsche Informationen über sich *verbreitet/vertreibt* (4) oder geschönte Bilder auf dem Profil veröffentlicht, nimmt die Partnersuche oft *kein gutes Ende/keinen guten Schluss* (5) . Er berichtete von *zahlreichen Fällen/unzähligen Arten* (6) , in denen Menschen eine App zur Partnersuche nutzten und nur sehr vorteilhafte und bearbeitete Fotos von sich verwendeten. Beim ersten Treffen war das Gegenüber dann oft *enttäuscht/verzweifelt* (7) , dass die andere Person nicht den ursprünglichen Erwartungen entsprach. Deshalb meint der Autor, man sollte vielleicht heutzutage doch lieber wieder auf die *alten Ideen/analogen Wege* (8) des Kennenlernens umsteigen.

zu Sehen und Hören, KB 11, Aufgabe 1

21 Stille Helden

WORTSCHATZ

a Welche Bedeutung haben die folgenden Wörter? Ordnen Sie zu.

die Fanpage • der Follower • liken • der Newsfeed • posten

1 ______ (Mini-)Webseite auf einem sozialen Netzwerk, die von Organisationen oder Unternehmen erstellt wird, um mit Kunden und Fans in Kontakt zu treten

2 ______ Funktion auf sozialen Netzwerken, mit der man Zustimmung oder Interesse an dem Beitrag einer anderen Person signalisieren kann

3 ______ Ein Nutzer, der das Profil eines anderen Nutzers abonniert hat und dadurch dessen neue Beiträge angezeigt bekommt

4 ______ Die Summe aller aktuellen Beiträge und Kommentare von Freunden oder abonnierten Seiten, die im eigenen Profil als Neuigkeiten erscheinen

5 ______ Das Veröffentlichen von Beiträgen im Internet, die von anderen Nutzern gesehen werden können

b Ergänzen Sie die Begriffe aus 21a im Text.

SOZIALE NETZWERKE FÜR UNTERNEHMEN

Sie möchten als Unternehmen ein soziales Netzwerk nutzen, um damit Ihre Bekanntheit zu steigern? Wir helfen Ihnen dabei! Jedes soziale Netzwerk hat seine Eigenheiten und dient einem anderen Zweck. Am Anfang legen Sie sich ein Profil an und richten sich am besten eine ______ (1) ein. So sind Ihre Inhalte gebündelt an einem Ort und andere Nutzer können Ihnen folgen. Je mehr ______ (2) Sie haben, desto größer ist Ihre Reichweite. Aber Vorsicht: Jeder Nutzer, der Interesse an Ihrer Seite zeigt, ist zugleich auch ein potenzieller Kunde. Überlegen Sie sich also gut, welche Beiträge Sie ______ (3). Niemand möchte gern Werbung in seinem ______ (4) haben. Ihre Inhalte sollten qualitativ hochwertig sein und die Nutzer motivieren, sich mit Ihrem Unternehmen auseinanderzusetzen. Wieso geben Sie nicht einen Einblick in Ihren Unternehmensalltag oder Ihre Produktion? Mit spannenden Themen können Sie sichergehen, dass andere Ihnen ein positives Feedback geben, indem sie Ihre Inhalte ______ (5).

22 Mein digitales Leben

MEIN DOSSIER

Beschreiben Sie kurz ein digitales Gerät, das Ihnen im Alltag wichtig ist. Wie sieht es aus? Welche Funktionen hat es? Warum ist es Ihnen wichtig?

Ohne meine Smartwatch gehe ich nicht mehr aus dem Haus. Sie hat ein blaues Armband und sieht dadurch extrem stylisch aus. Viel wichtiger aber sind ihre Funktionen: Sie …

EINSTIEGSSEITE, KB 1

der Zwilling, -e
der Zwillingsbruder, ¨-
die Zwillingsschwester, -n

HÖREN, KB 2

das Display, -s
der Konsum (Sg.)
die Manie, -n
die Sucht, ¨-e
der User, –

etwas (Dat.) / jemandem Aufmerksamkeit schenken

LESEN, KB 3–5

die Absicherung, -en
die Cloud, -s
der Effekt, -e
das Honorar, -e
der Jurist, -en
die Juristin, -nen
der Tagelöhner, –
die Transformation, -en

ablegen
erleichtern
erschweren
praktizieren
verkomplizieren

von etwas ausgehen, ging aus, ist ausgegangen
von etwas profitieren

althergebracht
effizient
flexibel
ineffizient
innovativ
lukrativ
neuartig
rasant
stetig
unzufrieden
zwanglos

in der Regel
mittels
wahlweise

WORTSCHATZ, KB 6–7

die Beschleunigung, -en
die Entschleunigung, -en
die Rastlosigkeit, -en

deaktivieren
dehydrieren
deinstallieren
demotivieren
entfernen
entladen
entmutigen
entsaften
entschleunigen
entsorgen
entsprechen
entzaubern
missachten
missfallen, missfiel, hat missfallen
missglücken
misslingen, misslang, ist misslungen
missraten, missriet, ist missraten
missverstehen, missverstand, hat missverstanden
verzweifeln
zerdrücken
zerfallen, zerfiel, ist zerfallen
zerfließen, zerfloss, ist zerflossen
zergehen, zerging, ist zergangen
zerhacken
zerkochen
zerlaufen, zerlief, ist zerlaufen
zerlegen
zerplatzen
zerreden
zerreißen, zerriss, hat zerrissen
zerschneiden, zerschnitt, hat zerschnitten
zerstören

enttäuscht sein

unaufhaltsam

SPRECHEN, KB 8–9

der Aspekt, -e
das Resümee, -s

ausprobieren
eingrenzen

von etwas überzeugt sein

autonom
autonomes Fahren

SCHREIBEN, KB 10

die Einstellung, -en
die Partnerbörse, -n
die Partnersuche, -n
die Plattform, -en

der Ansicht sein
etwas miteinander verknüpfen

analog
persönlich
regelmäßig

mehrmals

SEHEN UND HÖREN, KB 11

die Fanpage, -s
der Follower, –
der Held, -en
die Heldin, -nen
die Interaktion, -en
der Newsfeed, -s
das Potenzial, -e

liken
posten
verschenken
vollbringen, vollbrachte, hat vollbracht

eine Gänsehaut bekommen

erfüllt
genial
inspirierend

Nomen mit der Angabe (Sg.) verwendet man (meist) nur im Singular.
Nomen mit der Angabe (Pl.) verwendet man (meist) nur im Plural.

1

LEKTIONSTEST 1

1 Wortschatz

Was passt? Markieren Sie.

1 Man ist von etwas	☐ überredet.	☐ überzeugt.	☐ überlegt.
2 Man ist einer anderen	☐ Ansicht.	☐ Interaktion.	☐ Absicherung.
3 Man möchte von etwas	☐ ausprobieren.	☐ profitieren.	☐ verknüpfen.
4 Man schenkt jemandem	☐ Eindrücke.	☐ Fragen.	☐ Aufmerksamkeit.
5 Man kann von etwas	☐ verzweifeln.	☐ ablegen.	☐ ausgehen.

Je 1 Punkt **Ich habe ______ von 5 möglichen Punkten erreicht.**

2 Grammatik

a **Was passt? Ergänzen Sie *muss, müsste, dürfte, könnte, kann nicht, will, soll* (2 x).**

■ Ein Stück der Hochzeitstorte von Prinz Alexander und Prinzessin Miranda ____________ (1) bei einer Auktion für mindestens 1500 Euro versteigert worden sein. Das habe ich gelesen.
◆ Wer zahlt denn so viel für ein altes Kuchenstück? So jemand ____________ (2) verrückt sein!
■ Bei dem Käufer ____________ (3) es sich (vermutlich) um einen Fan der Königsfamilie handeln.
◆ Es ____________ (4) auch sein, dass jemand damit ein gutes Werk tun will, das wäre möglich. Denn der Erlös ____________ (5) an ein Kinderkrankenhaus gehen, das habe ich gehört.
■ Wenn das stimmt, dann ____________ (6) das auch Dr. Brinkmann interessieren. Da bin ich mir fast sicher. Er hat viel Geld und unterstützt damit oft gute Zwecke.
◆ Gestern habe ich die Gräfin von Mettow getroffen. Sie ____________ (7) bei der Hochzeit von Alexander und Miranda eingeladen gewesen sein. Glaubst du, das stimmt?
■ Das ________________ (8) sein, das ist unmöglich! Denn sie hat Streit mit Alexanders Mutter.

Je 1 Punkt **Ich habe ______ von 8 möglichen Punkten erreicht.**

b **Bilden Sie mit *miss-*, *zer-*, *ent-*, und *de-* Verben in der richtigen Form aus den Wörtern *achten*, *deuten*, *brechen*, *laden*, *maskieren*, *motivieren*, *rätseln* und *schneiden*.**

1 Aus Versehen ______ Max sein Abiturzeugnis mit der Schere ____________________.
2 Thomas ______ die Vorfahrt ____________________ und so beinahe einen Unfall verursacht.
3 Katharinas Smartphone ______ sich ____________________, es ging nichts mehr.
4 Marina hat schlechte Noten und keine Lust zu lernen. Sie ist richtig ____________________.
5 Eine Vase ist heruntergefallen und ____________________.
6 Alexandra ______ schließlich das Familiengeheimnis um ihren Urgroßvater ____________________.
7 Tanja hat Andreij eine Ohrfeige gegeben, weil sie seine Absichten ____________________ ______.
8 Der falsche Bart ist verrutscht und so wurde der Betrüger ____________________.

Je 1,5 Punkte **Ich habe ______ von 12 möglichen Punkten erreicht.**

3 Kommunikation

Bringen Sie die Sätze in die richtige Reihenfolge.

A Zunächst möchten wir die Begriffe *Digitalisierung* und *Arbeitswelt* definieren. ☐
B In unserem Vortrag befassen wir uns mit dem Thema *Digitaler Wandel.* ☐
C Danach werden wir auf die Veränderungen auf dem Arbeitsmarkt eingehen. ☐
D Als Fazit lässt sich festhalten, dass die Digitalisierung immer wichtiger wird. ☐
E Das war Dimitry mit der Einführung. In meinem Beitrag geht es nun um das Thema *Digitalisierung der Arbeitswelt.* ☐

Je 1 Punkt **Ich habe ______ von 5 möglichen Punkten erreicht.**

Auswertung:

Ich habe ______ von 30 möglichen Punkten erreicht.

☺	😐	☹
30–24	23–18	17–0

WIEDERHOLUNG WORTSCHATZ

1 Reisende soll man nicht aufhalten

a Ergänzen Sie in der richtigen Form.

Begleitung • Beliebtheitsskala • aneignen • Unterkunft • Inlandstourismus • Reiseziel • buchen • zusammenstellen • ~~Stammgast~~ • sich erfreuen • geeignete • Mietwagen

Es gibt verschiedene Arten, Urlaub zu machen: Viele fühlen sich am wohlsten, wenn sie als Stammgast (1) jedes Jahr ins gleiche Hotel reisen, andere wollen ihr ________ (2) immer wieder neu auswählen und dabei ganz individuelle Akzente setzen.

Ganz weit oben auf der ________ (3) stehen weiterhin Fernreisen an exotische Orte. Aber auch Reiseziele in der näheren Umgebung ________ (4) nach wie vor großer Beliebtheit. Ob Wandern in den Bergen oder Strandurlaub an der Küste: Der ________ (5) boomt!

Dank praktischer Internetportale kann man sich eine Reise mit ein paar Klicks aber auch selbst ________ (6). Nachdem man gemeinsam mit seiner ________ (7) ein Reiseziel ausgewählt hat, sucht man sich auf einem Vergleichsportal eine ________ (8) Anreisemöglichkeit per Bahn, Fernbus, Flugzeug oder Mitfahrgelegenheit. Eine passende ________ (9) findet man auf den zahlreichen Hotel- oder Ferienwohnungsportalen. Und wer vor Ort dann mobil sein möchte, ________ (10) einen ________ (11) oder ein E-Bike.

Hilfreich ist natürlich bei jeder Auslandsreise, sich vorher ein paar wichtige Höflichkeitsfloskeln und einfache Fragen in der Landessprache ________ (12).

b Welches Verb passt nicht? Streichen Sie durch.

1 Das Außenministerium *warnt davor* / ~~*macht darauf aufmerksam*~~ / *rät davon ab*, in politische Krisengebiete zu reisen.
2 Hella möchte ihre Familie zu einer abenteuerlichen Reise *überreden* / *beeinflussen* / *animieren*.
3 Vor dem Aufbruch in ein unbekanntes Land sollte man sich mit den Eigenheiten der Menschen vor Ort *verständigen* / *vertraut machen* / *befassen*.
4 An besonders schönen Orten sollte man *verweilen* / *stagnieren* / *sich länger aufhalten*.
5 Man erlebt eine Reise oft intensiver, wenn man sich auf eine Region *beschränkt* / *konzentriert* / *reduziert*.

zur Einstiegsseite, KB 13, Aufgabe 2

2 Satzpuzzle

KOMMUNIKATION

Lesen Sie die Durchsagen im Zug und verbinden Sie jeweils die passenden Satzteile.

1 Junger Mann, wenn Sie der Frau keinen Heiratsantrag machen –	die Klimaanlage in diesem Zug ist nicht defekt.	Nur unser Lokführer nicht.
2 Eine etwas peinliche Durchsage –	die Verspätung zu entschuldigen.	Es gibt keine!
3 Sehr geehrte Fahrgäste, ich persönlich bitte Sie,	alle wussten, dass wir in Fulda halten.	Wir würden gern weiterfahren.
4 Eine kurze Information, bevor genörgelt wird –	gehen Sie bitte von der Tür weg!	Ich bin gerade Vater geworden!

zu Lesen 1, KB 14, Aufgabe 2

3 Arbeiten, wo andere Urlaub machen

HÖREN

a **Lesen Sie die Aussagen und hören Sie das Interview in Abschnitten. Entscheiden Sie, welche Aussage (a, b oder c) am besten passt. Hören Sie den Text zweimal.**

3 🔊 3 **Abschnitt 1**

1 Emma Karlinger wusste nach der Schule,
- a dass sie ein Studium machen wollte.
- b dass sie viel Geld verdienen wollte.
- c dass sie viele Möglichkeiten hatte; sie konnte sich aber zunächst für keine entscheiden.

2 Als Animateurin hat man
- a permanent mit Menschen zu tun.
- b manchmal das Gefühl, auch im Urlaub zu sein.
- c häufig scheue Hotelkollegen.

3 🔊 4 **Abschnitt 2**

1 Wer diesen Beruf ausüben möchte,
- a sollte Spiele improvisieren können.
- b sollte unterhaltsam sein.
- c muss ein guter Sportler sein.

2 Emma mag ihren Job, weil
- a es in ihrer Arbeit weniger stressig ist als in einem Krankenhaus oder in einer Bank.
- b sie mit den Touristen Fremdsprachen üben kann.
- c sie Menschen in Urlaubslaune eine gute Zeit bereiten kann.

3 Schwierig ist es für sie manchmal,
- a wenn einige im Team länger schlafen als andere.
- b wenn sie zu lange arbeiten muss und zusätzlich noch in einem schwierigen Team ist.
- c wenn die Kollegen sich gegenseitig mit ihren Problemen belasten.

3 🔊 5 **Abschnitt 3**

1 In ihrem künftigen Studium im Tourismusmanagement
- a hat sie schon einige Qualifikationen vorzuweisen.
- b hört sie ganz auf, als Animateurin zu arbeiten.
- c muss sie weniger Verantwortung übernehmen als in ihrem Job als Animateurin.

2 Wer als Animateur arbeitet,
- a macht das meist für viele Jahre.
- b kann sich ein gutes Bild von der Tourismusbranche machen.
- c verdient relativ gut.

b **Schreiben Sie eine E-Mail an eine Freundin / einen Freund und berichten Sie von Emma. Stellen Sie den Beruf des Animateurs vor und beschreiben Sie die erforderlichen Fähigkeiten und Fertigkeiten. Was sind die Vor- und Nachteile dieses Berufs? Würden Sie diesen Beruf für sich wählen? Begründen Sie Ihre Meinung.**

Liebe/Lieber …,
heute habe ich …

2

zu *Wussten Sie schon?*, KB 15

4 Heiteres Beruferaten

LESEN

Lesen Sie den Zeitungsartikel und die Aussagen. Welche Aussagen sind richtig (r), falsch (f) oder gar nicht im Text enthalten (x)? Es gibt jeweils nur eine richtige Lösung. Markieren Sie.

1 Jede/r Bewerber/in sollte Bezeichnungen wie *Director of Human Resources* verstehen. ☐

2 Durch englischsprachige Stellenanzeigen möchten Firmen internationaler wirken. ☐

3 Werden Stellenausschreibungen von Agenturen verfasst, steht im Vordergrund, wie ansprechend sie klingen. ☐

4 Englische Bezeichnungen definieren exakt, welche Tätigkeiten eine Stelle umfasst. ☐

5 Begriffe wie *First Level Supporter* sind von Arbeitssuchenden gewünscht. ☐

6 Vor allem gebildete Jugendliche fühlen sich von den englischsprachigen Berufsbezeichnungen angesprochen. ☐

7 Einige Personalagenturen sind inzwischen wieder von englischsprachigen Formulierungen in Stellenausschreibungen abgekommen. ☐

Englischsprachige Berufsbezeichnungen bei Bewerbern wenig beliebt

In deutschsprachigen Unternehmen trifft man mittlerweile immer häufiger auf englischsprachige Berufsbezeichnungen wie *Director of Human Resources*. Das ist die Person, die man auf gut Deutsch gemeinhin und für jedermann verständlich Personalleiter/-in nennen würde. Wer sich aber als Global Player einen internationalen Anstrich geben möchte, schreibt Stellen – auch für das Inland – zunehmend in englischer Sprache aus.

Verantwortlich dafür sind Werbeagenturen, die von Unternehmen mit der Erstellung von Stellenausschreibungen beauftragt werden. Diese Agenturen legen den Fokus häufig mehr auf eine „modern" klingende Formulierung als auf den Inhalt. Für Stellensuchende ist das nicht ganz unproblematisch, denn aus einer solchen Anzeige geht nicht immer eindeutig hervor, welche Tätigkeiten auf einen Bewerber konkret zukommen.

Welche Aufgaben hat ein *Billing Manager*? Wofür sind ein *Key Accounter* oder ein *First Level Supporter* zuständig? Ersterer hat im Allgemeinen buchhalterische Aufgaben, aber die Tätigkeiten eines *Key Accounters* können vom Großkundenbetreuer bis zum einfachen Verkäufer rangieren. Und der *First Level Supporter*? Vermutlich nimmt man auf so einer sehr gut klingenden Position ganz einfach hauptsächlich Reklamationen entgegen.

Die meisten Menschen mit Deutsch als Muttersprache, die auf Jobsuche sind, bevorzugen nach wie vor Stellenanzeigen, die ganz auf Deutsch formuliert sind: Experten für Berufsbildung haben – besonders bei Jugendlichen und bei Bewerbern mit geringerem Bildungsstandard – festgestellt, dass englischsprachige Berufsbezeichnungen eher abschreckend wirken. Einige Personalagenturen schwenken deshalb wieder um und veröffentlichen ihre Ausschreibungen ausschließlich in deutscher Sprache.

2

WIEDERHOLUNG GRAMMATIK

zu Lesen 1, KB 15, Aufgabe 3

5 Jobs im Tourismus

a Was passt? Markieren Sie.

1 Ein Steward hat auf einem Kreuzfahrtschiff wenig Pausen, er ist *dennoch / trotz / obwohl* mit seinem anstrengenden Fulltime-Job zufrieden. (obwohl)
2 *Dennoch / Selbst wenn / Trotz* einer Arbeitszeit von 16–20 Stunden am Tag hat der Barkeeper Vergnügen an der Arbeit. (trotzdem)
3 *Trotzdem / Obwohl / Trotz* die Wünsche der Gäste ungewöhnlich sind, findet die Managerin eine kreative Lösung. (selbst bei)
4 Die Beschwerden der Gäste sind teilweise unangemessen, *trotzdem / obwohl / selbst bei* bleibt das Personal ruhig und höflich. (trotz)
5 *Trotzdem / Selbst bei / Obwohl* weinenden Kleinkindern behält ein professioneller Animateur seine gute Laune und seinen Humor. (dennoch)

b Formulieren Sie die Sätze aus a mit den Konnektoren in den Klammern um.

1 Obwohl ein Steward auf einem Kreuzfahrtschiff wenig Pausen hat, ist er mit seinem anstrengenden Fulltime-Job zufrieden.

2

zu Lesen 1, KB 15, Aufgabe 3

6 Zweiteilige konzessive Konnektoren

GRAMMATIK ENTDECKEN

a Unterstreichen Sie die Konnektoren im Nebensatz und die Position des Subjekts und des Verbs im Hauptsatz.

1 a Wie intensiv Ahmed auch sucht, er hat bisher keinen Koch für sein Hotel gefunden.
b Wenn Ahmed auch intensiv sucht, so hat er bisher doch keinen Koch für sein Hotel gefunden.
c Obwohl Ahmed intensiv sucht, hat er bisher keinen Koch für sein Hotel gefunden.

2 a Wenn die Arbeitszeiten manchmal auch ungünstig sind, die Aufgaben sind interessant.
b Wie ungünstig die Arbeitszeiten manchmal auch sind, so sind die Aufgaben doch interessant.
c Obwohl die Arbeitszeiten manchmal ungünstig sind, sind die Aufgaben interessant.

3 a Wenn manche Gäste auch schwierig sind, so macht Leyla ihre Arbeit doch gern.
b Wie schwierig manche Gäste auch sind, ihre Arbeit macht Leyla gern.
c Obwohl manche Gäste schwierig sind, macht Leyla ihre Arbeit gern.

b Was ist richtig? Ergänzen Sie und markieren Sie.

1 Nach Nebensätzen mit den Konnektoren *wenn … auch, wie … auch* beginnt der folgende Hauptsatz …
[a] immer mit dem Verb. [b] mit dem Subjekt, mit einem anderen Satzteil oder mit *so*.

2 Nach Nebensätzen mit dem Konnektor *obwohl* beginnt der folgende Hauptsatz mit ______________.

3 Nach *wie* folgt … [a] ein Nomen. [b] ein Adjektiv oder ein Adverb.

zu Lesen 1, KB 15, Aufgabe 3

7 Trends im Tourismus

GRAMMATIK

a Ergänzen Sie die Sätze.

1 Die Qualitätsansprüche vieler Menschen sind stark gestiegen, dennoch sind sie als Kunden sehr preisbewusst.
Wie *stark die Qualitätsansprüche vieler Menschen* auch *gestiegen sind, als Kunden sind sie sehr preisbewusst / so sind sie doch sehr preisbewusst.*

2 Städtereisen sind anstrengend, trotzdem boomt diese Reiseform.
Wenn ______ auch ______, so ______ doch.

3 Obwohl ein Campingplatz wenig Komfort bietet, steigt die Nachfrage.
Wenn ______ auch ______, ______

4 Zwar liegen Aktivurlaube im Trend, aber viele Urlauber wollen sich nur am Strand erholen.
Wenn ______ auch ______, so ______
doch ______

b Formulieren Sie die Sätze mit *wie … auch* um.

1 Ihre Qualitätsansprüche sind zwar stark gewachsen, dennoch sind die Kunden sehr preisbewusst.
2 Das Risiko ist zwar groß, aber die Tourismusbranche muss auf wechselnde Trends reagieren.
3 Eine Kreuzfahrt ist teuer, trotzdem buchen immer mehr Urlauber solche Reisen.
4 Obwohl Flugzeuge die Luft stark verschmutzen, steigen die Fluggastzahlen.

1 Wie stark ihre Qualitätsansprüche auch gewachsen sind, die Kunden sind sehr preisbewusst / so sind die Kunden doch sehr preisbewusst.

zu Lesen 1, KB 15, Aufgabe 3

8 Das Adlon: Eine Familiensaga

WORTSCHATZ

Lesen Sie die Filmbeschreibung und ergänzen Sie die fehlenden Wörter (1–10). Die Lösungen müssen sinngemäß passen und grammatikalisch korrekt sein. Es gibt für jede Lücke eine Lösung mit einem Wort. Keine Lücke darf leer bleiben.

Der dreiteilige Fernsehfilm *erzählt* (0) die Geschichte des Hotels und seiner Menschen über vier Generationen hinweg, von seiner Gründung Anfang des 20. Jahrhunderts bis zur Wiedereröffnung ______ (1) Jahr 1997. Den roten Faden, der ______ (2) durch alle Filmteile zieht, bildet dabei das Leben ______ (3) fiktiven Hauptfigur Sonja Schadt. Ihr Vater Gustav unterstützt seinen Freund Lorenz Adlon, als dieser seinen Traum ______ (4) einem eigenen großen Hotel verwirklichen möchte. Für Sonja bricht eine Welt zusammen, als sie am Sterbebett ihres Vaters ______ (5), dass sie in Wirklichkeit nicht seine Tochter, ______ (6) die Enkelin von Gustav und seiner Frau ist. Mit 17 Jahren ______ (7) sie ins Hotel Adlon zu ihrem Patenonkel Lorenz. Dort erlebt sie die Blütezeit des ______ (8) und taucht hautnah ______ (9) Großstadtleben der sogenannten „goldenen Zwanzigerjahre" ein. Im „Dritten Reich" kehrt Sonja Deutschland den Rücken zu und wandert nach Amerika aus. Erst nach der Wiedervereinigung der ______ (10) deutschen Staaten erfüllt sich für die inzwischen über 90-jährige Sonja ein Lebenstraum: Das Adlon wird von ihrer Enkelin wiedereröffnet.

WIEDERHOLUNG GRAMMATIK

zu Hören 1, KB 16, Aufgabe 2

9 Ostseehotel *Strandperle*

Ergänzen Sie die konditionalen Konnektoren *wenn, falls / sofern* oder *bei*. Mehrere Lösungen sind möglich.

Unsere Perle an der Ostsee

Herzlich willkommen in unserem Hotel *Strandperle*. Unser Hotel hat 25 modern eingerichtete Zimmer, die meisten bieten vom Balkon aus einen traumhaften Blick aufs Meer. Wenn (1) Sie einen Badeurlaub an der Ostsee verbringen möchten, sind Sie bei uns genau richtig.

__________ (2) Sie gern längere Wanderungen an der Steilküste oder in den Dünen unternehmen, ist unser Hotel ideal.

__________ (3) Sie Kinder haben, die am Strand spielen wollen, haben Sie die Kleinen von der Hotel-Terrasse aus im Blick.

__________ (4) Hunger und Durst sorgen das Fisch-Restaurant *Scholle* sowie die Hotelbar für Sie. Mit 280 Sonnentagen im Jahr lädt Sie die sonnenreichste Region Deutschlands zu Strandleben, Sport oder Ausflügen ein.

__________ (5) das Wetter einmal schlecht sein sollte, verwöhnen wir unsere Gäste u. a. mit Blocksauna, Dampfbad und Aroma-Vital-Duschen.

Übrigens: __________ (6) längeren Aufenthalten im Frühjahr und im Herbst gibt es Rabatte bis zu einer Höhe von 50%!

zu Hören 1, KB 16, Aufgabe 2

10 Zweiteilige restriktive Konnektoren

GRAMMATIK ENTDECKEN

a Vergleichen Sie die Sätze. Unterstreichen Sie in der rechten Spalte die Konnektoren.

1 Das Hotel *Strandperle* bietet im Prinzip ein gutes Preis-Leistungs-Verhältnis, aber das Essen im Restaurant ist etwas teuer.	Das Hotel *Strandperle* bietet im Prinzip ein gutes Preis-Leistungs-Verhältnis, außer dass das Essen im Restaurant etwas teuer ist.
2 Man kann Spaziergänge am Strand machen, nur dann nicht, wenn es stürmisch ist.	Man kann Spaziergänge am Strand machen, außer wenn es stürmisch ist.
3 Die Radtouren sind ebenfalls sehr schön, aber der Gegenwind ist manchmal zu stark und man muss das Rad schieben.	Die Radtouren sind ebenfalls sehr schön, nur dass der Gegenwind manchmal zu stark ist und man das Rad schieben muss.
4 An der Bar kann man sich abends gute Cocktails ohne Alkohol mixen lassen, nur dann nicht, wenn der Barkeeper Milan (der Cocktailspezialist) gerade Urlaub hat.	An der Bar kann man sich abends gute Cocktails ohne Alkohol mixen lassen, es sei denn, dass der Barkeeper Milan (der Cocktailspezialist) gerade Urlaub hat.

b Welche Konnektoren haben in den Sätzen in 10a die gleiche Bedeutung? Ergänzen Sie *aber* oder *nur dann nicht, wenn*.

außer dass	aber	es sei denn, (dass)	
nur dass		außer wenn	

zu Hören 1, KB 16, Aufgabe 2

11 Restaurant *Nordlicht*

GRAMMATIK

Was passt? Markieren Sie.

☆☆☆☆☆

Wir sind zum Brunch in dieses Restaurant gegangen. Es war nicht schlecht, ☐ außer wenn ☒ außer dass (1) die Preise ziemlich hoch waren. Alles hat prima gepasst, ☐ außer wenn ☐ nur dass (2) um 12 Uhr die Krabben ausgegangen sind. Die Serviceleute waren eigentlich nett und aufmerksam, ☐ es sei denn, dass ☐ außer dass (3) es manchmal etwas gedauert hat, bis das Buffet wieder aufgefüllt war. Im Sommer ist die Terrasse geöffnet, ☐ außer dass ☐ es sei denn, dass (4) sie gerade umgebaut wird, was bei unserem Besuch leider der Fall war. Darüber wären wir gern vorher informiert worden. Man bekommt ohne Wartezeit einen Platz, ☐ nur dass ☐ außer wenn (5) gerade eine Messe stattfindet. Es gibt eigentlich nicht viel zu beanstanden, ☐ außer wenn ☐ außer dass (6) im Internet die Speisekarte nicht als PDF-Datei zu finden ist.

zu Hören 1, KB 16, Aufgabe 2

12 Schwierige Freizeit- und Urlaubspläne

GRAMMATIK

Ergänzen Sie die Sätze.

1 Malek wandert sehr gern in den Bergen, außer wenn es regnet.
2 Sara und Amar werden im nächsten Winter einen Skiurlaub machen, es sei denn, dass …
3 Jano, der Exfreund von Tatjana, will am Samstag zur Party kommen, außer wenn …
4 Die Studierenden Aylin und Mara haben den Wunsch, im nächsten Jahr eine Weltreise zu machen, nur dass …
5 Dany hat sich nicht informiert und weiß fast nichts über sein Urlaubsziel, außer dass …
6 Hayet will am Donnerstag für ihre Kollegin Anna kochen, außer wenn …
7 Cem möchte seine Freundin Tanja ins Kino einladen, es sei denn, dass …

zu Schreiben, KB 17, Aufgabe 2

13 Hoffnung auf Schadensersatz

WORTSCHATZ

Welches Wort passt nicht? Streichen Sie durch.

1 beschädigt – ~~geschädigt~~ – ramponiert – defekt
2 nachweisen – beweisen – anweisen – aufzeigen
3 nicht akzeptieren – sich steigern – nicht bereit sein – sich weigern
4 gedacht sein für – vorgesehen sein für – bestimmt sein für – bereit sein für
5 beachten – denken über – einschätzen – beurteilen
6 das Anliegen – die Anlage – der Wunsch – die Bitte

zu Schreiben, KB 17, Aufgabe 2

14 Skurrile Urlauber-Beschwerden

LESEN

a **Lesen Sie die folgenden kuriosen Urlauberbeschwerden, die bei verschiedenen Reiseveranstaltern eingegangen sind. Finden Sie für jede Beschwerde eine passende Überschrift.**

1 Scharfes Besteck unerwünscht!

„Wir kamen mit dem Besteck gar nicht zurecht und haben uns an den extrem scharfen Messern und den spitzen Gabeln sogar mehrmals verletzt. Anbei senden wir Ihnen die Rechnung für das von uns neu gekaufte Besteck. Wir bitten Sie um Kostenerstattung."

2 ______________________________

Ein unzufriedener Kunde schrieb an den Reiseveranstalter: „Leider konnte ich auf der bei Ihnen gebuchten Tauchreise mehrere Tauchgänge nicht mitmachen. Ich hatte mir in meiner Kabine starke Nackenschmerzen zugezogen, nachdem ich meinen Kopf beim Fernsehen ständig stark verdrehen musste – der Bildschirm über dem Bett war nämlich extrem ungünstig angebracht. Ich gehe davon aus, dass der Reiseveranstalter mir das Geld für die stornierten Tauchgänge erstattet."

3 ______________________________

Aufgrund einer mehrstündigen Flugverspätung beschwerte sich ein Fluggast bei seinem Reiseveranstalter. Sein Biorhythmus sei dadurch so ins Ungleichgewicht geraten, dass dies eine längere Krankschreibung zur Folge hatte. Nun erwarte er dafür eine Entschädigung in Höhe von 1500 Euro, die man ihm auf das angegebene Konto überweisen möge.

4 ______________________________

Eine Kundin beklagte sich bei ihrem Reisebüro über das zu schnelle Verschwinden der Sonne auf den Seychellen. Sie hatte die Reise in der Hoffnung gebucht, sich mit ihrem Ehemann wieder besser zu verstehen und wollte dafür Sonnenuntergänge am Strand nutzen. Beeindruckend sei das Naturspektakel am frühen Abend zwar schon gewesen, aber viel zu kurz, um in die entsprechende romantische Stimmung zu zweit zu kommen. Aus der geplanten Versöhnung sei wegen der knappen stimmungsvollen Zeit nun nichts geworden. Als Lehrerin für Geografie hätte sie allerdings wissen müssen, dass aufgrund der Nähe zum Äquator die Sonnenbahn steiler und die Abenddämmerung folglich kürzer ist.

5 ______________________________

Eine besonders hartnäckige Störung beklagt ein Herr, der mit seiner Ehefrau eine Reise nach London unternommen hatte und eine Maus im Hotelzimmer vorfand. Nicht nur, dass es dem Hotelpersonal nicht gelang, die Maus zu vertreiben, diese machte sich auch noch über die Schokolade des Paares her und fraß sie komplett auf. Das Paar erwartet, dass sich der Reiseveranstalter bei ihnen entschuldigt und ihnen als Entschädigung fünf Tafeln Schokolade zukommen lässt.

b **Wählen Sie eine Beschwerde aus 14a und antworten Sie als Reiseveranstalter darauf. Verwenden Sie einige der folgenden Formulierungen.**

„... erhielten wir Ihr Schreiben vom ...
Darin beschweren Sie sich darüber, dass ...
Verständlicherweise wurde Ihre Urlaubsfreude durch ...
Wir bedauern ..., aber ... beinhaltet keine ...
.... liegt außerhalb unserer Verantwortung.
Dennoch ... als Entschädigung ... anbieten.
Allerdings ist es uns leider nicht möglich, ..."

zu Wortschatz, KB 19, Aufgabe 3

15 Feste Nomen-Verb-Verbindungen

GRAMMATIK ENTDECKEN

a Unterstreichen Sie die festen Nomen-Verb-Verbindungen in der Tabelle und ordnen Sie den Nomen-Verb-Verbindungen (A–F) die Sätze (1–6) zu.

b Markieren Sie in der Tabelle, welche Sätze aktive (a) und welche passive (p) Bedeutung haben.

Nomen-Verb-Verbindungen	a	p
2 A Den *Couchsurfern* steht bei Sarah ein Bett zur Verfügung.		✗
☐ B Sarah stellt den Couchsurfern ein Bett zur Verfügung.		
☐ C Die nächste Etappe der Radtour steht zur Diskussion.		
☐ D Petros stellt die nächste Etappe der Radtour zur Diskussion.		
☐ E Ein Vorschlag für den Ausflug stößt auf Kritik.		
☐ F Die Gruppe übt Kritik an einem Vorschlag für den Ausflug.		

1 Sarah hat ein zusätzliches Bett und lässt die Couchsurfer dort übernachten.
2 Die Couchsurfer haben bei Sarah ein Bett.
3 Ein Vorschlag für den Ausflug wird kritisiert.
4 Petros diskutiert die nächste Etappe der Radtour mit der Gruppe.
5 Die Gruppe kritisiert einen Vorschlag für den Ausflug.
6 Die nächste Etappe der Radtour wird diskutiert.

zu Wortschatz, KB 19, Aufgabe 3

16 Gewinnen Sie einen Trip nach Hamburg!

GRAMMATIK

Ergänzen Sie die passenden Nomen-Verb-Verbindungen und schreiben Sie den Text neu.

in Betracht ziehen • in Erfahrung bringen • jemandem zur Verfügung stehen • eine Auswahl treffen • ~~die Initiative ergreifen~~ • in Erfüllung gehen

Wochenendtrip nach Hamburg gewinnen!

Werden Sie aktiv **(1)** und machen Sie mit bei unserem Gewinnspiel! Mit etwas Glück wird Ihr Wunsch erfüllt **(2)** und Sie gewinnen ein langes Wochenende für zwei Personen in Hamburg (Übernachtung in einem Drei-Sterne-Hotel inkl. An- und Abreise). Während Ihres Aufenthalts verfügen Sie über **(3)** zwei E-Bikes, mit denen Sie die Stadt erkunden können. Auch einen Spaziergang an der Elbe oder Alster sollten Sie sich überlegen **(4)**, dort ist es im Frühling wunderschön. Erfahren Sie bei einer Hafenrundfahrt **(5)**, wie ein moderner Containerhafen funktioniert. Und abends suchen Sie sich aus dem riesigen Hamburger Freizeitangebot etwas aus **(6)**. Ein tolles Wochenende!

Ergreifen Sie die Initiative und machen Sie mit bei unserem Gewinnspiel!

zu Sprechen, KB 20, Aufgabe 1

17 Erfahrungen mit Gastfreundschaftsnetzwerken

HÖREN

3 ◀)) 6–11

Hören Sie die Meinungen von sechs Personen zum Thema *Gastfreundschaftsnetzwerke*. Entscheiden Sie beim Hören, welche Aussage (a–h) zu welcher Person (1–6) passt. Zwei Aussagen passen nicht. Lesen Sie zuerst die Aussagen und hören Sie anschließend jede Meinung einmal.

a Dieses tolle Netzwerk verbindet Menschen mit ähnlicher Freizeitgestaltung. ☐

b Ich übernachte am liebsten in einer privaten Wohnung, für die ich aber etwas bezahle. ☐

c Kostenlose Übernachtungsmöglichkeiten können sehr ungemütlich sein. ☐

d Man muss wissen, dass man sich auf körperlich schwere Arbeit einlässt, die man eine Zeit lang durchhalten muss. ☐

e Nach einem körperlich anstrengenden Tag ist es mir am wichtigsten, meine Ruhe zu haben. ☐

f Ich ahnte vorher nicht, was mich erwartet und wie gut mir der Aufenthalt gefallen würde. ☐

g Man weiß sofort, ob einem das Leben auf einem Ökobauernhof gefällt. ☐

h Ich nutze neben Gastfreundschaftsnetzwerken auch andere Übernachtungsmöglichkeiten. ☐

zu Hören 2, KB 21, Aufgabe 2

18 Welche Umschreibung passt?

WORTSCHATZ

Ordnen Sie zu.

Begriffe

1 die Zuneigung	A ein großer Nachtvogel
2 die Eule	B ein positives Gefühl für jemanden
3 das Kalkül	C Zustand der völligen Verwirrung
4 geistige Umnachtung	D ein gleichbedeutender Begriff
5 das Synonym	E eine Berechnung, die etwas im Voraus einschätzt

Verben

1 etwas erstehen	A etwas verbieten
2 etwas nachvollziehen	B etwas kaufen
3 etwas untersagen	C etwas so erhalten, wie es ist
4 etwas konservieren	D dem Gedankengang einer anderen Person folgen

zu Sehen und Hören, KB 23, Aufgabe 1

19 Eine Jungunternehmerin erzählt

LESEN

Lesen Sie, was Sibila Tashova über ihre Arbeit erzählt. Welche Sätze passen in die Lücken? Zwei Sätze passen nicht.

Beispiel: als selbstständige Unternehmerin tätig [C]

A Unsere Kunden sind meistens Individualreisende [ ]
B Vor allem bei der Frage der Gründung [ ]
C und möchte die Kunden persönlich kennenlernen [ ]
D dass ich als Anwältin sehr gut verhandeln kann [ ]
E ich arbeite immer an meinem Computer [ ]
F Wir möchten die kleinen Familienhotels in Bulgarien unterstützen [ ]
G Der Tourismus in Bulgarien ist noch nicht so entwickelt [ ]
H was am Anfang ziemlich teuer war [ ]
I versuche, möglichst viele Informationen zu bekommen [ ]

Ich heiße Sibila Tasheva, bin 32 Jahre alt und lebe seit über 14 Jahren in München. Ich bin seit einiger Zeit **(0)** und habe eine Reiseagentur für Reisen nach Bulgarien. Mein Unternehmen ist im Internet und das Gute ist, dass ich so Leute aus ganz Deutschland erreiche. Ich habe kein klassisches Büro, **(1)**, meistens von zu Hause aus, aber ich kann auch während der Reisen sehr gut arbeiten.
Ich bereite die Reisen so vor, dass ich zuerst mit den Kunden telefoniere und **(2)**, wie sie sich die Reise vorstellen und wohin sie am liebsten fahren würden. Dann telefoniere ich mit meinen Partnern vor Ort und lege die ganzen Termine fest. **(3)**, zum Beispiel Geschwister oder Pärchen. Im ersten Jahr hatten wir ungefähr zehn solche kleinen Gruppen und in diesem Jahr haben wir schon zwanzig Anmeldungen. Die Finanzierung ist natürlich eine sehr wichtige Frage: Ich habe keine hohen laufenden Kosten, aber **(4)**, waren meine eigenen Reisen nach Bulgarien. Ich musste alle Hotels besuchen, alle Reiseziele selbst sehen und das hat ziemlich viel Geld gekostet. Meine juristische Ausbildung hat mir sehr geholfen. **(5)** war es sehr hilfreich zu wissen, welche Unterlagen ich brauche, welche Gesetze zu beachten sind, wie man Verträge schreibt. Aber auch später habe ich festgestellt, **(6)**. Das habe ich auch meinem Jurastudium zu verdanken. Es ist sehr erfreulich, dass wir mittlerweile auch in der Gewinnzone sind, wir konnten schon im ersten Jahr die Kosten decken. Mein Ziel ist, dass ich die Reisen ausbaue. **(7)** und fördern und ich hoffe, dass noch mehr Leute aus Deutschland Bulgarien entdecken und kennenlernen.

20 Reisezitate

MEIN DOSSIER

Wählen Sie ein Zitat aus und erläutern Sie, warum dieses Zitat Sie anspricht.

„Es gibt kein sichereres Mittel festzustellen, ob man einen Menschen mag oder hasst, als mit ihm auf Reisen zu gehen." *Mark Twain*

„Die gefährlichste aller Weltanschauungen ist die Weltanschauung der Leute, welche die Welt nicht angeschaut haben." *Alexander von Humboldt*

„Wer reist im Flug, der wird nicht klug." *Sprichwort aus Finnland*

Das Zitat ... von ... spricht mich am meisten an.
Damit soll zum Ausdruck gebracht werden, ...
Ich finde es sehr passend, weil Reisen (für mich) ... bedeutet.
Außerdem steckt dahinter die Annahme, dass ...

AUSSPRACHE: Betonung und Bedeutung von *auch, denn* und *doch*

1 Betonung hören und Bedeutung verstehen

3 ◀)) 12 **a Hören Sie die folgenden Sätze. In welchen Sätzen ist *auch, denn* und *doch* betont? Markieren Sie.**

1 Wenn du dieses Hotel auch schön findest, nehmen wir es, denn mir gefällt es ja sehr!
2 Wenn du dieses Hotel auch schön findest, so möchte ich lieber ein preisgünstigeres buchen.
3 Wo möchtest du denn hinfahren, hast du schon eine Idee?
4 Wo möchtest du denn hinfahren, wenn nicht an den Bodensee?
5 Das ist aber auch ein tolles Hotel. Unglaublich, wie schön es ist.
6 Das ist aber auch ein tolles Hotel. Genau wie das, welches wir eben betrachtet haben.
7 Das ist doch ein Einzelzimmer, wir brauchen aber ein Doppelzimmer!
8 Das ist doch ein Einzelzimmer, auch wenn du noch zehnmal behauptest, es sei ein Doppelzimmer.

b Welche Bedeutung haben *auch, denn* und *doch* in 1a? Ordnen Sie zu, welche Wörter man stattdessen verwenden könnte.

Betrachten Sie zuerst die Sätze 1 bis 4 und ordnen Sie sie den Bedeutungen a–d zu.

a überhaupt ☐
b sonst ☐
c ebenfalls ☐ 1
d obwohl ☐

Betrachten Sie nun die Sätze 5–8 und ordnen Sie die Möglichkeiten e–h zu.

e ebenfalls ☐
f wohl ☐
g ja ☐
h wirklich ☐

c Formen Sie die Sätze mit den entsprechenden Ersatzwörtern um und sprechen Sie sie laut aus.

3 ◀)) 13 **d Hören Sie und kontrollieren Sie.**

2 Macht die Betonung den Unterschied?

3 ◀)) 14 **a Hören Sie die Sätze. Markieren Sie, welche Aussage (a oder b) jeweils dazu passt.**

1 Wie viele Personen sind Sie denn?
- [a] Sie möchten also bei uns die Ferien verbringen. – ...
- [X] Hatten Sie nicht gesagt, Sie sind nur zu zweit? – ...

2 Ist das Zimmer auch preisgünstig?
- [a] Der Preis für das Frühstücksbüfett ist wirklich sehr günstig. – ...
- [b] Das Zimmer sieht im Prospekt ja sehr schön aus. Aber: ...

3 Sie haben doch ein Einzelzimmer gebucht!
- [a] Wie? Sie sind vier Personen? – ...
- [b] Warum behaupten Sie, Sie hätten kein Einzelzimmer gebucht? Ich sage Ihnen was: – ...

4 Ist denn das Frühstücksbüfett auch kalorienarm und gesund?
- [a] Das Abendbüfett wird im Prospekt ja als kalorienarm und gesund angepriesen. – ...
- [b] Das Frühstück klingt im Prospekt ja gut, aber ...? Ich bin nämlich auf Diät.

b Sprechen Sie nun jeweils beide Betonungsvarianten der Aussagen mit den dazu passenden Ergänzungssätzen aus.

3 ◀)) 15 **c Hören Sie und kontrollieren Sie.**

LERNWORTSCHATZ

EINSTIEGSSEITE, KB 13

die Ausstattung, -en
die Umgangsform, -en
die Verzögerung, -en

LESEN 1, KB 14–15

der Einsatz, ¨-e
das Gewerbe, –
die Kreuzfahrt, -en

eine Initiative ergreifen, ergriff, hat ergriffen
etwas einen modernen / neuen Anstrich geben, gab, hat gegeben
von der Pike auf lernen

HÖREN 1, KB 16

das Attest, -e
das Beistellbett, -en
der Rücktritt, -e
die Suite, -n

beinhalten

stilvoll

SCHREIBEN, KB 17

das Gepäck (Sg.)
das Gepäckband, ¨-er

ramponieren

WORTSCHATZ, KB 18–19

ein Profil anlegen
Kontakt aufnehmen, nahm auf, hat aufgenommen
Freude bereiten
Schwierigkeiten bereiten
Möglichkeit bieten, bot, hat geboten
in Erfahrung bringen, brachte, hat gebracht
Bescheid geben, gab, hat gegeben
einen Eindruck gewinnen, gewann, hat gewonnen
infrage kommen, kam, ist gekommen
zur Sprache kommen, kam, ist gekommen
Mühe machen
in Kauf nehmen, nahm, hat genommen
schiefgehen, ging schief, ist schiefgegangen
Freundschaft schließen, schloss, hat geschlossen
zur Auswahl stehen, stand, ist gestanden
zur Verfügung stehen, stand, ist gestanden
zur Verfügung stellen

SPRECHEN, KB 20

die Börse, -n
die Ideenbörse, -n

Vorlieben benennen
Vorschläge gegeneinander abwägen
zu einer Einigung kommen
im Vordergrund stehen
eine Entscheidung treffen

endgültig
reizvoll
unverbindlich

HÖREN 2, KB 21

das Andenken, –
die Eule, -n
das Kalkül, -e
das Souvenir, -s
das Synonym, -e
die Zuneigung, -en

erstehen (+ Akk.), erstand, hat erstanden
konservieren
nachvollziehen
jemandem etwas untersagen

enorm

geistige Umnachtung

LESEN 2, KB 22

die Annehmlichkeit, -en
die Nachhaltigkeit (Sg.)
die Priorität, -en

fair
komfortabel
nachhaltig
sanft

SEHEN UND HÖREN, KB 23

der Anwalt, ¨-e
die Anwältin, -nen
die Gründung, -en
die Unternehmensgründung, -en

gründen

juristisch
kostspielig

derzeit

Nomen mit der Angabe (Sg.) verwendet man (meist) nur im Singular.
Nomen mit der Angabe (Pl.) verwendet man (meist) nur im Plural.

LEKTIONSTEST 2

1 Wortschatz

Verfügung • Vordergrund • Anstrich • Pike • Vorschläge • Initiative

a Ergänzen Sie.

1 Will man etwas neu erscheinen lassen, gibt man der Sache einen modernen ________________.
2 Was man von Grund auf gelernt hat, hat man von der ________________ auf gelernt.
3 Was man auf Lager hat, steht zur ________________.
4 Wer etwas verändern möchte, muss die ________________ ergreifen.
5 Was am wichtigsten ist, sollte im ________________ stehen.
6 Wenn man sich uneinig ist, sollte man verschiedene ________________ gegeneinander abwägen.

Je 1 Punkt **Ich habe _____ von 6 möglichen Punkten erreicht.**

b Was passt? Ergänzen Sie *-gültig, -voll, -haltig, -spielig, -artig, -los.*

1 reiz__________ 3 neu__________ 5 nach__________
2 zwang__________ 4 kost__________ 6 end__________

Je 0,5 Punkte **Ich habe _____ von 3 möglichen Punkten erreicht.**

2 Grammatik

a Schreiben Sie die Sätze mit den Konnektoren in Klammern neu auf ein separates Blatt.

1 Obwohl das Stellenangebot sehr reizvoll war, hat Antje darauf verzichtet. (wenn ... auch)
2 Die Speisen im Gasthof sind zwar gesund, sie schmecken uns trotzdem nicht. (wie ... auch)
3 Das neue Hostel ist toll ausgestattet und hat Flair, aber es ist etwas abgelegen. (nur dass)
4 Maria geht gern wandern in den Bergen, aber nicht, wenn schlechtes Wetter ist. (außer wenn)
5 Ich kann an Pauschalreisen nichts Vorteilhaftes finden, aber sie sind oft sehr günstig. (außer dass)
6 Chung freut sich über Mitbringsel nur dann nicht, wenn sie geschmacklos sind. (es sei denn)

Je 1,5 Punkte **Ich habe _____ von 9 möglichen Punkten erreicht.**

b Ergänzen Sie in der richtigen Form: *zur Sprache kommen, in Kauf nehmen, zur Verfügung stehen, zur Verfügung stellen, Möglichkeit bieten, Bescheid geben.*

Auf der Teambesprechung des Fernbusunternehmens ________________ aktuelle Probleme ________________ (1). Dabei geht es darum, dass manche Services den Reisenden zur Zeit nicht ________________ (2). Reisende hatten beispielsweise kritisiert, dass die Onlinebuchung nicht ________________ (3), die Mitnahme von zusätzlichen Gepäckstücken oder einem Fahrrad zu buchen. Zudem wurde bemängelt, dass das Unternehmen bei Verspätungen nicht ________________ (4) würde. Viele Reisende müssten so lange Wartezeiten ________________ (5). Am Ende wurde beschlossen, mehr Geld für den Service ________________ (6).

Je 1 Punkt **Ich habe _____ von 6 möglichen Punkten erreicht.**

3 Kommunikation

Ergänzen Sie die Aussagen. Orientieren Sie sich dabei an den folgenden Wörtern:
Erholung – Vordergrund! / Hütte – prima! / Hotel – bloß nicht! / Familienpension – okay.

1 Wenn ich verreise, ________________________________
2 Als Unterkunft ________________________________
3 Ein Hotel ________________________________
4 Aber eine kleine Familienpension würde ________________________________

Je 1,5 Punkte **Ich habe _____ von 6 möglichen Punkten erreicht.**

Auswertung:

Ich habe _____ von 30 möglichen Punkten erreicht.

😊	🙂	☹
30–24	23–18	17–0

WIEDERHOLUNG WORTSCHATZ

1 Rund ums Wissen

a **Was passt? Ergänzen Sie.**

auffrischen • aufgreifen • auskennen • auswendig lernen • beherrschen • beibringen • beurteilen • entwickeln • erfahren • bestehen • scheitern • ~~vertraut machen~~

1 sich mit der Funktionsweise eines Geräts vertraut machen
2 für den Urlaub die Fremdsprachenkenntnisse ______
3 als Wissenschaftler eine neue Methode ______
4 ein Gedicht ______
5 jemandem das Skilaufen ______
6 aus der Zeitung ______, was in der Welt passiert
7 an einer schwierigen Aufgabe ______
8 den Stoff für die Prüfung gut können oder ______
9 als Lehrender die Leistung eines Studenten ______
10 ein Thema wieder ______
11 sich in einem Wissensgebiet besonders gut ______
12 die Führerscheinprüfung auf Anhieb ______

b **Welche Adjektive passen zu Personen (= P), welche zu Aufgaben (= A), welche zu beiden? Markieren Sie.**

[P] [X] vielseitig	[P] [A] ehrgeizig	[P] [A] erfahren	[P] [A] knifflig
[P] [A] aufmerksam	[P] [A] nachdenklich	[P] [A] nützlich	[P] [A] abwechslungsreich
[P] [A] vielfältig	[P] [A] kreativ	[P] [A] klug	[P] [A] intelligent

zur Einstiegsseite, KB 29, Aufgabe 2

2 In der Altsteinzeit

SCHREIBEN

a **Ordnen Sie zu.**

☐ Längste Epoche der Menschheit • ☐ Ernährung als Jäger und Sammler • ☐ Feuer als Lebenserleichterung • ☐ Leben in der Gruppe / Horde • ☐ Neandertaler am Ende der Epoche: geschickt mit vielfältigen Fertigkeiten • ☐ Nutzung von Tierresten

1 Zunächst Früchte, Wurzeln, Körner, Insekten; später Fleisch, bessere Jagdwaffen wie Speere, Pfeil und Bogen
2 Herstellung von Werkzeugen, Jagdgeräten und anderen Gegenständen aus Knochen, Sehnen, Innereien, Fell oder Leder
3 Schutz vor Raubtieren und Kälte, Licht, nicht nur rohe Nahrung
4 Vorteile: leichtere Nahrungssuche, besserer Schutz und Aufzucht des Nachwuchses, bessere Jagd- und Lernmöglichkeit
5 z. B. Erfindung der Nähnadel, Kleidung aus Tierfellen und Zelte
6 Beginn vor 1,5 Millionen Jahren – Ende vor 10 000 Jahren

b **Verfassen Sie mithilfe dieser Vorgaben nun einen kurzen Text über die Altsteinzeit.**

Das Leben des Menschen in der Altsteinzeit

Die Altsteinzeit gilt als die längste Epoche der Menschheit.

zu Lesen, KB 30, Aufgabe 2

3 Ein wichtiger Entwicklungsschritt

LESEN/WORTSCHATZ

Lesen Sie den folgenden Text. Welche Lösung (a, b, c oder d) ist jeweils richtig?

Der Homo sapiens, also das menschliche **(1)**, ist sehr anpassungsfähig. Beeindruckend ist **(2)**, unter welchen Lebensbedingungen er in der Steinzeit überlebte. Unsere **(3)** lebten einst als Jäger und Sammler **(4)** schwierigen Umständen. Fürs Überleben brauchten sie **(5)** Fertigkeiten und ein gewisses Maß an geistiger **(6)**. Wer etwa auf der Jagd nicht erfolgreich war, besaß nicht die **(7)** Eigenschaften und hatte **(8)** eine geringere Chance zu überleben. Die steinzeitlichen Gemeinschaften waren nämlich nicht in der **(9)**, schwache Personen lange mit **(10)**. Das änderte sich **(11)**, als die Spezies „Mensch" **(12)** sesshaft wurde, das heißt, sich an einem Ort ansiedelte. Man baute nun Pflanzen an und züchtete Tiere, sodass die tägliche Ernährung nicht mehr allein **(13)**, was man erbeutete. Durch die längerfristige **(14)** von Lebensmitteln konnte man auch Menschen ernähren, die weniger **(15)**. Die Ur- und Frühgeschichte der Menschheit ist beispielsweise im Badischen Landesmuseum sehr **(16)** dargestellt.

1
- a Leben
- b Sein
- c Wesen
- d Dasein

2
- a nach allen
- b vor allem
- c vor allen
- d nach allem

3
- a Vorfahren
- b Nachfahren
- c Ältesten
- d Urgroßeltern

4
- a mit
- b bei
- c vor
- d unter

5
- a unterschiedlicher
- b unterschiedliche
- c unterschiedlichen
- d verschiedenen

6
- a Kapazität
- b Idee
- c Fragestellung
- d Möglichkeit

7
- a geförderten
- b geforderten
- c erforderlichen
- d brauchbaren

8
- a sogar
- b sofern
- c sodann
- d somit

9
- a Laune
- b Lage
- c Situation
- d Kompetenz

10
- a zu füttern
- b durchzufüttern
- c zu kosten
- d zu besorgen

11
- a nur
- b früher
- c noch
- d erst

12
- a zeitlich
- b neulich
- c allmählich
- d gründlich

13
- a dazu abhing
- b davon abhing
- c dadurch abhing
- d dabei abhing

14
- a Verfügbarkeit
- b Verfügung
- c Bestellung
- d Erstellung

15
- a geschicklich wären
- b geschickt seien
- c geschickt waren
- d geschicklich waren

16
- a beschaulich
- b anzuschauen
- c anschaulich
- d anschaubar

WIEDERHOLUNG GRAMMATIK

zu Lesen, KB 31, Aufgabe 3

4 Intelligenz

a Unterstreichen Sie die Umschreibungen der Modalverben *können*, *müssen* und *wollen*.

Wissenschaft und ihre Grenzen

Ist es möglich, Intelligenz zu erklären (1)? Es ist notwendig, weiter darüber nachzudenken, denn Psychologen und Naturwissenschaftler haben bisher keine eindeutige Lösung gefunden (2). Viele Wissenschaftler haben den Plan, Denkprozesse mithilfe moderner Computertomografen zu beobachten (3). Nur dann ist man vielleicht fähig, diese Prozesse einmal zu verstehen (4) und man braucht nicht zu spekulieren (5). Andere Forscher haben den Wunsch herauszufinden, wie das Gehirn Wissen speichert (6). Bis diese Ziele erreicht sind, ist es allerdings nötig, noch viel zu forschen (7).

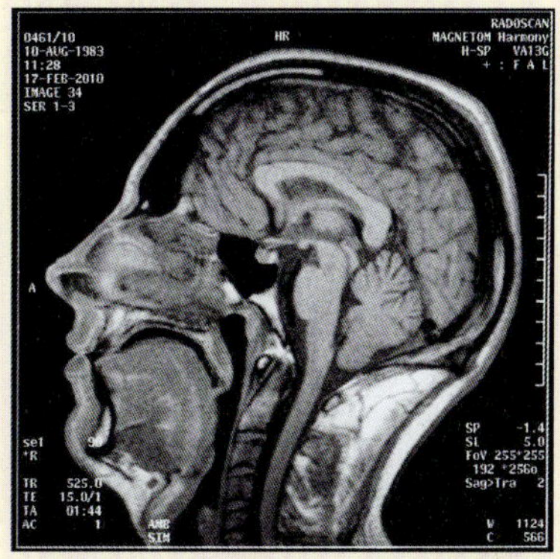

b Schreiben Sie die Formulierungen mit den passenden Modalverben neu.

1 Kann man Intelligenz erklären?

zu Lesen, KB 31, Aufgabe 3

5 Forschung

GRAMMATIK

Unterstreichen Sie die Passiv-Ersatzformen und formulieren Sie die Sätze mit den Modalverben *können* oder *müssen* um. Manchmal sind beide Modalverben möglich.

1 Wie ist Intelligenz zu definieren?
Wie kann/muss Intelligenz definiert werden?

2 Manche Forschungsprojekte sind nur schwer realisierbar.

3 Circa 50 Prozent der Intelligenz sind auf genetische Faktoren zurückzuführen.

4 Im Computertomografen lassen sich die geistigen Tätigkeitsfelder im Gehirn bestimmen.

5 Die Präsentation der Untersuchungsergebnisse war leider unverständlich.

6 Der Text lässt sich sicher noch vereinfachen.

7 Beim Betreten des Labors sind die Vorschriften zu befolgen.

3

zu Lesen, KB 31, Aufgabe 3

6 Umschreibung der Modalverben *können*, *müssen* und *wollen*

GRAMMATIK ENTDECKEN

a **Ordnen Sie die alternativen Ausdrücke dem richtigen Modalverb zu.**

~~beabsichtigen~~ • es ist unumgänglich • bestrebt sein • imstande sein • die Chance haben • es bleibt einem nichts anderes übrig, als • haben + *zu* + Infinitiv • die Absicht haben • die Möglichkeit haben • gezwungen sein • die Intention haben • vermögen • vorhaben • es ist erforderlich • in der Lage sein • verpflichtet sein

können	müssen	wollen
		beabsichtigen

b **Schreiben Sie eigene Sätze mit den Umschreibungen der Modalverben.**

1 Ich beabsichtige, im nächsten Winter Schlittenfahren zu gehen.

zu Lesen, KB 31, Aufgabe 3

7 Gehirn-Jogging

GRAMMATIK

Ergänzen Sie Ausdrücke aus Übung 6. Manchmal passen mehrere Ausdrücke.

Fitness mental

Jeder __hat die Möglichkeit__ (können) (1), es selbst zu beeinflussen, wie lange er geistig fit bleibt. Neugierig bleiben, Neues ausprobieren, Neuigkeiten mit Freunden austauschen – gut ist alles, was dem Gehirn neue Eindrücke verschafft. Zum Beispiel ____________ Sie mithilfe von Gehirnjogging ____________ (können) (2), Ihre Geisteskraft und Ihre Merkfähigkeit zu steigern: Es ____________ Ihnen allerdings nichts ____________ ____________ (müssen) (3), als sich pro Tag mindestens zweimal zehn Minuten Zeit für Ihr Gedächtnis zu nehmen – einmal am Vormittag und einmal am Nachmittag.

Am Vormittag ____________ Sie ____________ (können) (4), eine der Gehirn-Jogging-Aufgaben zu machen. Am Nachmittag lesen Sie einen Text, den Sie sowieso ____________ (wollen) (5) zu lesen. Für das Training ____________ es ____________ (müssen) (6), die Seite umzudrehen, sodass die Buchstaben auf dem Kopf stehen. Durch diese Übung ____________ Sie ____________ (können) (7), Ihr räumliches Vorstellungsvermögen zu aktivieren, sodass Ihr Gehirn abseits der gewohnten Bahnen denkt. Wer ____________ (wollen) (8), sein Gehirn vor solche neuen Herausforderungen zu stellen, sollte allerdings darauf achten, dass er Freude an diesen Aktivitäten hat. Denn es nützt nichts, sich zu einer Tätigkeit zu zwingen, nur weil sie gut für den Kopf ist.

zu Schreiben, KB 32, Aufgabe 2

8 Wie umschreibt man ...?

WORTSCHATZ

a Was passt? Ordnen Sie zu.

1 der Reiz — F
2 die Muskulatur
3 der Umgang
4 die Überforderung
5 der Säugling
6 der Waldkindergarten
7 der Freiraum

A sehr junger Mensch, der noch mit Muttermilch ernährt wird
B ein zu hoher Anspruch, den man nicht erfüllen kann
C Bewegungsapparat des Körpers ohne Knochen und Sehnen
D die Möglichkeit, etwas ohne Vorgabe selbst zu gestalten
E ein Lern- und Entwicklungsort im Freien
F körperliche oder geistige Anregung, Stimulation
G die Beziehung oder persönliche Verbindung zu jemanden

b Ergänzen Sie die Verben in der richtigen Form.

jemandem etwas abverlangen • ~~etwas aktivieren~~ • sich etwas einprägen • stimulieren • etwas beurteilen • etwas nachvollziehen • jemanden vertraut machen mit etwas • etwas verbreiten • jemanden fördern

1 Man muss seinen Account aktivieren, bevor die Anwendung funktioniert.
2 Wer die Gedanken eines anderen Menschen versteht, kann diese ______.
3 Kaffee ist ein Getränk, das die meisten Menschen anregt und ______.
4 Bei einer anspruchsvollen Aufgabe wird einem viel Energie ______.
5 Wer eine Situation oder Problematik richtig einschätzt, kann sie ______.
6 Was man auf keinen Fall vergessen will, muss man sich ______.
7 Wenn man einem Kind beim Lernen hilft, ______ man seine Entwicklung.
8 Wir müssen unsere neue Kollegin Heike mit ihren Aufgaben und den Arbeitsabläufen ______.
9 Frühförderung ist inzwischen sehr beliebt und in vielen Ländern ______.

zu Schreiben, KB 33, Aufgabe 3

9 Sagen Sie es anders!

KOMMUNIKATION

Ordnen Sie die entsprechenden Redemittel aus dem Kursbuch (KB 33) zu.

1 Überhaupt nicht akzeptabel finde ich, ... Das ist besonders kritikwürdig.
2 Die Situation ist mir einigermaßen vertraut. ______.
3 Dazu kann ich nichts sagen. ______.
4 Das verstehe ich ganz und gar nicht. ______.
5 Ich bin zu folgendem Schluss gekommen: ... ______.
6 Das ist mein unverrückbarer Standpunkt. ______.
7 In diesem Punkt bin ich der Meinung, dass ... ______.
8 Wie es aussieht, ist dies häufig der Fall. ______.

3

zu Schreiben, KB 33, Aufgabe 4

10 Umschreibung der Modalverben *dürfen* und *sollen* — GRAMMATIK ENTDECKEN

a **Lesen Sie einen Auszug aus einem Interview mit dem Pädagogen Dr. Oprašić und markieren Sie die Umschreibungen von *dürfen* und *sollen* in verschiedenen Farben.**

Journalistin: Herr Oprašić , wie war Ihre Kindheit? Was haben Ihre Eltern zugelassen (1), was war Ihnen untersagt (2)? Was ist der Unterschied zu heute?

Oprašić: Ich bin in Bosnien aufgewachsen und meine Kindheit spielte sich hauptsächlich draußen ab. Meine Geschwister und ich hatten die Erlaubnis (3), auf den Wiesen hinter unserem Haus zu spielen, da konnten wir eigene Ideen für unsere Spiele entwickeln. Es war mir auch erlaubt (4), einfach mal nichts zu tun. Länger als eine Stunde am Tag fernzusehen, war allerdings verboten (5). Später – da waren wir dann schon in Deutschland – hatten wir als Kinder die Aufgabe (6), den Müll rauszubringen. Das haben wir allerdings manchmal vergessen. Heute erwartet man (7) oft, dass die Kinder schon vor dem Kindergarten oder im Kindergarten etwas lernen, damit sie später einen Vorsprung haben und Karriere machen. Häufig haben die Erzieher und Erzieherinnen von den Eltern den Auftrag (8), die Kinder ganz gezielt zu fördern.

Journalistin: Ist es empfehlenswert (9), den Kindern schon im Kindergarten etwas abzuverlangen, ihnen z. B. das Programmieren beizubringen?

Oprašić: Es wäre besser (10), wenn wir mit unseren Kindern reden würden, anstatt sie Computersprachen lernen zu lassen. Kinder müssen das Recht haben (11), selbst kreativ zu werden und dabei ihr eigenes Denken zu aktivieren. Es wäre ratsam (12), die Zeit im Kindergarten dazu zu nutzen.

b **Ordnen Sie die Umschreibungen im Infinitiv in die Tabelle ein.**

dürfen	nicht dürfen	sollen	sollten (Konjunktiv II)
zulassen			

zu Schreiben, KB 33, Aufgabe 4

11 Frühförderung: Ja oder nein? — GRAMMATIK

Ersetzen Sie die Modalverben durch einen Ausdruck aus Übung 10b.

1 Kinder sollten so früh wie möglich eine andere Sprache lernen.
2 Meine Kinder dürfen alles machen, was ihnen Freude macht, solange sie die Schule nicht vernachlässigen.
3 Lehrer sollen Kinder auf das Leben vorbereiten.
4 In unserem Kindergarten dürfen die Kinder nichts Süßes mitbringen.

1 Es ist empfehlenswert, dass Kinder so früh wie möglich eine andere Sprache lernen.

zu Hören, KB 34, Aufgabe 2

12 Alte Weisheiten oder Unsinn?

LESEN

a **Lesen Sie die folgenden Behauptungen. Was ist Ihrer Meinung nach *richtig*, *falsch* oder *stimmt nur zum Teil*? Ergänzen Sie in der mittleren Spalte.**

	Meine Vermutung	Text
1 Häufiges Haareschneiden fördert das Wachstum der Haare.	richtig	falsch
2 Bei Fernflügen ist der Körper starker Strahlung ausgesetzt.		
3 Der Schlaf vor Mitternacht ist der beste.		
4 Der Mensch in Europa wird immer größer.		
5 Im Dunkeln zu lesen, ist schlecht für die Augen.		
6 Auch kurzes Baden trocknet die Haut aus.		

b **Lesen Sie nun den Text. Ergänzen Sie in 12a in der rechten Spalte, ob die Behauptungen im Text als richtig oder falsch bewertet werden, und markieren Sie die jeweiligen Stellen im Text. Vergleichen Sie die Ergebnisse mit Ihren Vermutungen.**

Am besten ist der Schlaf vor Mitternacht, Baden trocknet die Haut aus* und *Lesen im Dunkeln ist schlecht für die Augen.

So lauten einige der gängigen Volksweisheiten. Aber welche davon sind wirklich richtig?

1 Der Haarwurzel ist es egal, wie oft das Haar geschnitten wird. Frisch geschnittene Haare haben eine klare Schnittkante und fühlen sich deshalb kräftiger und voller an, als an den Spitzen gespaltene. Schon nach einigen Tagen sind sie dann wieder abgerundet und weicher. Ähnlich ist es auch mit Bein- und Barthaaren.

2 Mit zunehmender Höhe und Nähe zu einem Erdpol steigt die Strahlung, der man ausgesetzt ist. Wissenschaftler stellten fest, dass auch schon ein Flug über den Atlantik den Körper etwa so stark belastet wie zwei Röntgenaufnahmen – und sogar noch mehr, wenn die Route über den Nordpol geht. Nicht unterschätzen sollten dies Vielflieger, Flugbegleiter und Piloten.

3 Die meisten Deutschen legen sich gegen 23 Uhr schlafen, die erholsamste Schlafphase ist dann bis circa vier Uhr morgens. Menschen, die sehr früh zu Bett gehen, haben demnach einen großen Teil des Tiefschlafs tatsächlich vor Mitternacht, in den ersten Stunden nach dem Einschlafen also. Wichtig aber ist nicht der Schlaf vor Mitternacht, sondern sind regelmäßige Schlafzeiten.

4 Seit 150 Jahren nimmt die durchschnittliche Größe der Menschen in Europa pro Jahr um bis zu einen Millimeter zu, das haben Forscher ermittelt. In Wohlstandsgesellschaften erhöht sich also die durchschnittliche Körpergröße, besonders die Länge der Beine.

5 Wer im Dämmerlicht – vielleicht unter der Bettdecke – liest, tut seinen Augen nichts Gutes. Besonders bei Kindern bis 10 Jahren kann schlechtes oder zu wenig Licht beim Lesen die Augenentwicklung negativ beeinflussen. Sehschwächen wie Kurzsichtigkeit können laut Professoren der Augenklinik Freiburg eine Folge sein. Setzen Sie am besten immer folgenden Tipp um: Licht an im Kinderzimmer!

6 Wenn man nicht zu heiß und nicht zu lange badet, schadet das der Haut nicht. Bei bis zu 38 Grad sollte man spätestens nach 20 Minuten die Wanne verlassen haben. Mit ölhaltigen, sanften Badesubstanzen, die die Haut schützen, und Eincremen nach dem Bad ist man auf der sicheren Seite.

WIEDERHOLUNG GRAMMATIK

zu Hören, KB 35, Aufgabe 3

13 Neue Erkenntnisse

a Schreiben Sie Sätze mit *so ... dass* und *sodass*.

1 Die Schwanzfedern des Urvogels hatten eine aerodynamische Form, folglich haben sie auch beim Fliegen eine große Rolle gespielt.
2 Das Meerwasser hat sich stark erwärmt, deshalb können immer mehr Tiere wie Krabben oder Krebse in die Nordsee wandern.
3 Monokulturen in der Landwirtschaft schaden der Umwelt. Infolgedessen sterben immer mehr Vögel und Insekten.

1 Die Schwanzfedern des Urvogels hatten eine so aerodynamische Form, dass sie auch beim Fliegen eine große Rolle gespielt haben.

b Schreiben Sie die umformulierten Sätze aus 13a mit *wenn ... nicht / wenn ... kein* und Konjunktiv II.

1 Wenn die Schwanzfedern des Urvogels keine aerodynamische Form gehabt hätten, hätten sie auch beim Fliegen keine große Rolle gespielt.

zu Hören, KB 35, Aufgabe 3

14 Irreale Folgesätze

GRAMMATIK ENTDECKEN

a Markieren Sie die Unterschiede in den beiden Spalten.

1 „Glücklich durch Schokolade!": Das hört sich für mich so fantastisch an, dass ich es nicht glaube.	„Glücklich durch Schokolade!": Das hört sich für mich zu fantastisch an, als dass ich es glauben würde.
2 „Schöner werden durch Pillen!": Manche Versprechen klingen so verlockend, dass sie nicht wahr sein können.	„Schöner werden durch Pillen!": Manche Versprechen klingen zu verlockend, um wahr sein zu können.
3 „Reicher werden durch Nachdenken!": Manche Behauptungen sind so absurd, dass man sie nicht glauben darf.	„Reicher werden durch Nachdenken!": Manche Behauptungen sind zu absurd, als dass man sie glauben dürfte.
4 „Wörter lernen im Schlaf": Das klingt leider so einfach, dass es nicht stimmen kann.	„Wörter lernen im Schlaf": Das klingt leider zu einfach, um stimmen zu können.
5 „Erfolgreich durch positives Denken!": Einigen Unsinn hat man schon so oft gehört, dass man ihn nicht mehr ernst nimmt.	„Erfolgreich durch positives Denken!": Einigen Unsinn hat man schon zu oft gehört, als dass man ihn noch ernst nehmen würde.

b Ergänzen Sie.

Konjunktiv II • zu viel • *noch* • Folge

Irreale Folgesätze drücken aus, dass es von dem Sachverhalt im Hauptsatz ______________ oder zu wenig gibt, weshalb eine bestimmte ______________ nicht eintreten kann. Meistens wird der ______________ verwendet. *Nicht mehr / Keine mehr* wird zu ______________.

zu Hören, KB 35, Aufgabe 3

15 Rund ums Schlafen

GRAMMATIK

Schreiben Sie die Sätze mit *zu …, als dass* oder *zu …, um … zu.*

1 Ohne ausreichenden Schlaf ist man so müde, dass man keine körperlichen oder geistigen Leistungen mehr erbringen kann.
Ohne ausreichenden Schlaf ist man zu müde, um noch körperliche oder geistige Leistungen erbringen zu können.
2 In manchen Schlafzimmern ist es so warm, dass man nicht mehr gut und erholsam schlafen kann.
3 Gerade im Frühjahr sind einige Leute tagsüber oft so müde, dass sie ihre volle Leistungskapazität nicht erreichen können.
4 Manche Menschen schlafen so unruhig, dass ihr Körper keine Erholung findet.
5 Ausreichender Schlaf ist so wichtig, dass man ihn nicht aufs Spiel setzen darf.
6 Manche Leute schnarchen so laut, dass ihre Partner nicht einschlafen können.

zu Sprechen, KB 37, Aufgabe 3

16 Talk nach acht

HÖREN

Lesen Sie die Aufgaben (1–8) und hören Sie anschließend eine Radiosendung zum Thema Erstwähler. Wählen Sie bei jeder Aufgabe die richtige Lösung.

3 ◀)) 16 **Abschnitt 1**

1 Die Sendung befasst sich mit der Frage, ob es verpflichtende Informationsveranstaltungen für sogenannte Erstwähler geben sollte. Richtig Falsch
2 Der Moderator möchte dazu …
a mit Politikern und Juristen über ein mögliches Gesetz sprechen.
b mit Menschen aus Politik, Wissenschaft und Gesellschaft diskutieren.
c Radiohörer dazu einladen, ins Studio zu kommen.

3 ◀)) 17 **Abschnitt 2**

3 Die interviewte Politikerin spricht sich für einen Pflichtkurs für Erstwähler aus. Richtig Falsch
4 Sie findet es wichtig, dass …
a Erstwähler sich für einen Kandidaten entscheiden, den sie sympathisch finden.
b die Wähler einzuschätzen lernen, ob sie sich auf Wahlversprechen verlassen können.
c eine Wahlpflicht nach dem Vorbild anderer Länder eingeführt wird.

3 ◀)) 18 **Abschnitt 3**

5 Nach Ansicht von Professor Kist ist man mit 18 Jahren automatisch ein reifer und politisch informierter Mensch. Richtig Falsch
6 Er hält die Forderung nach so einem Politikkurs für Erstwähler …
a für berechtigt.
b für weniger wichtig.
c für absurd.

3 ◀)) 19 **Abschnitt 4**

7 Für die Erstwählerin Julia Brausig wären die Informationen in einem Politikkurs nichts Neues. Richtig Falsch
8 Sie hat in der Schule …
a festgestellt, dass sich die meisten Mitschüler für Politik interessieren.
b eine gute Vorbereitung auf ihre erste Wahl erhalten.
c einen sogenannten „Politikführerschein" gemacht.

zu Sprechen, KB 37, Aufgabe 3

17 Diskussionsleitung und Argumentation

WORTSCHATZ

a **Lesen Sie Auszüge aus der Diskussionsrunde in Übung 16 und ergänzen Sie die Verben in der richtigen Form.**

wünschen • nachvollziehen • erweisen • legen • ~~auseinandersetzen~~ • sein • einholen

Moderator: Herzlich willkommen zu unserer Sendung „Talk nach acht". Heute wollen wir uns mit der folgenden Fragestellung auseinandersetzen (1): Sollte jede Bürgerin und jeder Bürger eines Landes, bevor sie oder er zum ersten Mal wählen darf, einen Pflichtkurs in Landeskunde und Politik absolvieren? Anschließend wollen wir am Hörertelefon noch mehrere Meinungen unserer Zuhörer ________ (2). Können Sie die Forderung nach einem verpflichtenden Politikkurs ________ (3)?

Dr. Wegmann: Natürlich würde man sich manchmal ________ (4), dass bei Wahlentscheidungen nicht so sehr der erste Eindruck und die Sympathie für den Kandidaten entscheiden, sondern dass mehr Gewicht darauf ________ (5) wird, ob sich die Wahlkampfversprechen als seriös ________ (6) ...
Dabei ________ (7) etwas mehr Hintergrundinformationen sicherlich von Vorteil.

b **Ergänzen Sie die Nomen.**

Gewicht • Standpunkt • Argumente • Frage • Punkt • Forderung

Professor Kist: Kein unwichtiges Anliegen, und ein zentraler ________ (1) ist doch die Frage, wie man die Bürger in noch stärkerem Maße zu politisch interessierten und aktiven Mitgestaltern der Gesellschaft machen kann. Man kann dabei durchaus den ________ (2) vertreten, dass allein die Staatsbürgerschaft einen nicht automatisch mit 18 Jahren zu einem reifen und mündigen Bürger macht, und dass man diese Reife dann nachweisen sollte.

Julia Brausig: In der Schule wurde im Sozialkundeunterricht auch größeres ________ (3) auf das Thema „Wahlen und politische Inhalte" gelegt, das finde ich gut. Im Grunde kann ich dieser ________ (4) schon zustimmen, denn viele Leute sind einfach zu faul oder denken, es wäre zu aufwendig, sich gut über Politik zu informieren.

Moderator: Alles in allem haben wir also bisher durchaus gewichtige ________ (5) sowohl für als auch gegen einen Pflichtkurs in Politik gehört. Die ________ (6), wie man solche Kurse ganz konkret umsetzen kann, ob als Kurs mit Anwesenheitspflicht oder auch als Onlinekurs, werden wir später noch einmal aufgreifen.

3 ◀)) 16 – 19 c **Hören Sie die Radiosendung aus Übung 16 nun noch einmal und kontrollieren Sie Ihre Lösungen.**

WIEDERHOLUNG GRAMMATIK

zu Sprechen, KB 37, Aufgabe 4

18 Eignungstests

Lesen Sie die Informationen zu neuen Bewerbungsverfahren und ergänzen Sie die Adjektivendungen.

Die neue Suche nach geeigneten Mitarbeitern

Viele Arbeitgeber verlassen sich heute immer weniger auf einen klar strukturiert_en_ (1) Lebenslauf, gut___ (2) Zeugnisse, ein aussagekräftig___ (3) Bewerbungsgespräch und damit auf den erst___ (4) Eindruck. Stattdessen wollen sie selbst testen: Ist der Kandidat für den infrage kommend___ (5) Job geeignet? Wie gut ist seine Allgemeinbildung? Und wie sieht es mit dem logisch___ (6) Denken aus? Ein Eignungstest gehört heute oft zum Auswahlverfahren dazu, denn er sagt meist sehr viel mehr über einen potenziell___ (7) neu___ (8) Mitarbeiter aus als eine üblich___ (9) Bewerbungsmappe. Man sollte also bei jeder neu___ (10) Bewerbung damit rechnen, einen eigens für die Firma entwickelt___ (11) Eignungstest absolvieren zu müssen. Doch keine Angst, mit der richtig___ (12) Vorbereitung stellt das kein echt___ (13) Problem dar.

zu Sprechen, KB 37, Aufgabe 4

19 Adjektivendungen nach Artikelwörtern und nach Adjektiven / unbestimmten Zahlwörtern

GRAMMATIK ENTDECKEN

a **Lesen Sie den Artikel weiter und markieren Sie die Artikelwörter *alle, solche, keine, sämtliche* und die folgenden Adjektivendungen rot.**

Bei Eignungstests ist es so wie bei fast allen wichtigen Dingen im Leben: Die Vorbereitung ist entscheidend! Auch für solche eher unangenehmen Tests kann man üben! Bestimmte Sachen wiederholen sich, wie einige immer gleiche Fragen zu verschiedenen aktuellen oder historischen Geschehnissen oder viele ähnliche Übungen zum logischen Denken. Bei zahlreichen technischen Berufen gibt es zusätzlich mathematische Aufgaben. Wer hier keine weiteren Fragen hat, kann gleich beim Probetest weitermachen. Sämtliche gegebenen Antworten werden in „richtig" oder „falsch" sortiert. Und wer noch Fragen hat, sollte zuerst folgende weiterführende Hinweise lesen. Nach mehreren gelungenen Probetests sollten Sie für den Ernstfall fit sein, also klicken Sie sich weiter zum Erfolg!

b **Markieren Sie dann die Adjektive / Zahlwörter *einige, verschiedene, viele, zahlreiche, folgende, mehrere* und die folgenden Adjektivendungen blau.**

c **Was ist richtig? Markieren Sie.**

Nach Artikelwörtern *(alle, solche, keine, sämtliche)* ist die Adjektivdeklination
wie nach ☐ dem Nullartikel. ☐ dem bestimmten Artikel.
Nach Adjektiven / unbestimmten Zahlwörtern *(einige, folgende, mehrere, verschiedene, viele, zahlreiche)* ist die Adjektivdeklination
wie nach ☐ dem Nullartikel. ☐ dem bestimmten Artikel.

zu Sprechen, KB 37, Aufgabe 4

20 Ein – nicht ganz ernst gemeinter – Verkäufer-Test

GRAMMATIK

a **Ergänzen Sie die Endungen.**

Test für angehende Verkäufer

Sie haben sich bei uns beworben, wissen aber nicht, wie Sie sich auf unseren Einstellungstest vorbereiten können? Als kleinen Einblick finden Sie im Folgenden eine unserer möglichen Testfragen:

Die Öffnungszeiten Ihrer Filiale sind von 8.00 Uhr bis 20.00 Uhr. Um 20.10 Uhr befinden sich immer noch einige **verspätet**e **(1) Kunden im Betrieb. Wie reagieren Sie? Markieren Sie.**

Möglichkeit 1

Ich bitte all___ anwesend___ (2) Kunden durch die Haussprechanlage höflich, sich zu den Kassen zu begeben, da die Öffnungszeit von 8.00 Uhr bis 20.00 Uhr vorbei ist. Ich wünsche den Kunden und sämtlich___ verblieben___ (3) Mitarbeitern einen guten Heimweg.

Möglichkeit 2

Ich laufe durch all___ vorhanden___ (4) Räume und fordere einig___ verspätet___ (5) Kunden auf, den Laden zu verlassen. Es gibt kein___ weiter___ (6) Probleme, denn erfahrungsgemäß werden solch___ direkt___ (7) Aufforderungen von den Kunden befolgt.

Möglichkeit 3

Die Öffnungszeiten sind am Kundeneingang sowie in jeder Abteilung an mehrer___ deutlich sichtbar___ (8) Plätzen ausgewiesen. Der Kunde hatte die Möglichkeit, sich daran zu halten. Ich kenne schon verschieden___, wenig überzeugend___ (9) Ausreden von zahlreich___ verspätet___ (10) Kunden. Ich habe eine Verabredung, deshalb packe ich meine Sachen und gehe.

Sie möchten sich mit verschieden___ weiter___ (11) Fragen umfassend auf Ihren Einstellungstest vorbereiten? Dazu empfehlen wir Ihnen unser Prüfungspaket mit viel___ zusätzlich___ (12) Original-Testfragen.

b **Schreiben Sie Sätze. Ergänzen Sie den Artikel, wo es nötig ist.**

1 geben / auch / viel___ / kritisch___ / Stimmen zu Eignungstests

Es gibt auch viele kritische Stimmen zu Eignungstests.

2 folgend___ / wichtig___ / Aspekte / man / sich klarmachen / sollte

____

3 einig___ / angehend___ / Bewerber / einfach / mal / schlecht___ / Tag / haben

____

4 auf / solch___ / individuell___ / Besonderheiten / Test / kein___ Rücksicht nehmen

____

5 all___ / nicht erfolgreich___ / Bewerber / zweit___ / Versuch / machen sollten

____

3

zu *Wussten Sie schon?*, KB 38

21 Eine Fabel interpretieren

SCHREIBEN

Lesen Sie die Fabel und verfassen Sie dazu eine kurze Interpretation, in der Sie auf folgende Fragen eingehen.

1 In welcher Situation befinden sich die Tiere?
2 Welche menschlichen Eigenschaften verkörpern sie dabei?
3 Was wird indirekt kritisiert?
4 Wie endet die Fabel und welche Moral kann/sollte der Leser daraus ableiten?

Vom Frosch und der Maus

Fabel von Martin Luther

Eine Maus wäre gern über einen Teich gelaufen, konnte es aber nicht und bat einen Frosch um Hilfe. Der Frosch, ein hinterlistiges Kerlchen, sprach zur Maus: „Binde deinen Fuß an meinen Fuß, so will ich schwimmen und dich hinüberziehen.“ Als sie aber auf das Wasser kamen, tauchte der Frosch hinunter und wollte die Maus ertränken. Während die Maus sich nun wehrte und arbeitete, flog ein Raubvogel daher und erhaschte die Maus. Er zog dabei den Frosch auch mit heraus und fraß sie beide.

„In dieser Fabel … die Hauptfiguren: …
Sie erleben …
… wird … als besonders … dargestellt, … ist eher …
Damit werden menschliche Eigenschaften wie …
Das Ende der Geschichte zeigt auf, was passiert, wenn …
Die Moral könnte also folgendermaßen lauten: …“

In der Fabel sind folgende Tiere die Hauptfiguren:

zu Wortschatz, KB 38, Aufgabe 1

22 Die Sonne und der Wind

HÖREN

3 ◄)) 20 **Hören Sie eine Fabel des deutschen Dichters Johann Gottfried von Herder und ergänzen Sie die Sätze sinngemäß.**

1 Die Sonne und der Wind hatten einen Streit darüber, …
2 Sie einigten sich darauf, dass …
3 Als Erstes versuchte der Wind, …
4 Aber der Wanderer …
5 Die Sonne probierte es folgendermaßen: …
6 Daraufhin musste der Wanderer …
7 Gewonnen hat den Streit also …, weil …

1 Die Sonne und der Wind hatten einen Streit darüber, wer von beiden der Stärkere sei …

zu Wortschatz, KB 38, Aufgabe 1

23 Charaktereigenschaften

WORTSCHATZ

Was passt? Ordnen Sie zu.

empört • gemein • listig • naiv • ~~töricht~~ • überlegen

1 Wer immer alles glaubt, ist ____________.
2 Wer Freude daran hat, anderen zu schaden, ist ____________.
3 Wer aus wiederholten Fehlern nicht lernt, ist töricht.
4 Wer in einer Situation jemand anderen übertrifft, ist ____________.
5 Wer andere austrickst, ist ____________.
6 Wer sich von anderen beleidigt oder missachtet fühlt, ist ____________.

zu Sehen und Hören, KB 39, Aufgabe 2

24 Intelligenz und Verhalten

WORTSCHATZ

Lesen Sie die Wörter. Suchen Sie im Transkript zur Reportage die gegenteiligen Begriffe und ergänzen Sie.

1 Ordnung	____________	4 unlogisch	____________
2 einseitig	____________	5 Regel	____________
3 aufstehen	____________	6 ausgeben	____________

Es gibt Studien über Intelligenz, die behaupten, dass Tim ordentlicher sei, während Lea das Chaos besser beherrsche. Oder, dass Leute wie Tim eher früher, und solche wie Lea eher spät zu Bett gehen. Tim trainiert lieber in der Muckibude, während Lea vielseitig sportlich unterwegs ist. Die Leas sollen weniger Alkohol trinken und weniger Fleisch essen als die Tims. Klingt plausibel, aber wissenschaftlich erwiesen ist das nicht. Was hingegen stimmt: Intelligente rauchen weniger. Okay, es gibt Ausnahmen. Und: Intelligente sind zufriedener. Das hängt natürlich mit dem Beruf zusammen, den sie ausüben und mit dem Geld, das sie verdienen.

25 Intelligenz

MEIN DOSSIER

Ergänzen Sie folgende Satzanfänge und tauschen Sie sich anschließend darüber aus. Wessen Aussagen sind sehr ähnlich bzw. sehr unterschiedlich?

Was wirklich intelligente Menschen auszeichnet: …
Wer viel weiß, …
Es ist eine Gabe, wenn man in der Lage ist, …
Eine meiner persönlichen Stärken ist …
Eine Fertigkeit, die ich gern perfektionieren würde, ist …

Intelligenz scheint das einzige gerecht verteilte Gut auf der Welt zu sein: Jeder glaubt, er hätte genug davon.

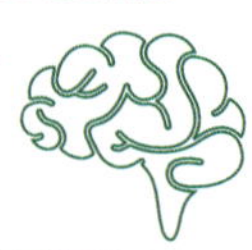

EINSTIEGSSEITE, KB 29

der Bauer, -n
die Eiszeit, -en
die Fähigkeit, -en
die Fertigkeit, -en
die Geschicklichkeit (Sg.)
der Jäger, –
der Krieger, –
das Mittelalter (Sg.)
der Ritter, –
der Sammler, –
der Siedler, –
die Steinzeit (Sg.)
die Vorsicht (Sg.)

existenziell

LESEN, KB 30–31

das Gehirn, -e
der Homo sapiens (Sg.)
die Kapazität, -en
die Merkfähigkeit (Sg.)
die Spezies, –
die Verfügbarkeit (Sg.)
der Vorfahre, -n
das Wesen, –

beeindrucken
einstellen (*hier:* beenden)
entgegenstehen, stand entgegen, hat/ist entgegengestanden
schwinden, schwand, ist geschwunden
vererben

abwärtsgehen, es ging abwärts, es ist abwärtsgegangen
imstande sein
in der Lage sein

anschaulich
ausgeprägt
eigenständig
erforderlich
numerisch
schlau

allmählich
lediglich
hingegen

SCHREIBEN, KB 32–33

die Konkurrenz, -en
der Säugling, -e
die Vorschule, -n
der Waldkindergarten, ⸚
fördern

jemandem etwas abverlangen
etwas sträubt sich bei jemandem
jemanden vertraut machen mit

großflächig
neulich
spielerisch
virtuos

HÖREN, KB 34–35

Alzheimer (Sg.)

optimieren
umsetzen
unterschätzen
zittern

angespannt

ein guter Vorsatz

SPRECHEN, KB 36–37

der Betriebsrat, ⸚e
die Eignung (Sg.)
die Empathie (Sg.)

sich auseinandersetzen mit
sich erweisen als, erwies sich, hat sich erwiesen
festhalten, hielt fest, hat festgehalten
etwas gelten lassen, ließ gelten, hat gelten lassen

Gewicht legen auf (+ Akk.)
einen Standpunkt vertreten, vertrat, hat vertreten
etwas im Visier haben
von Vorteil sein

adäquat
aufwendig
intellektuell
renommiert
standardisiert

alles in allem

WORTSCHATZ, KB 38

die Antike (Sg.)
die Belehrung, -en
die Fabel, -n
der Fuchs, ⸚e
die Moral (Sg.)
die Verfremdung, -en

jemandem schmeicheln
jemandem überlegen sein
jemandem etwas zuschreiben, schrieb zu, hat zugeschrieben

jemandem einen Spiegel vorhalten, hielt vor, hat vorgehalten
Kritik üben an

empört
gemein
listig
naiv
töricht

SEHEN UND HÖREN, KB 39

das Denkvermögen (Sg.)
der Quotient, -en
der Intelligenzquotient, -en

logisch

3

LEKTIONSTEST 3

1 Wortschatz

Was ist richtig? Markieren Sie.

1 Bei schwierigen Aufgaben wird *einem etwas abverlangt / man gefördert.*
2 Wer einer anderen Person Komplimente macht, *hält ihr einen Spiegel vor / schmeichelt ihr.*
3 Wer sich Dinge gut merken will, muss *sich mit ihnen vertraut machen / sie gelten lassen.*
4 Wer von etwas sehr überzeugt ist, möchte seinen *Standpunkt vertreten / Vorteil haben.*
5 Menschen, die sehr viel wissen, gelten als *renommiert / intellektuell.*
6 Wer etwas besser kann als die anderen, ist *listig / überlegen.*
7 Ein anderer Begriff für „einfältig" ist *töricht / gemein.*

Je 1 Punkt **Ich habe ______ von 7 möglichen Punkten erreicht.**

2 Grammatik

a **Schreiben Sie die Sätze auf ein separates Blatt neu – mit *imstande sein, die Gelegenheit haben, das Recht haben, bestrebt sein, verpflichtet sein, untersagt sein, ratsam sein, nichts anderes übrig bleiben als.***

1 Morgen kann ich dich leider nicht anrufen, da bin ich auf einer Fortbildung.
2 Während des Experiments darf man nicht telefonieren.
3 Bei großer Nervosität sollte man pflanzliche Beruhigungstropfen einnehmen.
4 Einige Eltern wollen ihre Kinder schon in jungen Jahren zum Leistungsdenken erziehen.
5 Wer Mitglied im Sportverein ist, darf die Fitnessgeräte immer nutzen.
6 Manche haben keine andere Möglichkeit als in der Bibliothek zu lernen.
7 Wer einen Vertrag unterschreibt, muss die vereinbarten Inhalte befolgen.
8 Wenn Simone die Führerscheinprüfung nicht besteht, muss sie noch einmal antreten.

Je 1,5 Punkte **Ich habe ______ von 12 möglichen Punkten erreicht.**

b **Irreale Folge: Schreiben Sie Sätze mit *zu ..., als dass ...* oder, wenn möglich, mit *zu ..., um ... zu* auf ein separates Blatt.**

1 Das Leben in der Steinzeit war sehr hart. Man fütterte schwächere Menschen nicht durch.
2 Ältere Personen sind oft sehr stolz. Sie wollen sich in ungewohnten Situationen nicht helfen lassen.
3 Studierenden wird an der Uni manchmal sehr viel abverlangt. Sie können ihr Lernpensum nicht schaffen.

Je 2 Punkte **Ich habe ______ von 6 möglichen Punkten erreicht.**

3 Kommunikation

Ordnen Sie zu.

1 Heute wollen wir uns
2 Einerseits lässt sich damit
3 Andererseits halte ich
4 Natürlich haben solche Tests
5 Du lässt also das Argument von Ina
6 Ich würde mir wünschen,
7 Das kann ich so nicht
8 Diesen Punkt können wir
9 Wer möchte sich
10 Abschließend können wir

A eine prinzipielle Eignung feststellen.
B dass mehr Gewicht auf Eigenständigkeit gelegt wird.
C später noch mal aufgreifen.
D mit dem Thema *Tests* auseinandersetzen.
E ihre Berechtigung, aber man sollte ...
F dazu noch äußern?
G nachvollziehen. Bitte erklär mir, was du meinst.
H gelten, meinst aber auch, man müsste ...
I also festhalten: ...
J solche Testverfahren für problematisch.

Je 0,5 Punkte **Ich habe ______ von 5 möglichen Punkten erreicht.**

Auswertung:

Ich habe ______ von 30 möglichen Punkten erreicht.

☺	🙂	☹
30–24	23–18	17–0

3

WIEDERHOLUNG WORTSCHATZ

1 Kreuzworträtsel

Ergänzen Sie die passenden Wörter im Kreuzworträtsel.
Die markierten Buchstaben, von oben nach unten gelesen, ergeben das Lösungswort.

■ Hast du zufällig die (1) für die Stelle im Marketing im Newsletter gesehen?
◆ Ja, habe ich. Ich bin aber nicht interessiert. Leider erfülle ich die (2) wohl nicht.
■ Ich überlege mir schon, ob ich eine (3) losschicke.
◆ Willst du das wirklich? Zu den Aufgaben gehören auch Reisen zu internationalen (4).
■ Welche (5) müssen die Bewerber denn noch mal mitbringen? Ich erinnere mich gerade nicht mehr.
◆ Abitur und Auslandserfahrung. Man soll außerdem gut reden können, damit man das (6) und seine Produkte positiv darstellen kann.
■ Klingt doch gut. So etwas könnte ich mir vorstellen. Ich brauche jetzt mal eine neue (7).
◆ Ich dachte, dir gefällt deine (8) als Assistentin der Bereichsleitung?
■ Aber ich habe ja etwas ganz anderes studiert. Ich möchte eine Arbeit, die meiner (9) entspricht.
◆ Hast du etwas über die Atmosphäre im (10) gehört, also wie da so die Stimmung ist?
■ Soweit ich weiß, sollen sich die (11) dort sehr wohlfühlen.

1 A _ S _ _ _ _ _ _ _ _ _ G
2 A N F O R D E R U N G E N
3 B _ W _ _ _ _ _ _
4 H _ _ _ _ _
5 Q _ _ _ _ F _ _ A _ _ _ N _ _
6 U _ _ E R _ _ H _ _ _
7 H _ _ A _ _ _ _ R _ _ _ _ N _
8 T _ T _ _ _ _ _ T
9 A _ _ _ I _ D _ _ _
10 B _ _ _ _ _ B
11 A _ _ _ _ _ N _ _ _ _ _

Wie heißt das Lösungswort? ______________________

zur Einstiegsseite, KB 41, Aufgabe 2

2 Ingenieur – Traumjob oder Albtraum?

WORTSCHATZ

Was passt? Markieren Sie.

1 *Der Beruf / Die Berufung* des Ingenieurs ist sehr abwechslungsreich.
2 Manche müssen bis tief in die Nacht *schuften / schnuppern*.
3 Schichtarbeit erfordert *Balance / Leidenschaft* für den Beruf, denn sie ist körperlich sehr anstrengend.
4 Zu ungewöhnlichen Uhrzeiten zu arbeiten, etwa nachts oder an Feiertagen, *verlangt / verspricht* Ausdauer.
5 Dafür ist die Bezahlung häufig *übersichtlich / überdurchschnittlich*.
6 Es gibt Menschen, die ihre Tätigkeit als *Beruf / Berufung* empfinden.
7 Man sollte am Wochenende richtig *ausspannen / schuften*.
8 Man sollte darauf achten, eine *Balance / Leidenschaft* zwischen Arbeit und Privatleben herzustellen.

zu Lesen 1, KB 42, Aufgabe 2

3 Abduls Wahl

WORTSCHATZ

Ergänzen Sie in der richtigen Form.

prüfen • ~~führen~~ • schaffen • erfüllen • folgen • liegen • schauen • streben

Mohammed: Abdul hat mir erzählt, dass ihm die neue Stelle gut gefällt.
Djamal: Wirklich? Das freut mich aber! Für welchen Job hat er sich denn letztlich entschieden?
Mohammed: Er hatte ja einige Bewerbungen geschrieben. Am Ende hat er dann aber nur ein Bewerbungsgespräch geführt (1). Und die Stelle hat er bekommen!
Djamal: Er wurde von mehreren eingeladen, aber ist nur zu einem Gespräch gegangen?
Mohammed: Genau. Ich hätte es wahrscheinlich anders gemacht. Ich würde alle Angebote sorgfältig ________ (2), bevor ich eine so wichtige Entscheidung treffe.
Djamal: Er meinte, in seinem Vorstellungsgespräch hatte er einen guten Eindruck von der Firma. Und an einem Schnuppertag hat er gleich die neuen Kollegen kennengelernt und konnte ihnen sogar über die Schulter ________ (3).
Mohammed: Ich glaube, mir würde es überhaupt nicht gefallen, einem ständig auf Schritt und Tritt zu ________ (4). Da fühle ich mich doch wie ein Anfänger.
Djamal: Klar ________ (5) alle danach, rasch selbstständig arbeiten zu können. Nicht alle Tätigkeiten ________ (6) einem aber gleich.
Mohammed: Da hast du recht. Hauptsache ist doch, dass man die Erwartungen des neuen Arbeitgebers ________ (7).
Djamal: Das stimmt. Und ich glaube, Abdul wird das schon ________ (8), ich bin sicher!

WIEDERHOLUNG GRAMMATIK

zu Lesen 1, KB 43, Aufgabe 3

4 *Es* in Passivsätzen

a In welchen dieser subjektlosen Passivsätze ist *es* nicht nötig? Markieren Sie und schreiben Sie diese Sätze ohne *es*.

1 Es wird häufig innerlich gegen die Eintönigkeit im Beruf protestiert. ☒
2 Es wird mit der Suche nach einer beruflichen Alternative begonnen. ☐
3 Es wird nachgedacht und diskutiert. ☐
4 Es wird nach alternativen Berufswünschen und Hobbys gesucht. ☐
5 Es wird nachgefragt und herumgefragt. ☐
6 Es kann vielen Ratsuchenden bei der Berufswahl von Profis geholfen werden. ☐
7 Es wird dafür auf verschiedenen Internetportalen geworben. ☐
8 Es wurde auf diese Weise vielen Menschen geholfen, beruflich noch einmal neu anzufangen. ☐

b Schreiben Sie die Sätze aus a, in denen *es* nicht nötig ist, ohne *es*.

1 Häufig wird innerlich gegen die Eintönigkeit im Beruf protestiert.
Gegen die Eintönigkeit im Beruf wird häufig innerlich protestiert.

zu Lesen 1, KB 43, Aufgabe 3

5 *Es* als nicht-obligatorisches Satzelement

GRAMMATIK ENTDECKEN

a **Worauf verweist *es* in den folgenden Sätzen? Markieren Sie.**

	Verweis auf Infinitivsatz	Verweis auf Nebensatz
1 Es war ein Glücksfall für die Ingenieurin Malika Tezel, eine gute Position bei einem großen Chiphersteller zu bekommen.	X	
2 Es interessierte sie nicht, im Konzern aufzusteigen, weshalb sie alle Angebote ablehnte.		
3 Nach einiger Zeit war es für sie aber fraglich, ob sie diese Arbeit noch weitere 35 Jahre machen wollte.		
4 Sie hatte es eigentlich satt, den ganzen Tag im Büro am Computer zu sitzen und nie nach draußen zu kommen.		
5 Es war noch unsicher, welchen Beruf sie stattdessen ergreifen könnte und ob sie den Wechsel wirklich wagen sollte.		
6 Es wurde ihr klar, dass sie aus ihrer Begeisterung für Gärten einen neuen Beruf machen könnte.		
7 Die wenigsten Berufswechsler bereuen es, sich beruflich neu orientiert zu haben.		

b **Schreiben Sie die Sätze aus 5a ohne *es*.**

1 Eine gute Position bei einem großen Chiphersteller zu bekommen, war ein Glücksfall für die Ingenieurin Malika Tezel.

zu Lesen 1, KB 43, Aufgabe 3

6 Berufliche Neuorientierung

GRAMMATIK

Schreiben Sie Sätze mit oder ohne *es*. Verändern Sie dabei die Abfolge von Hauptsatz und Infinitivsatz / Nebensatz nicht.

1 Malika / lieben, / Gärten gestalten / und / Grünanlagen / planen
Malika liebt es, Gärten zu gestalten und Grünanlagen zu planen.

2 gefallen ihr / die kreativen Ideen / ihrer Kunden / optimal realisieren

3 eine große Befriedigung / für sie / sein, / dass / ihre Kunden / zufrieden sein

4 unmöglich sein, / diese Art von Anerkennung / in einem Konzern / bekommen

5 dass / auch einige Probleme / dabei / sich ergeben, / ganz / selbstverständlich / sein

6 den falschen Beruf / haben, / für manche Leute / wirklich / ein Problem sein

7 bei einem Berufswechsel / nicht immer nötig sein, / eine komplette Neuorientierung vornehmen

zu Sprechen, KB 44, Aufgabe 2

7 Eine tolle Firma!

WORTSCHATZ

Lesen Sie den Praktikumsbericht und ergänzen Sie die Wörter aus dem Kursbuch (KB 44).

In der Firma herrscht echt ein gutes ____________ (1). Zu Besprechungen bringt oft jemand etwas zum Naschen, zum Beispiel Kekse, mit. Der ____________ (2) ist angenehm. Alle Mitarbeiter duzen sich. Es werden oft Scherze gemacht, alle lachen viel. Der ____________ (3) in der Firma scheint also sehr hoch zu sein. Kritik wird möglichst konstruktiv geäußert. Positiv ist auch, dass bei wichtigen Entscheidungen, zum Beispiel bei der Einstellung neuer Mitarbeiter oder bei Entlassungen, der Betriebsrat ein ____________ (4) hat. Der Geschäftsleitung liegt sehr viel an der ____________ (5) von Leistung. Wer ein Projekt erfolgreich abgeschlossen hat, bekommt zum Dank eine E-Mail vom Chef. Wer kontinuierlich gute Leistungen erbringt, kann befördert werden oder eine Gehaltserhöhung bekommen.
Aber es gibt auch ein paar negative Seiten. Zum Beispiel die Vertragssituation (6). Wer neu eingestellt wird, muss damit rechnen, zuerst nur einen Zeitvertrag für ein, zwei oder drei Jahre zu bekommen. Festanstellungen von Anfang an sind in vielen Branchen selten geworden. Nicht so angenehm finde ich den Umgang mit der ____________ (7). „Von 9 bis 17 Uhr"-Tage gehören bei der Firma der Vergangenheit an. Oft sitzt man leider länger im Büro oder man arbeitet am Wochenende ...

zu Sprechen, KB 44, Aufgabe 2

8 Mittelständische Unternehmen

KOMMUNIKATION

Lesen Sie einen Zeitungsbericht und ergänzen Sie die Redemittel.

dafür ... getan • in Zukunft • gibt es ... Probleme • muss man allerdings auch sehen • damit rechnen, dass • setzt ... auf • mehr wert als • tun sie sehr viel

Der deutsche Mittelstand hat's schwer

Mittelständische Unternehmen haben einen festen Platz im Wirtschaftsleben des Landes. Oft stellen sie in Kleinstädten mit nur einigen Tausend Einwohnern Hightech-Maschinen her. Damit ________ ________ (1) für den Erhalt von qualifizierten Arbeitsplätzen. Aber ist dieses Modell zukunftsfähig? Mittelständler wissen, dass sie im Wettbewerb um Talente stehen. In diesem Zusammenhang ________ ________ ________ ________ ________ (2), dass junge Fachkräfte lieber in einer Metropole leben als in einer Kleinstadt. Dadurch ________ sogar in modernsten Unternehmen ________ (3) mit dem Personal. Mittelständler müssen ________ ________, ________ (4) sie nicht genügend Mitarbeiter finden, weil ihre Firma in der Rangliste der Wunscharbeitgeber nicht ganz oben steht. Wie sollen sich junge Menschen für den Mittelstand begeistern, wenn die Medien vorzugsweise über weltweit bekannte Markenhersteller berichten? Um bei der jungen Generation zu punkten, ________ manche Unternehmensleitung ________ (5) andere Dinge, zum Beispiel auf ein gutes Betriebsklima. Nach eigenen Aussagen hat man ________ schon viel mehr ________ (6), als noch vor ein paar Jahren. Diese Anstrengungen will man ________ ________ (7) noch verstärken. Ein weiterer Pluspunkt ist die Dauer der Beschäftigung: Berufseinsteiger erhalten nach der Probezeit häufiger einen festen Vertrag. Das ist für viele ________ ________ ________ (8) ein tolles Image.

zu Hören, KB 45, Aufgabe 1

9 Volontariat

WORTSCHATZ/LESEN

Lesen Sie die E-Mail. Welche Lösung (a, b, c oder d) ist jeweils richtig? Markieren Sie.

Liebe Nuray,

in **(1)** letzten Mail hast Du mich gefragt, was ein Volontariat eigentlich **(2)** bedeutet und wie ich meins gefunden habe. Volontärin heißt, man ist eine Auszubildende. Ein Volontariat ist für Leute **(3)**, die frisch aus dem Studium kommen und noch keine Berufserfahrung haben. **(4)** ist ein Volontariat genau das Richtige für den Berufseinstieg. Meins dauert ein Jahr, manchmal geht es etwas länger. Ich habe die Stellenausschreibung **(5)** Internet gefunden, indem ich den Newsletter von meinem jetzigen **(6)** abonniert und vor allem die Stellenanzeigen gelesen habe. Ja, und da fand ich **(7)** diese Ausschreibung. Nachdem ich meine Bewerbung abgeschickt hatte, hat es etwas gedauert, bis ich eine Einladung zum Vorstellungsgespräch bekam. Das Gespräch **(8)** dann zum Glück gut. Innerhalb einer Woche erhielt ich schon eine Zusage.

1
- a Dein
- b Deine
- c Deinen
- d Deiner

2
- a korrekt
- b genau
- c präzise
- d richtig

3
- a geeignet
- b getan
- c geregelt
- d verpflichtet

4
- a Darüber
- b Somit
- c Sondern
- d Weshalb

5
- a am
- b ans
- c im
- d in

6
- a Arbeitgeber
- b Arbeitnehmer
- c Freund
- d Kollegen

7
- a irgendwann
- b ohnehin
- c sowieso
- d zeitlich

8
- a betrug
- b beging
- c geschah
- d verlief

zu *Wussten Sie schon?*, KB 45

10 Anruf bei der Minijobzentrale

HÖREN

3 ◀)) 21

Lesen Sie die Aussagen und hören Sie das Telefongespräch. Entscheiden Sie, welche Aussage (a, b oder c) am besten passt. Hören Sie den Text zweimal.

1 Warum ruft die Arbeitgeberin an? Sie möchte ...
- a die Rente ihrer Angestellten nicht bezahlen.
- b eine neue Haushaltshilfe beschäftigen.
- c ihrer Haushaltshilfe mehr als 400 Euro im Monat bezahlen.

2 Was bezahlen Arbeitgeber eines Minijobbers?
- a Abgaben wie bei normalen Angestellten
- b einen Anteil für die Renten- und Krankenversicherung
- c keine Abgaben an den Staat

3 Wenn das Gehalt auf 450 Euro erhöht wird, ...
- a muss die Minijobberin Abgaben für die Rente zahlen.
- b muss die Arbeitgeberin nichts mehr für die Rente der Minijobberin bezahlen.
- c kann die Minijobberin keinen Antrag auf Befreiung stellen.

4 Warum gibt es diese Regelung? Der Staat möchte, dass ...
- a Arbeitgeber weniger Abgaben bezahlen.
- b es mehr Minijobber gibt.
- c mehr Minijobber eine Rente bekommen.

zu Hören, KB 45, Aufgabe 2

11 Bewerbertraining

LESEN

Lesen Sie den Zeitungsbericht. Ergänzen Sie in der Textzusammenfassung die fehlenden Informationen. Schreiben Sie pro Lücke nur ein Wort.

In dem Artikel wird über ein **(1)** für Arbeitssuchende berichtet. Es findet an der Arbeitsagentur statt und richtet sich an **(2)**, die eine Stelle suchen. Die Referentin bespricht an den zwei Tagen alle wichtigen Bestandteile einer **(3)** und erklärt den Teilnehmenden, wie sie sich am besten auf eine Stelle bewerben. Zum Einstieg **(4)** sie den Anwesenden eine sogenannte Stressfrage. Anschließend lehrt sie, **(5)** man beim Verfassen seines Anschreibens achten sollte. Sie empfiehlt den **(6)**, in die Bewerbung kurze **(7)** aus ihrem Leben einzubauen. Sie sagt, diese stoßen bei vielen **(8)** auf Interesse und bleiben im Gedächtnis. Wenn man dies berücksichtigt und natürlich auch die Anforderungen der **(9)** erfüllt, ist die Wahrscheinlichkeit hoch, zu **(10)** Vorstellungsgespräch eingeladen zu werden.

1 Seminar
2 ______
3 ______
4 ______
5 ______
6 ______
7 ______
8 ______
9 ______
10 ______

Bewerbung mal anders

Wer als Bewerber gehört werden möchte, braucht Selbstbewusstsein. Doch viele Menschen tun sich schwer damit, die eigene Person in ein gutes Licht zu rücken und gleichzeitig authentisch zu bleiben. Ein Seminar soll Abhilfe schaffen.

Frau Sommer arbeitet als Trainerin für die Arbeitsagentur. Am Montag um neun Uhr betritt sie ihren Seminarraum. Die Teilnehmer sind bereits da. Zwei junge Frauen unterhalten sich, einer knabbert an einem Käsebrot. Der Rest starrt gelangweilt vor sich hin, als die Trainerin die Gruppe begrüßt. „Wenn Sie ein Tier wären, welches Tier wären Sie?", fragt Frau Sommer in die Runde. Es herrscht betretenes Schweigen. „Vielleicht eine fleißige Biene? Oder ein dominanter Löwe?", fragt die Trainerin in die Runde. „Machen Sie sich darüber mal Gedanken. Das ist eine beliebte Stressfrage in Bewerbungsgesprächen!"

Alle Anwesenden stehen kurz vor dem Abschluss ihres Hochschulstudiums, sind auf Stellensuche und müssen sich bald bewerben. Trotzdem hat keiner von ihnen große Lust, an dem Seminar teilzunehmen. In den kommenden beiden Tagen werden sie lernen, wie sie sich erfolgreich um einen Job bewerben. Ein Schnelldurchlauf von A wie Anschreiben bis Z wie Zeugnis. „Ich wäre ein Fisch, die leben in Schwärmen und sind deshalb sehr teamfähig", platzt es aus einer Studentin heraus. „Sehr gut! Hat noch jemand eine Idee?"

Ein wichtiger Aspekt ist die Selbstvermarktung. Wie schafft man es, dass die Bewerbung nicht gleich auf dem Stapel mit Absagen landet? „Was Sie brauchen, sind persönliche Geschichten aus dem eigenen Leben, die Sie geschickt in die Bewerbung mit einfließen lassen", lehrt Frau Sommer ihren Teilnehmern. Sie sollen lernen, möglichst kurz und prägnant von ihren individuellen Erfahrungen zu berichten. „Die meisten Anschreiben beginnen mit dem Satz: Mit großem Interesse habe ich Ihre Stellenanzeige gelesen", sagt Sommer. „Das ist langweilig! Seien Sie kreativ!"

Das Zauberwort heißt Storytelling. Wir alle lieben Geschichten, denn Geschichten kann man sich gut merken, sie bleiben im Gedächtnis. Um das Interesse potenzieller Arbeitgeber zu wecken, muss die Bewerbung den Leser auch emotional erreichen. „Das Ziel der Bewerbungsunterlagen ist es, zu überzeugen und zum Gespräch eingeladen zu werden", resümiert die Trainerin. Und dabei spielt es eine Rolle, wie man seinen Werdegang verpackt. Wenn man dann auch noch rein formal den Anforderungen entspricht, steht einem persönlichen Kennenlernen nichts mehr im Wege.

zu Hören, KB 45, Aufgabe 3

12 Meine Bewerberstory

SCHREIBEN

Schreiben Sie eine E-Mail an einen Freund. Sammeln Sie kurze Geschichten und Anekdoten aus Ihrem Leben, die Sie in eine Bewerbung einfließen lassen können. Schildern Sie in der E-Mail, wie Sie sich interessant darstellen würden. Welche Ereignisse und Entscheidungen aus Ihrem Leben möchten Sie einbringen? Bearbeiten Sie folgende vier Leitpunkte und schreiben Sie mindestens 100 Wörter. Achten Sie auf eine klare Gliederung und eine präzise Wortwahl.

- Beschreiben Sie sich positiv, ohne sich zur Heldin / zum Helden zu stilisieren.
- Erwähnen Sie Einzelheiten wie Namen, Orte, Handlungen, Leistungen und Erfolge.
- Erläutern Sie Gründe für Ihre Entscheidungen.
- Nennen Sie Vorbilder, die für Ihre Entwicklung wichtig waren.

Liebe/Lieber …
gerade bin ich dabei, Bewerbungen zu schreiben und möchte gern persönliche Geschichten aus meinem Leben miteinfließen lassen. Ich hatte mir beispielsweise überlegt, von … zu erzählen. Eine andere Idee wäre es, meine Zeit in … zu thematisieren, schließlich habe ich dort … und … gelernt. Oder ich erzähle, wie es war, bei … in … eine Ausbildung zu machen. Dort habe ich ja dann auch …, was mich sehr geprägt hat. Was meinst Du?
Viele Grüße
Deine/Dein …

zu Wortschatz, KB 46, Aufgabe 3

13 Steuer oder Versicherung

WORTSCHATZ

Ergänzen Sie in der linken Spalte die passenden Verben. Ergänzen Sie anschließend die Form der Abgaben in der rechten Spalte. Achten Sie dabei auf die Fugenelemente.

~~erhalten~~ • befreien • übernommen • verdient • genommen • gezahlt • wählen

1 Ab einem bestimmten Alter *erhalten* Arbeitnehmer, die regelmäßig einbezahlt haben, diese Leistung bis zum Lebensende.	Rente*nversicherung*
2 Ab einem bestimmten Verdienst können Arbeitnehmer ____________, ob sie gesetzlich oder privat versichert sein möchten.	Krank____________
3 Die Höhe richtet sich danach, wie viel der Arbeitnehmer ____________ ____________. Die Höchstsätze liegen zwischen 40 und 50 Prozent.	Lohn____________
4 Je nachdem, wie stark eine Person körperlich oder geistig beeinträchtigt ist, können Hilfeleistungen in Anspruch ____________ werden.	Pflege____________
5 Wer seine Stelle verliert, erhält ein Jahr lang einen festen Prozentsatz von seinem letzten Gehalt. Allerdings nur, wenn er gearbeitet und Beiträge ____________ hat.	Arbeitslos____________
6 Die bei Rechtsstreitigkeiten anfallenden Gerichts- und Anwaltskosten werden bis zu einer bestimmten Deckungssumme ____________.	Rechtsschutz____________
7 Wer aus der Kirche austritt, kann sich von dieser Abgabe ____________ lassen.	Kirche____________

zu Wortschatz, KB 46, Aufgabe 3

14 Gehaltszettel entziffern

HÖREN

3 🔊 22 **Worüber ärgern sich die Angestellten? Hören Sie die Unterhaltung und markieren Sie.**

1 Susanne findet, dass ihr … zu niedrig ist.
- a Bruttogehalt
- b Nettogehalt

2 Arun ärgert sich, dass von seinem Urlaubsgeld … abgezogen wird.
- a die Sozialversicherung
- b die Krankenversicherung

3 Niko möchte mehr von seinem Bruttogehalt behalten und keine … zahlen.
- a Abzüge
- b Kirchensteuer

4 Tania glaubt, dass die Beiträge für … in Zukunft steigen werden.
- a die Kirchensteuer
- b die Rentenversicherung

zu Wortschatz, KB 47, Aufgabe 4

15 Aus der Arbeitswelt

WORTSCHATZ

Was passt nicht? Streichen Sie durch.

1 Brutto – Netto – ~~Posten~~ – Abrechnung
2 Entgelt – Steuern – Lohn – Gehalt
3 Gehaltserhöhung – Zusatzleistung – Fachkraft – Gutschein
4 Unternehmer – Beschäftigter – Arbeitnehmer – Angestellter

zu Lesen 2, KB 48, Aufgabe 2

16 So kommt man mit schwierigen Kollegen aus!

WORTSCHATZ

Lesen Sie die Tipps und ergänzen Sie in der richtigen Form.

blenden • brüllen • ~~Choleriker~~ • klopfen • leicht haben • Pedant • reden • übertrumpfen • Versager • wackeln • ziehen

Tipp 1: Während der _Choleriker_ (1) im Gespräch schreit, dass die Wände ____________ (2), sollten Sie völlige Ruhe bewahren: Das Problem hat der, der ____________ (3) – und nicht Sie.

Tipp 2: Schnell einen Strauß Blumen, wenn die Büro-Mutti ausnahmsweise still und unglücklich hinter ihrem Schreibtisch sitzt: Dann hat sie nämlich Geburtstag und niemand hat daran gedacht. Sie ________ es wahrscheinlich nicht ganz ____________ (4) im Leben und braucht auch mal jemanden, der ihr auf die Schulter ____________ (5).

Tipp 3: Meiden Sie den Karrieristen. Er versucht, Sie mit seinen Leistungen und Erfolgen zu ____________ (6) und Sie als ____________ (7), der nichts schafft, dastehen zu lassen. Beides ist nicht sehr angenehm.

Tipp 4: Simulieren Sie ein Telefongespräch, wenn die Quasselstrippe ohne Punkt und Komma ____________ (8), und geben Sie einen wichtigen Termin vor, wenn sich Konferenzen wie Kaugummi in die Länge ____________ (9).

Tipp 5: Am besten, man reagiert gar nicht auf die Angebereien, wenn ein Kollege versucht, die anderen mit Pseudowissen zu ____________ (10): Strafen Sie den Kollegen mit Nichtachtung.

Tipp 6: Niemals einen Stift von seinem stets aufgeräumten Schreibtisch ausleihen! Der ____________ (11) hat sie alle durchgezählt und nummeriert.

WIEDERHOLUNG GRAMMATIK

zu Lesen 2, KB 49, Aufgabe 3

17 Kollegengespräche

a Schreiben Sie mit den Wörtern in Klammern Sätze und benutzen Sie dabei das Pronomen *es*.

1 Die Kollegin konnte das gewünschte Buch leider erst gestern bestellen. (hoffentlich morgen da sein)
Hoffentlich ist es morgen da.

2 Habt ihr das Projekt „Wohlfühlen im Team" schon durchgeführt? (nein, erst morgen beginnen)

3 Das innovative Design unseres neuen Logos ist wirklich gelungen. (also, ich hässlich finden)

4 Sag mal, wo findet das nächste Meeting statt? (diesmal ausnahmsweise im Büro vom Chef sein)

5 Jetzt ist der Katalog endlich da. Wie findest du denn das neue Modell? (mir gut gefallen)

6 Ich kann die Chefin nicht erreichen, ihr Telefon ist dauernd besetzt. (ja, seit gestern kaputt sein)

b Unterstreichen Sie in 17a die Wörter, auf die sich *es* bezieht.

4

zu Lesen 2, KB 49, Aufgabe 3

18 *Es* als obligatorisches Satzelement

GRAMMATIK ENTDECKEN

a Unterstreichen Sie *es* in den Sätzen und markieren Sie, worauf sich *es* bezieht.

1 Unser neuer Kollege Kaya ist ja sehr trainiert und sportlich. Ich bin es leider nicht.
2 Schickst du mir morgen deine Notizen von der letzten Sitzung? – Natürlich, ich verspreche es dir.
3 Zahrah gießt jeden Abend die Pflanzen in allen Büros. Sie behauptet, dass sie es gern macht.
4 Früher war unsere Chefin ja sehr pedantisch und übergenau, inzwischen ist sie es nicht mehr.
5 Frau Latakia muss die Launen vom Chef ertragen und sehr oft Überstunden machen. Gern tut sie es nicht.

b Was ist richtig? Markieren Sie.

☐ *Es* bezieht sich in diesen Sätzen auf Satzteile oder Adjektive.
☐ *Es* ist in diesen Sätzen Teil einer festen Verbindung.

**c Schreiben Sie die Sätze neu.
Beginnen Sie mit dem unterstrichenen Satzteil.**

1 Es geht unserem Abteilungsleiter um neue, kreative Einfälle.
2 Wenn es etwas zu tun gibt, packt Husain das mit großer Motivation an.
3 Anna hatte es am Anfang in ihrer Abteilung schwer, denn ihre Kollegen hielten sie für eine Konkurrentin.
4 Bei Herrn Müller hat man es mit einem Menschen zu tun, der schlecht über seine Kollegen redet.
5 Daria hat es eigentlich immer eilig. Sie ist dauernd im Stress und hat viele Kundenkontakte.

1 Unserem Abteilungsleiter geht es um neue, kreative Einfälle.

d Schreiben Sie aus 18c die festen Verbindungen mit *es* heraus.

1 es geht um

zu Lesen 2, KB 49, Aufgabe 3

19 Was es alles gibt!

GRAMMATIK

Ordnen Sie die Ausdrücke in die Tabelle ein.

es ist heiß • es klopft • es klingelt • es gibt • es geht um • es schneit • es ist acht Uhr • ~~es gefällt mir~~ • es riecht gut • es raschelt • es juckt • es handelt sich um • es geht mir gut • es schmeckt mir • es tut mir weh • es zu tun haben mit • es ernst/gut/... meinen mit • es kommt darauf an

Wetter und Zeit	Geräusche	Sinneseindrücke	persönliches Befinden	feste Wendungen
		es gefällt mir		

zu Lesen 2, KB 49, Aufgabe 3

20 Joballtag

GRAMMATIK

4

a **Ergänzen Sie *es* an der richtigen Stelle.**

1 Es ist immer gut, wenn es eine Kollegin oder einen Kollegen gibt, mit der oder mit dem man seine Probleme besprechen kann.

2 Bei diesem Projekt handelt sich um das Lieblingsprojekt von unserem Abteilungsleiter.

3 Wenn regnet, kommt Herr Yaman oft später ins Büro, weil er dann mit dem Bus fährt.

4 Nach dem letzten Meeting war Esther wirklich sauer auf die Chefin. Sie meint ernst mit der Drohung zu kündigen.

5 Bei der Konferenz geht darum, die Strategie für das kommende Halbjahr festzulegen.

6 In einer schwierigen Situation kommt darauf an, die Nerven zu behalten und eine neue Strategie zu entwickeln.

7 Hast du eine Ahnung, wo die Unterlagen für den Vertrag hingekommen sind? – Nein, ich weiß leider nicht.

8 Milana ist entspannt und richtig gut erholt aus dem Urlaub zurückgekommen. – Bei dem Stress, den wir hier haben, wird sie nicht lange sein.

b **Schreiben Sie mithilfe der vorgegebenen Wendungen eigene Sätze.**

es eilig haben • ~~es handelt sich um~~ • es geht um • es gibt • es kommt darauf an

Hierbei handelt es sich um eine Grammatikaufgabe.

zu Schreiben, KB 50, Aufgabe 1

21 Anredeformen in E-Mails

HÖREN

3 23 **Hören Sie das Gespräch mit einem Verlagsexperten. Was ist richtig? Markieren Sie.**

1 Was sagt der Experte über Anredeformen in E-Mails?
- [a] Sie ändern sich.
- [b] Sie drücken einen persönlichen Stil aus.
- [c] Sie sind anders als bei einem Brief.

2 Wie ist der Gebrauch von „Liebe/r" und „Sehr geehrte/r"?
- [a] Beide Anredeformen werden manchmal auch weggelassen.
- [b] „Liebe/r" finden viele zu formell.
- [c] „Sehr geehrte/r" wird öfter verwendet.

3 Wie erklärt der Experte den Verzicht auf eine Anrede?
- [a] Die Begrüßungen fallen auch bei Treffen häufig weg.
- [b] In E-Mails gelten dieselben Regeln wie in der gesprochenen Sprache.
- [c] Es stellt sich eher ein Gefühl von Vertrautheit ein.

4 Was empfiehlt der Experte für den Geschäftsverkehr?
- [a] Am besten verwendet man die höfliche Anrede.
- [b] Man braucht sich nicht mehr an Standards zu halten, sie gelten nicht mehr.
- [c] Man sollte Anreden weglassen und sich auf den Inhalt konzentrieren.

5 Was erklärt der Experte über die zusätzliche Verwendung des Vornamens?
- [a] Man versucht, damit Distanz zu schaffen.
- [b] Man verwendet diese Form genau wie andere informelle Anreden.
- [c] Sie ist zeitgemäß.

zu Schreiben, KB 50, Aufgabe 1

22 E-Mails im Geschäftsleben

WORTSCHATZ

Ergänzen Sie die Regeln.

Anhänge • Anrede • Anschreiben • Ausdrücke • Betreffzeile • Gruß • ~~Mailadresse~~

Die richtige Form im elektronischen Schriftverkehr

1. Absender mit unseriöser Mailadresse wie „kröte@freemail.at" oder „darling@mail.net", die man vielleicht noch aus der Schulzeit hat, werden kaum ernst genommen.
2. Bei der ______ sollte man auf eine persönliche Note wie „Hallo, ich bin der Jens" verzichten.
3. Unpassend ist es außerdem, als ______ eine Abkürzung wie *MfG* anstatt *Mit freundlichen Grüßen* zu verwenden.
4. Eine nichtssagende ______ wie „Protokoll" oder „Wie geht's?" macht es schwer, die Nachricht später wiederzufinden, und wirkt unpräzise.
5. ______, die länger als eine Seite sind, werden von schnell arbeitenden Personalern kaum gelesen.
6. Zu viele ______ am Bewerbungsschreiben wirken abschreckend.
7. Smileys, Emoticons und ______ wie „*g*" (für „Grinsen") gehören nicht in eine geschäftliche Nachricht.

zu Schreiben, KB 50, Aufgabe 1

23 Danke, Kollege!

GRAMMATIK

Bilden Sie aus den Verben in Klammern Nomen und ergänzen Sie sie.

Lisa hat ein dreimonatiges Praktikum in einem ländlichen Betrieb absolviert, der rund 45 Kilometer entfernt von ihrem Wohnort liegt. Sie bedankt sich bei einem Kollegen für die Vermittlung einer Mitfahrgelegenheit.

Lieber Lukasz,

nach drei Monaten in eurem Betrieb möchte ich mich bei Dir noch für die Unterstützung (1) (unterstützen) in Sachen Mitfahrgelegenheit bedanken. Die ______ (2) (vermitteln) an Deinen Kumpel Mahmut war wirklich eine gute Idee. Superpraktisch natürlich, dass Mahmuts ______ (3) (arbeiten) gleich neben eurer Firma liegt. Zudem war die ______ (4) (fahren) mit dem Auto viel schneller als mit dem Bus und wir hatten unterwegs viele gute ______ (5) (sprechen). Aus meiner ______ (6) (sehen) hat alles prima geklappt! Im ______ (7) (anhängen) sende ich Dir noch Fotos, die ich auf der kleinen Abschiedsfeier bei Euch gemacht habe. Dürfte ich Dich um ______ (8) (weiterleiten) an alle Kollegen bitten? Danke Dir!

Viele Grüße und bis bald

Lisa

4

zu Schreiben, KB 50, Aufgabe 2

24 Ein supernetter Typ

GRAMMATIK

a **Bilden Sie so viele neue Adjektive wie möglich mit *voll-*, *extra-*, *hoch-*, *riesen-*, *super-*, *stein-*, *tief-*, *tod-* und den unten stehenden Adjektiven. Nicht immer sind alle Kombinationen möglich.**

bepackt • blau • gut • groß • ~~intelligent~~ • lecker • müde • reich • talentiert

intelligent: hochintelligent, superintelligent

b **Lesen Sie die E-Mail von Gloria an ihre Freundin Selma und setzen Sie passende Adjektive aus 24a in der richtigen Form ein. Achten Sie darauf, dass der Text abwechslungsreich wird.**

Hallo Selma,

das muss ich Dir erzählen: Bei uns hat doch ein neuer Mitarbeiter, Bruno Alfredi aus Italien, angefangen. Also, er kam gestern vollbepackt (1) in mein Büro und wollte sich die Schlüssel zu seiner Wohnung abholen. Der Typ sieht wirklich gut aus, er hat ______ (2) Augen, fast violett, unglaublich! Allerdings hat er ______ (3) Ohren. Naja. Ich bin dann mit ihm zu der Wohnung gefahren, um ihm alles zu zeigen – und dann hat er mich zu einem ______ (4) Essen eingeladen. Wir haben uns ______ (5) unterhalten und ich muss sagen, dieser Mann ist ______ (6) für Sprachen. Er spricht fließend Deutsch – Englisch, Französisch und Spanisch sowieso – und jetzt lernt er noch Chinesisch! In Italien haben seine Eltern ein großes Weingut und verdienen damit viel Geld, angeblich sind sie ______ (7). Das ist Bruno aber ganz egal, denn er ist ______ (8) und interessiert sich für alles Mögliche, bloß nicht für Geld. Also, das war wirklich ein schöner Abend, hoffentlich kommt er noch mal bei mir vorbei.

So, jetzt weißt Du das Neueste – ich muss jetzt ins Bett, denn ich bin ______ (9). Bis bald!

zu Sehen und Hören, KB 51, Aufgabe 2

25 Chancengleichheit

LESEN

Lesen Sie in einem Magazin Beiträge von unterschiedlichen Experten zum Thema Chancengleichheit auf dem Arbeitsmarkt. Wer äußert das?

1 ☐ Migranten sollten darin unterstützt werden, ihren erlernten Beruf ausüben zu können.
2 ☐ Für hochqualifizierte Migranten ist es besonders schwierig, ihren Beruf auszuüben.
3 ☐ Ausländische Abschlüsse werden häufig nicht anerkannt.
4 ☐ Im deutschsprachigen Raum arbeiten viele Migranten für wenig Lohn.
5 ☐ Menschen mit Migrationshintergrund ohne Arbeit erhalten oft weniger finanzielle Leistungen vom Staat.
6 ☐ In vielen Ländern werden ausländische Abschlüsse als nicht gleichwertig betrachtet.

A **Sprecherin für Migrations- und Integrationspolitik:** Das Thema Chancengleichheit auf dem Arbeitsmarkt sorgt immer wieder für Diskussionen. Dabei geht es oftmals darum, ob Menschen mit Migrationshintergrund benachteiligt werden. Fakt ist, dass es viele Menschen gibt, deren im Ausland erworbener Bildungsabschluss hier nicht ohne Weiteres anerkannt wird. Um trotz alledem ihren Lebensunterhalt zu verdienen, bleibt ihnen dadurch häufig nichts anderes übrig, als einer geringfügigen Beschäftigung nachzugehen, die nicht ihrer eigentlichen Qualifikation entspricht. Wünschenswert wäre es, für diese Menschen weitere Möglichkeiten der Nachqualifizierung zu schaffen, damit sie perspektivisch ihren Berufen nachgehen können.

B **Direktor des Instituts für Integrationsförderung:** Es ist erschreckend, dass die Arbeitslosigkeit bei Menschen mit Migrationshintergrund prozentual sehr viel höher ist als bei einheimischen Erwerbstätigen. Noch erschreckender finde ich jedoch, dass man als Zuwanderer in vielen Ländern im Falle der Arbeitslosigkeit weniger oder sogar gar keine staatliche Unterstützung erhält. Findet man hingegen einen Job, ist dieser oftmals im Niedriglohnsektor. Während im Durchschnitt aller OECD-Staaten ein Viertel dieser Tätigkeiten von Zuwanderern ausgeübt werden, haben in Deutschland und Österreich rund 40 Prozent der geringfügig Beschäftigten einen Migrationshintergrund. In der Schweiz sind es sogar 60 Prozent. In meinen Augen sind wir von einer Chancengleichheit noch weit entfernt.

C **Professorin für Migrationsforschung:** Um die Chancengleichheit ausländischer und inländischer Arbeitnehmer steht es aus wissenschaftlicher Sicht schlecht: In den OECD-Staaten leben über 125 Millionen Migranten. Eine aktuelle Studie zeigt jedoch: Wer zuwandert, hat auf dem Arbeitsmarkt Probleme und muss im Vergleich zur einheimischen Bevölkerung massive Nachteile hinnehmen. Erstaunlicherweise sind diese Probleme umso größer, je besser qualifiziert jemand ist. Grund hierfür ist insbesondere, dass ausländische Abschlüsse in den OECD-Staaten nur selten anerkannt werden. Während mehr als ein Drittel der Migranten hochqualifiziert ist, kann nur ein Bruchteil von ihnen dem erlernten Beruf nachgehen.

26 Meine Traumfirma

MEIN DOSSIER

Stellen Sie sich vor, Sie würden Ihre eigene Firma gründen. Was wäre Ihre Geschäftsidee? Welche Unternehmenskultur finden Sie wichtig? (Anrede, Kleidung, …) Wie viele Mitarbeiter brauchen Sie? Wie arbeiten Sie zusammen? Schreiben Sie einen Text.

Die Geschäftsidee meiner Traumfirma ist …

— AUSSPRACHE: Auslassungen und Verschleifungen, Rhythmus und Sprechflüssigkeit

1 Auslassungen hören

3 ◀)) 24 **a** **Hören Sie den folgenden Text. Unterstreichen Sie alle *e*, die nicht zu hören sind.**

Die lieben Kollegen

Liebe Kollegen musst du nicht lange bitten, wenn du Hilfe brauchst. Sie legen sich für dich mit dem Chef an und schicken dir zum Geburtstag und zu Weihnachten Karten. Einen Haken haben die lieben Kollegen aber doch: Sie erwarten, dass du nach der Arbeit mit ihnen noch was trinken gehst.

b **Lesen Sie den Text laut und lassen Sie beim Sprechen die unterstrichenen *e* aus.**

2 Gedichte

3 ◀)) 25–26 **Hören Sie die beiden kurzen Gedichte. Sprechen Sie sie dann im Chor und klatschen Sie den Rhythmus dazu. Variieren Sie beim Sprechen das Tempo: mal langsam und deutlich, dann schnell.**

1

Die Köche

Was machen die Köche?
Sie kochen und backen,
schneiden und hacken,
kneten und würzen,
tragen Mützen und Schürzen.

2

Die Chefs

Was machen die Chefs?
Sie befehlen und ordern,
loben und fordern,
befördern und entlassen,
trinken aus Tassen.

3 Betonung in Komposita

3 ◀)) 27 **a** **Hören Sie die Wortreihen. Markieren Sie bei allen Wörtern jeweils die Silbe, die am stärksten betont ist.**

1 Kirche – Steuer – Kirchensteuer
2 Steuer – Erklärung – Steuererklärung
3 Rente – Versicherung – Rentenversicherung
4 Versicherung – Betrag – Versicherungsbetrag

b **Sprechen Sie die Wortreihen aus 3a laut aus und klatschen Sie bei der Hauptbetonung in die Hände.**

c **Welches Wort trägt in deutschen Komposita die Hauptbetonung? Markieren Sie.**

1 Das Grundwort (Kirchensteuer)
2 Das Bestimmungswort (Kirchensteuer)

3 ◀)) 28 **d** **Zerlegen Sie das Kompositum „Rentenversicherungsbeitragsberechnungsgrundlage" von hinten: Sprechen Sie zuerst das Grundwort „Grundlage" aus und erweitern Sie das Kompositum in einzelnen Schritten (Grundlage – Berechnungsgrundlage – usw.). Achten Sie darauf, dass die Hauptbetonung immer auf das nächste Bestimmungswort übergeht. Hören Sie anschließend und kontrollieren Sie.**

e **Wettbewerb: Bilden Sie möglichst lange Komposita und notieren Sie sie auf einen Zettel. Wer das längste Wort gefunden hat und richtig aussprechen kann, hat gewonnen.**

LEKTION 4 LERNWORTSCHATZ

EINSTIEGSSEITE, KB 41

die Balance, -n
die Berufung, -en
der Werdegang, ¨-e

hineinschnuppern in (+ Akk.)
schuften

originell

LESEN 1, KB 42–43

der Generalist, -en
der Verdienst, -e
die Zone, -n
  die Komfortzone, -n

benötigen
überwiegen, überwog,
  hat überwogen

zufrieden sein mit

begabt
hauptberuflich
hochspezialisiert
nebenberuflich

erstaunlicherweise

SPRECHEN, KB 44

das Betriebsklima (Sg.)
die Honorierung, -en
die Kollegialität (Sg.)
das Mitspracherecht, -e
der Spaßfaktor, -en
der Umgangston, ¨-e
die Vertragssituation, -en

vermeiden, vermied,
  hat vermieden

Maßnahmen ergreifen, ergriff,
  hat ergriffen

HÖREN, KB 45

die Abgabe, -n
  die Sozialabgabe, -n
die Lohnsteuer, -n
der Minijobber, –

geringfügig

WORTSCHATZ, KB 46–47

die Abrechnung, -en
  die Gehaltsabrechnung, -en
der Abzug, ¨-e
die Aushilfe, -n
das Bruttoeinkommen, –
das Entgelt (Sg.)
die Fachkraft, ¨-e
der Freiberufler, –
die Gehaltserhöhung, -en
die Kirchensteuer, -n
der Nettolohn, ¨-e
die Pflegeversicherung, -en
der Posten, –
das Repertoire, -s
die Solidarität (Sg.)
der Solidaritätszuschlag, ¨-e
der Stundenlohn, ¨-e

sich (+Dat.) etwas einprägen
übrig bleiben

brutto
netto

LESEN 2, KB 48–49

der Choleriker, –
das Gerücht, -e
die Lappalie, -n
das Limit, -s
der Pedant, -en
die Selbstvermarktung (Sg.)
der Streber, –
der Versager, –
die Zeitbombe, -n

jemandem etwas aufdrücken
(auf-/ab-)runden
blenden
brüllen
labern
unter etwas / jemanden leiden
quaken
schwätzen
jemanden terrorisieren
trösten
übertrumpfen
wackeln
(keine) Beachtung finden
es weit bringen, brachte, hat
  gebracht
es geht um
es handelt sich um
es leicht / schwer / ... haben
es kommt darauf an
es ernst / gut / ... meinen
ihre / seine Wichtigkeit
  unterstreichen
jemanden auf die Nerven gehen
sich nach etwas sehnen

adrett
diskret
flächendeckend
teamfähig
überfordert
unberechenbar

SCHREIBEN, KB 50

hyper-
mega-
top-

SEHEN UND HÖREN, KB 51

die Chancengleichheit (Sg.)
der Mitgliedsstaat, -en

benachteiligen

sachkundig
überdurchschnittlich

4

1 Wortschatz

Was passt? Ordnen Sie zu.

☐ der Choleriker • ☐ das Mitspracherecht • ☐ der Generalist •
☐ das Honorar • ☐ die Honorierung • ☐ der Versager

1 Ein Mensch, der viele unterschiedliche Fähigkeiten hat
2 Jemand, der in wichtigen Dingen nicht die erwartete Leistung bringt
3 Die eigene Meinung wird bei wichtigen Entscheidungen berücksichtigt
4 Wenn man die Leistung einer Person achtet und würdigt
5 Bezahlung für jemanden, der freiberuflich arbeitet
6 Jemand, der sich leicht erregen lässt und zu Wutanfällen neigt

Je 1 Punkt **Ich habe ______ von 6 möglichen Punkten erreicht.**

2 Grammatik

a **Schreiben Sie die Sätze mit *es* und – falls möglich – ohne *es*, auf ein separates Blatt.**

1 fraglich sein / ob / Björn / anstrengenden Job als DJ / noch lange / durchhalten
2 Vanessa / nicht gefallen / dass / Chefin / zu / Kollegen / oft / unfreundlich sein
3 im Hamburger Hafen / für viele Menschen / auch nachts / viel zu tun / geben
4 dass / Ahmad / Gehaltserhöhung / bekommen / mich / sehr freuen
5 normal sein / für einen Arzt / auch nachts / arbeiten
6 bei diesem Projekt / gehen um / Verbesserung der Kommunikation

Je 2 Punkte **Ich habe ______ von 12 möglichen Punkten erreicht.**

b **Bilden Sie Adjektive und setzen Sie sie in der richtigen Form ein.**

tief • super • sünd • top

schnell • aktuell • schwarz • teuer

1 Gestern schien der Mond nicht, es war eine ____________ Nacht.
2 Mahmut hört sich die ____________ Hits immer erst im Internet an.
3 Leyla hat sich ein Rennrad gekauft, damit kann man ____________ fahren.
4 Liems Wohnung liegt direkt im Zentrum, sie ist sicher ____________.

Je 1,5 Punkte **Ich habe ______ von 6 möglichen Punkten erreicht.**

3 Kommunikation

Ordnen Sie die passenden Redemittel zu.

☐ Welche Rolle spielt Ihrer Meinung • ☐ Ich bin zufrieden • ☐ Für mich ist •
☐ Was würden Sie sich • ☐ Mich überzeugt besonders • ☐ Wie empfinden Sie

1 das Betriebsklima in Ihrem Unternehmen?
2 ein netter Umgangston wichtiger als ein hohes Gehalt.
3 nach das Mitspracherecht der Mitarbeitenden?
4 dass alle bei Entscheidungen mitbestimmen dürfen.
5 wünschen, um in Zukunft mehr Spaß bei der Arbeit zu haben?
6 mit der aktuellen Situation und möchte nichts daran ändern.

Je 1 Punkt **Ich habe ______ von 6 möglichen Punkten erreicht.**

Auswertung:

Ich habe ______ von 30 möglichen Punkten erreicht.

☺	😐	☹
30–24	23–18	17–0

WIEDERHOLUNG WORTSCHATZ

1 Ausstellungsbesuche

Finden Sie noch neun Wörter. Markieren Sie und ergänzen Sie.

Z	B	E	T	R	A	C	H	T	E	T	U	P	I
H	E	O	N	E	W	R	W	M	Y	Z	K	X	N
Q	W	R	V	G	U	C	I	K	I	L	R	T	T
K	E	C	A	N	S	P	R	E	C	H	E	N	E
T	R	N	X	E	Z	O	K	L	F	G	A	E	R
W	K	D	X	K	B	Z	E	D	M	I	T	A	P
L	E	R	U	C	B	T	N	L	E	N	I	X	R
Z	V	E	J	R	C	I	O	P	N	A	V	C	E
G	E	S	C	H	M	A	C	K	T	G	E	V	T
O	G	J	D	S	C	O	W	Q	D	X	B	Y	I
V	E	R	N	I	S	S	A	G	E	P	V	T	E
X	L	K	R	Y	V	M	E	Q	C	P	T	B	R
I	L	A	U	S	D	R	Ü	C	K	E	N	R	E
B	W	T	A	P	L	R	F	V	T	L	Q	S	N

1 Vor Kurzem war ich in einer Galerie, die eindrucksvolle W _ _ _ k _ unbekannter Künstler ausstellte.
2 Gern gehe ich auf die V e r n i s s a g e, also zur Ausstellungseröffnung.
3 Dort trifft man interessante, k _ _ _ t _ _ _ Menschen, die mit ihren Werken etwas Neues schaffen.
4 Junge Künstler haben zudem die Chance, vom Kunstmarkt e _ _ _ _ _ _ t zu werden.
5 Als Gast plaudert man meist ein bisschen und b _ t _ a _ _ _ _ _ die ausgestellten Werke.
6 Vor Bildern, die mich a _ _ p _ _ _ _ _ _, bleibe ich länger stehen.
7 Ich lasse sie eine Zeit auf mich _ i _ k _ _.
8 Manchmal versuche ich, ein Werk zu _ u _ _ _ p _ t _ _ _ _ _.
9 Man weiß natürlich nie, was Künstler wirklich a _ _ d _ _ _ _ _ _ wollen.
10 Mit meiner Freundin gehe ich nie auf Vernissagen, wir haben nämlich nicht denselben Kunst _ _ s _ _ _ _ _ k.

zur Einstiegsseite, KB 57, Aufgabe 1

2 Beltracchi – Die Kunst der Fälschung

LESEN

a Lesen Sie die Inhaltsangabe des Films und ergänzen Sie.

Betrug • ~~Dokumentation~~ • Gericht • Können • Opfer • Kunstfälscher • Sammler • Schaden • Stil

b Beantworten Sie die sogenannten W-Fragen *Wer, Was, Wie* und *Wann* zum Inhalt des Films.

Wer? Wolfgang Beltracchi, Maler und Kunstfälscher, und seine Frau …

In dieser Dokumentation (1) erzählen Wolfgang und Helene Beltracchi exklusiv ihre abenteuerliche Lebensgeschichte. Wolfgang Beltracchi ist Maler und vor allem ein genialer __________ (2), dem es gelang, sein __________ (3) sowie sein kunsthistorisches Wissen dafür zu nutzen, seine Fälschungen auf dem Kunstmarkt einzuschleusen und zu höchsten Preisen zu verkaufen. Er malte nicht nur bekannte Bilder nach, sondern erfand auch neue Werke, für die er den __________ (4) berühmter Maler kopierte. Experten, Gutachter, Kuratoren und __________ (5) ließen sich jahrelang von ihm täuschen. Sogar die weltbekannten und hochprofessionellen Auktionshäuser Christie's und Sotheby's kamen zunächst nicht hinter den __________ (6), bis Beltracchi „sein" Werk *Rotes Bild mit Pferden* zum Verhängnis wurde. Im Jahre 2011 stand Beltracchi dann vor __________ (7) – dort war von einem Betrugsgewinn zwischen 20 und 50 Millionen Euro die Rede. In dem „Kunstkrimi" kommen aber auch die __________ (8) sowie Kunstkritiker zu Wort. Sie berichten von dem erlittenen wirtschaftlichen wie auch ideellen __________ (9) für die Kunstwelt.

zur Einstiegsseite, KB 57, Aufgabe 1

3 Mit dem Datenhandschuh durchs Museum

LESEN

Lesen Sie den Artikel. Wählen Sie bei jeder Aussage die richtige Lösung [a], [b] oder [c] und markieren Sie.

1 Ein Kulturwissenschaftler wollte herausfinden, ...
[a] wie Museumsbesucher Kunstwerke interpretieren.
[b] warum Menschen ins Museum gehen.
[c] welche physischen Reaktionen Kunst auslösen kann.

2 Die Wirkung von Kunstwerken auf den Betrachter hat ...
[a] sich im Laufe der Zeit kaum verändert.
[b] sich in den letzten hundertfünfzig Jahren verstärkt.
[c] im Vergleich zu früher deutlich abgenommen.

3 In einem Experiment sollten Museumsbesucher ...
[a] Kunstwerke mit einem speziellen Datenhandschuh vorsichtig berühren.
[b] nicht länger als elf Sekunden vor jedem Kunstwerk stehen bleiben.
[c] mittels eines Spezialhandschuhs körperliche Reaktionen messen lassen.

4 Besonders beliebte und bekannte Bilder ...
[a] lösten früher Begeisterung und starke Emotionen aus.
[b] ließen die Betrachter früher eher „kalt".
[c] führten früher zu ähnlichen Reaktionen wie unbekanntere, „ungefälligere" Werke.

5 Die Tatsache, dass viele Museen ihre Ausstellungen zu Events machen, ...
[a] führt dazu, dass man die Ausstellungsinhalte nicht richtig wahrnimmt.
[b] führt zu einer Überforderung des Museumspersonals.
[c] lockt auch weniger interessierte Menschen in die Museen.

Welche Wirkung hat Kunst?

Die Frage, wie Kunstwerke auf den Betrachter wirken, beschäftigt Kunst- und Kulturwissenschaftler schon seit geraumer Zeit. Weitestgehend unbekannt ist jedoch, auf welche Weise sich die Betrachtung von Kunst körperlich zeigt. Neue Forschungen kamen nun zu einem überraschenden Ergebnis.

Wie zeitgenössische Quellen belegen, zeigte vor 150 Jahren so mancher Kunstfreund schon beim Anblick einer Reproduktion der Sixtinischen Madonna von Raffael heftige Gefühlsreaktionen – der eine oder andere brach sogar in Tränen aus. Heutzutage reagieren die meisten Museumsbesucher hingegen deutlich weniger emotional, auch weil sie vieles nur flüchtig ansehen. Wie eine aktuelle Studie zeigt, verweilt der durchschnittliche Besucher gerade einmal elf Sekunden vor einem Kunstwerk, bevor er sich dem nächsten zuwendet.
Im Rahmen eines Experiments mussten über 500 Museumsbesucher beim Besuch einer Kunstausstellung einen Datenhandschuh tragen, der Informationen über ihre Herzfrequenz aufzeichnete. Bei der Betrachtung unterschiedlicher Werke von Künstlern wie Claude Monet oder Andy Warhol wurde so über einen Zeitraum von drei Monaten eine große Menge an Daten gesammelt und ausgewertet. Dabei kamen die Forscher zu einem erstaunlichen Ergebnis: Gefällige, farbig leuchtende Pop-Art-Bilder, deren Drucke viele Wohnzimmer, Büros oder öffentliche Räume zieren, lösten kaum messbare Reaktionen aus. Das „Antibild" von Günther Uecker mit herausragenden Nagelspitzen brachte hingegen die Herzen der Betrachter am stärksten in Wallung und hielt sie im Schnitt eine halbe Minute vor dem Bild fest.
Dieses Resultat passt auch zum Ergebnis einer weiteren Studie: Viele Museen überfordern ihre Besucher mit der Vielzahl an ausgestellten Objekten. So konnte sich am Ausgang des Museums die Hälfte der Besucher kaum mehr an einzelne Ausstellungsstücke erinnern. Die Forscher schließen daraus, dass der Trend der letzten Jahre, Museen von beschaulichen Orten immer mehr hin zu „Eventlocations" zu entwickeln, kritisch zu sehen sei.

5

zu Sehen und Hören, KB 58, Aufgabe 2

4 Im Atelier

WORTSCHATZ

Was passt nicht? Streichen Sie durch.

1 der Spachtel – der Pinsel – ~~die Mischtechnik~~ – der Stift
2 das Studio – die Werkstatt – das Atelier – die Installation
3 die Leinwand – die Skulptur – der Zeichenblock – der Stoff
4 die Leichtigkeit – die Blockade – die Vitalität – die Freude
5 farbenfroh – lebendig – düster – hell
6 fertig – angefangen – vollendet – abgeschlossen
7 scheitern – schaffen – erreichen – gelingen

zu Wortschatz, KB 59, Aufgabe 1

5 Kunst im Park

GRAMMATIK

a **Bilden Sie aus den unterstrichenen Wörtern Verben mit *be*-.**

1 an etwas <u>arbeiten</u> → etwas bearbeiten
2 über etwas sprechen oder <u>schreiben</u> → etwas ______
3 über etwas <u>urteilen</u> → etwas ______
4 auf etwas <u>antworten</u> → etwas ______
5 über etwas <u>staunen</u> → etwas ______
6 in / auf etwas <u>pflanzen</u> → etwas ______

b **Ergänzen Sie die Verben aus 5a in der richtigen Form.**

Florale Kunst

Wir haben unseren alten Schlosspark neu mit Blumen ______ (1) und für Sie geöffnet. Er bietet nun eine wunderbare Plattform für Begegnungen von Kunst mit Natur: Hier können Sie ungewöhnliche Installationen und Skulpturen ______ (2) und sich für Ihre eigenen Werke inspirieren lassen. Die Künstler sind anwesend, beschreiben (3) den Entstehungsprozess ihrer Werke und ______ (4) gern alle Ihre Fragen. In unseren Workshops können Sie dann selbst Ton oder Holz ______ (5). Am Schluss ______ (6) unsere Jury die Arbeiten.

c **Ergänzen Sie die Präpositionen *an*, *auf* oder *über*.**

1 etwas bespannen: auf etwas spannen
2 etwas bemalen: ______ etwas malen
3 etwas beklagen: ______ etwas klagen
4 jemanden beherrschen: ______ jemanden herrschen
5 etwas besprechen: ______ etwas sprechen
6 etwas bezweifeln: ______ etwas zweifeln
7 etwas belächeln: ______ etwas lächeln

5

zu Wortschatz, KB 59, Aufgabe 1

6 Kunstworkshop

GRAMMATIK

a Bilden Sie Verben mit *be-* und schreiben Sie die Sätze mit Akkusativ-Ergänzung neu.

1 Die Teilnehmer sprachen über ihre eigenen Vorstellungen mit den Künstlern.
2 Über einige skurrile Ideen der Hobby-Künstler lächelte der Workshop-Leiter.
3 Fast alle folgten den konstruktiven Ratschlägen der jungen Bildhauerin.
4 Eine Gruppe stieg auf den Turm des Schlosses, um dort zu malen.

1 Die Teilnehmer besprachen ihre eigenen Vorstellungen mit den Künstlern.

b Bilden Sie Verben mit *be-* und schreiben Sie die Sätze mit Akkusativ-Ergänzung und *mit*.

1 Der Workshop-Leiter lud große Holzklötze in den Wagen.
2 Die Malerinnen haben wilde Tiere an die Wände gemalt.
3 Die Gruppe klebte viele Zeitungsausschnitte an die Wand.
4 Ein junger Künstler streute Rosenblätter auf die Wege.
5 Im Workshop druckten die Teilnehmer Blüten auf verschiedene Stoffe.
6 Der Aktionskünstler sprühte Graffitis an die Decke.

1 Der Workshop-Leiter belud den Wagen mit großen Holzklötzen.

zu Wortschatz, KB 59, Aufgabe 2

7 Gelungene oder misslungene Aktivitäten: Verben mit der Vorsilbe *ver-*

GRAMMATIK

a Ordnen Sie zu.

1 etwas falsch zusammenzählen — D	A etwas verdunkeln
2 etwas zu stark mit Salz würzen	B sich verlaufen
3 etwas ohne Absicht neben ein Gefäß gießen	C etwas verschönern
4 in die falsche Richtung gehen	D sich verrechnen
5 das Licht reduzieren	E versinken
6 einen Fortschritt erzielen	F etwas vergraben
7 etwas hübscher machen	G etwas versalzen
8 etwas oder jemand geht unter, z. B. im Meer	H etwas vergolden
9 etwas so in die Erde stecken, dass man nichts mehr sieht	I verarmen
10 mittellos werden	J etwas verschütten
11 etwas mit einem Edelmetall überziehen	K sich verbessern

b Schreiben Sie eine kleine Geschichte, in der Sie möglichst viele der Verben mit *ver-* aus 7a verwenden.

Es war einmal ein verarmter Maler, der sehr ungeschickt war.
Er versalzte immer sein Essen und verschüttete oft seinen Wein ...

zu Wortschatz, KB 59, Aufgabe 2

8 Ölmalerei

GRAMMATIK

Schreiben Sie die Sätze neu mit einem Verb mit *ver*-.

1 Die Malerin hat ihr Atelier dunkel gemacht.
2 Einige Sonnenblumen auf dem Bild hören langsam auf zu blühen.
3 Dieser Galerist versucht, die Fenster seiner Ausstellungsräume breiter zu machen.
4 Der Künstler will die Vergänglichkeit dadurch zeigen, dass er Obst malt, das faul wird.
5 Die Farben auf dem Foto werden blasser.
6 Am Ende seines Lebens wurde der Maler einsamer.

1 Die Malerin hat ihr Atelier verdunkelt.

zu Lesen 1, KB 60, Aufgabe 2

9 Die *documenta*

HÖREN

3 ◀)) 29

Lesen Sie die Aussagen und hören Sie das Interview mit dem Kunsthistoriker Dr. Georg Sander. Entscheiden Sie, welche Aussage (a, b oder c) am besten passt. Hören Sie den Text zweimal.

1 Die *documenta* ist ...
- a ein Teil der Biennale von Venedig.
- b eine der bedeutendsten Ausstellungen für zeitgenössische Kunst.
- c eine Ausstellung, die in Kassel ausschließlich deutsche Kunst zeigt.

2 Im Jahre 1955 fand die erste *documenta* statt – als ...
- a Ausstellung für Gartenkunst.
- b Ausstellung der Werke von Arnold Bode.
- c Versuch, ein anderes Bild vom Nachkriegsdeutschland zu vermitteln.

3 Die erste *documenta* war ...
- a sehr erfolgreich.
- b von Anfang an als wiederkehrende Ausstellung geplant.
- c sofort als wichtigste Ausstellung für zeitgenössische Kunst bekannt.

4 Als Künstler ...
- a muss man sich aktiv um eine Teilnahme an der *documenta* bemühen.
- b hat man keinen Einfluss darauf, ob man auf der *documenta* ausgestellt wird.
- c gewinnt man mit etwas Glück bei der *documenta*-Lotterie.

5 Die künstlerische Leitung der *documenta* ...
- a wird immer für zehn Jahre gewählt.
- b arbeitet nach vorgegebenen Konzepten.
- c wird immer wieder neu zusammengesetzt.

6 Die in Kassel gezeigten Außenkunstwerke ...
- a werden zum Teil von der Stadt gekauft.
- b bleiben alle nur 100 Tage stehen.
- c sind bei manchen Bürgern wenig beliebt.

7 Dr. Georg Sander rät *documenta*-Besuchern, ...
- a auf der Ausstellung möglichst viele Kunstwerke zu fotografieren.
- b sich beim Ausstellungsbesuch auf eine Auswahl an Werken zu beschränken.
- c mit viel Ehrgeiz durch die Ausstellung zu gehen.

8 Die auf der *documenta* gezeigten Kunstwerke ...
- a sollen die Besucher auf manchmal unbequeme Weise herausfordern.
- b können die Betrachter mit klassischen Kunstkonzepten vertraut machen.
- c müssen vor allem durch die Ausstellungsführer erklärt werden.

5

zu Lesen 1, KB 61, Aufgabe 3

10 Fragen zur Kunst

WORTSCHATZ

a Welche Definition passt zu den Bedeutungen im Kursbuch (KB 60–61)? Ordnen Sie zu.

1 der Betrachter	A der Versuch, etwas Identisches zu schaffen
2 der Kunstbegriff	B etwas, was man mit Worten nicht ausdrücken kann
3 der Ziegelstein	C jemand, der sich etwas ansieht
4 der Stimmungskiller	D das, was man unter Kunst versteht
5 die Nachahmung	E eine Person, die zwischen zwei Parteien steht
6 die Vermittlerin	F etwas, womit man Wände bauen kann
7 das Unaussprechliche	G etwas, wodurch man schlechte Laune bekommt

b Welcher Begriff passt nicht? Streichen Sie.

1 konkurrieren / sich messen mit / sich angleichen / wetteifern
2 vorherrschen / dominieren / bestehen / überragen
3 aufhäufen / aufschütten / sammeln / entladen
4 am Beispiel zeigen / illustrieren / veranschaulichen / veranschlagen
5 unmoralisch / verwerflich / verständnislos / gewissenlos
6 treffend / betroffen / passend / geeignet

zu Lesen 1, KB 61, Aufgabe 4

5

11 Bilder einer Ausstellung

GRAMMATIK

Ergänzen Sie *laut*, *nach*, *zufolge* oder *wie*.

Maryam Firouz, Kunstinteressierte

Laut (1) der Meinung meiner Tochter sind die Bilder in dieser Ausstellung völlig falsch gehängt. Meiner Ansicht ________ (2) stimmt das aber nicht.

Dimitré Gorki, Musiker

________ (4) schon der Kunsthistoriker Habersack gesagt hat, sind ‚Alt' und ‚Neu' ganz falsche Kategorien, wenn man die Entwicklung eines Künstlers beurteilen will. Die Kunst soll als Prozess sichtbar werden.

Husain Al-Massad, Kurator

Dem Galeristen ________ (3) ist das beabsichtigt. Denn nur so kann man den Kontrast zwischen ‚Alt' und ‚Neu' entdecken.

Lejla Balvan, Kulturmanagerin

________ (5) Katalogtext geht es hier gar nicht darum, eine Entwicklung zu zeigen. Dem Künstler ________ (6) steht jedes Werk für sich selbst.

zu Lesen 1, KB 61, Aufgabe 4

12 Kunstkritik

GRAMMATIK

Schreiben Sie den Satz mit der Angabe in Klammern neu.

1 Der Kunstkritiker meint, dass komplexe Zusammenhänge erkennbar werden müssen. (nach)
Nach Meinung des Kunstkritikers müssen komplexe Zusammenhänge erkennbar werden.

2 Ein Gerücht besagt, dass die moderne Kunst nichts dringender braucht als Kritik. (zufolge)

3 Die Kunstkritikerin Asija Mania meint, Kunst sollte Stellung beziehen. (wie + Nebensatz)

4 Manuel Leon findet, dass Konzeptkunst heutzutage wichtiger ist als Malerei. (laut)

5 Er ist der Ansicht, dass man sich als Kritiker mit Künstlern über Kunst unterhalten sollte, weil die sich in Vollzeit mit Kunst beschäftigen. (nach)

6 Ich persönlich meine, dass die Ausstellung „Kunst und Fußball" am schönsten war. (nach)

5

zu Lesen 1, KB 61, Aufgabe 4

13 Überlegungen zur Kunst

SCHREIBEN

Wählen Sie im Kursbuch (KB 60 – 61) ein Zitat aus dem Artikel oder ein Zitat einer berühmten Person aus und schreiben Sie eine kurze Stellungnahme dazu.

- Erläutern Sie, was diese Definition zum Thema Kunst Ihrer Meinung nach aussagen will.
- Überlegen Sie sich dafür ein konkretes Beispiel oder eine Situation, die dazu passt.
- Erklären Sie auch, warum Sie diese Definition von Kunst besonders anspricht.

Verwenden Sie einige der folgenden Redemittel.

„Mit dem Ausspruch: ... wird auf die ... von Kunst angespielt.
Es wird darauf aufmerksam gemacht, dass Kunst ...
Man kann sich beispielsweise ... vorstellen: ...
Die Betonung liegt hier auf ..., wie man es auch in ... vorfindet.
Ich finde dieses Zitat ..., weil damit ... hervorgehoben wird.
Sehr passend scheint mir auch die Definition von ..., denn sie stellt die Kunst ... dar."

Der Autor schreibt: „Die Kunstgeschichte funktioniert wie das Patentamt. Erfunden ist erfunden." Er macht darauf aufmerksam, dass viele Künstler nach einer Besonderheit suchen, woran man ihre Werke gleich erkennt. Der deutsche Künstler Georg Baselitz stellt beispielsweise alle Motive auf den Kopf und hat sich dadurch ein unverkennbares Markenzeichen geschaffen.

zu Sprechen, KB 62, Aufgabe 1

14 Drei Feedbacks

HÖREN

3 ◂)) 30 **a** **Hören Sie, was Zuhörer zu einer Präsentation von Mitstudenten sagen. Markieren Sie.**

	Sven	Mara	René	positive Punkte	negative Punkte
ausgewogen, mit konstruktiver Kritik					
unhöflich und sehr negativ					
sehr höflich und freundlich, aber unkritisch				toller Vortrag	

3 ◂)) 31–33 **b** **Hören Sie die drei Rückmeldungen noch einmal einzeln. Welche inhaltlichen Punkte werden positiv hervorgehoben, was wird kritisiert? Ergänzen Sie in den beiden letzten Spalten Stichpunkte.**

zu Sprechen, KB 62, Aufgabe 1

15 Rückmeldungen formulieren

KOMMUNIKATION

Lesen Sie nun die drei Rückmeldungen aus Übung 14 und ergänzen Sie in der richtigen Form.

anstatt so viele Daten und Zahlen zu nennen • viel Neues über den Künstler erfahren • eine kleine kritische Anmerkung • ~~besonders gefallen hat mir~~ • hätte man als Material • weiter nichts aufgefallen • wirklich spannend und die Präsentation nicht gut aufgebaut • wie du aufgezeigt hast • Zusammenhänge waren mir • wäre doch viel interessanter gewesen • über die dargestellte Epoche einbauen können

Sven:
„Das war ein toller Vortrag, vielen Dank dafür!
Besonders gefallen hat mir (1),
was du zu den einzelnen Bildern gesagt hast. Super!
Viele _______________ (2)
vorher nicht so klar. Außerdem habe ich _______________ (3).
Ich bin total begeistert, wie gut du das gemacht hast."

Mara:
„Danke für eure Ausführungen. Das Thema war allerdings nicht _______________ (4). Außerdem fand ich die Darstellung ganz schön trocken. _______________ (5), hättet ihr den Werdegang des Künstlers lieber mit Anekdoten aus seinem Leben darstellen sollen. Das _______________ (6).
Sonst ist mir _______________ (7)."

René:
„Alles in allem eine schöne Präsentation, das Zuhören hat richtig Spaß gemacht. Besonders interessant fand ich, _______________ (8), mit welchen Bildern einzelnen Künstlern des Expressionismus der internationale Durchbruch gelang und welche Vorläufer sie hatten. _______________ (9) hätte ich noch: Man hätte auch im Handout einen kurzen Überblick _______________ (10). Vielleicht _______________ (11) ja auch noch Postkarten oder einen Flyer verwenden können. Aber der Ausschnitt aus dem virtuellen Rundgang mit euren Erläuterungen war auch sehr anschaulich."

zu Sprechen, KB 62, Aufgabe 1

16 Wie gelingt konstruktive Kritik?

SCHREIBEN

Formulieren Sie mithilfe der Fragen sechs Regeln zum Thema *konstruktives Feedback* bzw. *konstruktive Kritik*. Die Stichpunkte unten können Anregungen liefern.

1 Was ist Ihrer Meinung nach wichtig, wenn man jemandem Feedback gibt?
2 Was versteht man unter *konstruktiver Kritik*?
3 Worauf muss man besonders achten?
4 Was sollte man Ihrer Erfahrung nach unbedingt vermeiden?
5 Auf welche Art und Weise kann man Kritik formulieren?
6 Welche Unterschiede könnte es im *Kritikverhalten* bei unterschiedlichen Menschen geben?

ehrlich, aber trotzdem immer freundlich sein | sich höflich ausdrücken und vorsichtig formulieren | „Gesichtsverlust" beim Kritisierten provozieren | jeder sollte sich äußern | Verständnis für die Situation des Vortragenden zeigen | sich über Fehler lustig machen | es besser wissen | Verbesserungsvorschläge machen | nicht in allen Kulturen üblich und bekannt | anschauliche Beispiele nennen

1 Ein gutes Feedback kann für die kritisierte Person sehr hilfreich sein, aber nur, wenn man einige Regeln beachtet. Ganz wichtig scheint mir dabei ...

zu *Wussten Sie schon?*, KB 63

17 Beim Abschreiben erwischt!

LESEN

Lesen Sie den Artikel. Welche Aussagen sind richtig? Markieren Sie.

1 Der Begriff „Plagiat" bezieht sich auf das Abschreiben fremder Texte. ☐
2 Übernimmt man Textpassagen oder ganze Texte anderer Verfasser in eigene Werke, muss man bestimmte Regeln für das Zitieren beachten. ☐
3 In der sogenannten Grauzone ist genau festgelegt, wann ein Plagiat rechtswidrig ist. ☐
4 Unter Politikern gab es bereits mehrere Plagiatsfälle bei der Veröffentlichung politischer Schriften. ☐
5 Wem ein Plagiat nachgewiesen wird, der muss seinen Doktortitel oft wieder abgeben. ☐
6 Meist können sich „Plagiateure" nicht länger in politischen Ämtern halten. ☐

Was ist ein Plagiat?

Von einem Plagiat spricht man, wenn jemand sogenannte „fremde geistige Leistung" wortwörtlich übernimmt. Dabei kann es sich um Texte, Fotos, Film- oder Tonaufnahmen oder auch Schöpfungen wie zum Beispiel Erfindungen, Musikstücke, Kunstwerke, Design oder wissenschaftliche Erkenntnisse handeln. Plagiate können gegen das Urheberrecht verstoßen, wenn etwa ein fremder Text in einer eigenen Publikation nicht als Zitat gekennzeichnet ist. Es ist allerdings nicht immer einfach zu entscheiden, ab welchem Umfang und in welcher Form die Übernahme anderer Ideen und Konzepte nicht mehr legal, also rechtswidrig ist. Hier gibt es eine sogenannte Grauzone.

Plagiate in der Wissenschaft

In den vergangenen Jahren kam es immer wieder zu Skandalen, weil man Personen aus der politischen Öffentlichkeit dank Internetrecherchen nachweisen konnte, dass sie in ihren Dissertationen auf nicht zulässige Weise von anderen Autoren kopiert hatten. Sie verloren dann meist ihren Doktortitel und mussten sich aus der aktiven Politik zurückziehen.

5

WIEDERHOLUNG GRAMMATIK

zu Lesen 2, KB 65, Aufgabe 2

18 Multitalent

Setzen Sie die Aussage des Künstlers Rob Donkor für einen Zeitungsartikel in die indirekte Rede.

Das Leben hat so viel zu bieten

„Ich brauche verschiedene Wege, um mich ausdrücken zu können. Das Leben ist so bunt und vielfältig, nichts ist eindimensional. Deswegen male ich nicht nur, sondern mache auch Musik. Für mich gehört das zusammen, alles ist Kunst. Meine Texte schreibe ich selbst, vieles habe ich selbst erlebt oder erfahren. Dass ich die Lieder auch selbst singe, ist klar. Zum Glück habe ich tolle Freunde, die die Melodien komponiert haben. Das Album ist erst im Januar herausgekommen, weil wir auch noch ein Musikvideo produziert haben. In vielen Songs geht es um das Leben in Afrika. Zwei Songs handeln von einer unmöglichen Liebe. Das ist traurig und schön zugleich."

Der Künstler Rob Donkor erzählt, dass er verschiedene Wege brauche, um sich ausdrücken zu können.

5

zu Lesen 2, KB 65, Aufgabe 2

19 Fragen in der indirekten Rede

GRAMMATIK ENTDECKEN

a **Unterstreichen Sie die Fragewörter/Konnektoren und die Verben in den indirekten Fragesätzen.**

Wer war gleich noch mal ...?

AKTUELLES FÜR SIE ZUSAMMENGEFASST

Für das Online-Magazin „Ars & Sound" wurde der Künstler Rob Donkor interviewt. Die erste Frage war, ob er neben seiner Tätigkeit als Maler auch noch eine andere Leidenschaft habe. Von Interesse war auch, wer die Texte der Songs geschrieben habe und ob er sie auch selbst singe. Dann wurde er gefragt, wer die Melodien der Songs komponiert habe und was der Grund dafür sei, dass das neue Album erst so spät erschienen sei. Zum Abschluss wurde die Frage gestellt, was die Themen der neuen Songs seien und ob er diese schön oder traurig finde.

b **Was ist richtig? Markieren Sie.**

1 Direkte Fragen werden in der indirekten Rede zu Hauptsätzen.
2 Direkte Fragen werden in der indirekten Rede zu Nebensätzen.
3 Das Fragewort fällt in der indirekten Rede weg.
4 Das Verb steht an Position 2.
5 Das Verb steht an letzter Stelle.
6 Fragen, die mit dem Verb beginnen, haben als Konnektor *ob*.

zu Lesen 2, KB 65, Aufgabe 2

20 Diskussionsrunde: Kunst

GRAMMATIK

Ergänzen Sie den Bericht über das Kunstprojekt *grenzenlos* in Noras Blog.

Kunstprojekt: GRENZENLOS

Samstag, 14 Uhr im Alten Westbahnhof

1 Was ist die Idee des Kunstprojekts *grenzenlos*?
2 Was wird genau gemacht?
3 Wer kann mitmachen?
4 Wann finden die Kurse statt?
5 Kosten die Kurse etwas?
6 Welche Sprachen werden gesprochen?

Das sind natürlich nur einige der Fragen, die wir auf unserer Informationsveranstaltung zum Kunstprojekt *grenzenlos* thematisieren werden. Wenn ihr euch also für unseren Gedanken „Kunst verbindet Kulturen" interessiert und aktiv bei unserem Kunstprojekt mitmachen wollt: Kommt vorbei und informiert euch selbst!

Nora Höfler, 23

Am letzten Samstag gab es eine interessante Veranstaltung im „Alten Westbahnhof". Das Kunstprojekt *grenzenlos* hat sich vorgestellt, es kamen viele junge Leute und es wurde gefragt, was die Idee des Kunstprojekts „grenzenlos" sei (1) und ______________________ (2). Die Antwort: Kunst verbindet Kulturen, es gibt verschiedene Workshops zu Musik, Malerei und Theater. Die weiteren Fragen waren, ______________________ (3) und ______________________ (4). Da gab es die Information, dass jeder mitmachen kann und die Kurse immer samstags ab 14.00 Uhr stattfinden. Viele wollten noch wissen, ______________________ (5) und ______________________ (6). Die gute Nachricht: Die Kurse sind umsonst und es ist egal, welche Sprache man spricht. Kunst ist ja eine Sprache, die man auch ohne Worte versteht … ☺

zu Schreiben, KB 67, Aufgabe 3

21 Imperativ in der indirekten Rede

GRAMMATIK ENTDECKEN

a **Lesen Sie die Tipps zur Gestaltung einer Mappe und unterstreichen Sie die Modalverben in der indirekten Rede.**

direkte Rede	indirekte Rede
„Bearbeiten Sie für Ihre Mappe nur Themen, die zu Ihrem Studiengang passen!"	Die Agentur empfiehlt, man solle für seine Mappe nur Themen bearbeiten, die zum Studiengang passen.
„Legen Sie keine Arbeiten in die Mappe, die älter als ein Jahr sind!"	Man dürfe keine Arbeiten in die Mappe legen, die älter als ein Jahr sind.
„Zeigen Sie unbedingt eigenständige, originelle Bilder!"	Man müsse eigenständige, originelle Bilder zeigen.
„Bitte wenden Sie sich bei weiteren Fragen an unsere Agentur!"	Bei weiteren Fragen möge man sich an die Agentur wenden.

b **Ergänzen Sie die Tabelle.**

direkte Rede	Modalverb in der indirekten Rede
Imperativ mit *unbedingt, auf jeden Fall*	
Imperativ mit *bitte*	
Imperativ mit Negation	dürfe nicht / dürfe kein(e)
Imperativ	

zu Schreiben, KB 67, Aufgabe 3

22 Ratschläge für junge Künstler

GRAMMATIK

Setzen Sie die Ratschläge an junge Künstler in die indirekte Rede.

1 Finde zuerst einmal heraus, ob du wirklich Künstler sein willst!
Man solle zuerst einmal herausfinden, ob man wirklich Künstler sein wolle.

2 Triff dich unbedingt mit gleichgesinnten Künstlern und vergleiche deine Arbeiten!

3 Kopiere die anderen aber nicht. Zeige bitte deine eigene Sicht der Dinge!

4 Arbeite so lange, bis die Arbeit in sich stimmig und überzeugend ist!

5 Sei nicht zu schnell mit dir zufrieden!

6 Lass dich nicht entmutigen, sei entschlossen und geradlinig!

23 Lieblingskunst

MEIN DOSSIER

Wählen Sie aus der Lektion oder im Internet ein Kunstwerk aus. Schreiben Sie, warum Sie sich davon angesprochen fühlen. Erläutern Sie auch, in welcher Form Sie Kunst am liebsten genießen, etwa in Museen und Ausstellungen oder indem Sie sich beispielsweise ein Video oder einen Bildband ansehen.

Gut gefällt mir das Bild ... von ...
Es stellt für mich ... dar. / Es zeigt ...
... hat mich angesprochen, weil ...
Bei diesem Kunstwerk denke ich an ...
Wenn ich Kunst genießen möchte, ...
Die intensivste Kunsterfahrung ist / wäre für mich, ...
Ich kann mir vorstellen, demnächst einmal ...

EINSTIEGSSEITE, KB 57

die Interpretation, -en
die Wirkung, -en

SEHEN UND HÖREN, KB 58

das Atelier, -s
die Blockade, -n
das Hilfsmittel, –
das Konzert, -e
das Wunschkonzert, -e
das Porträt, -s
die Vitalität (Sg.)

WORTSCHATZ, KB 59

der Bildhauer, –
die Leinwand, ¨-e
der Meißel, –
der Rahmen, –
die Skulptur, -en

bemalen
bespannen
etwas spannen (auf)
vereinfachen
vergolden
sich verhören
versäumen
verschönern
sich verwählen
sich / jemanden verwandeln

unterirdisch
verwirrt

LESEN 1, KB 60–61

der Kunstbegriff, -e
die Nachahmung, -en
der Staub (Sg.)
der Stimmungskiller, –
der Vermittler, –
die Vermittlerin, -nen
das Verständnis (Sg.)
das Kunstverständnis (Sg.)
der Ziegelstein, -e

sich ausdrücken
sich lieb haben, hatte lieb, hatte lieb gehabt
sprühen
veranschaulichen
vorherrschen
wetteifern

jemandem vertrauen
für etwas Verständnis zeigen

sichtbar
unaussprechlich

SPRECHEN, KB 62–63

die Ausstellung, -en
die Dauerausstellung, -en
das Museum, die Museen
das Urheberrecht, -e

zitieren

einen Überblick geben
ein Resümee ziehen, zog, hat gezogen

anschaulich
fundiert
interaktiv
temporär

LESEN 2, KB 64–65

der Durchbruch, ¨-e
der Einzelkämpfer, –
die Einzelkämpferin, -nen
das Lehramt (Sg.)
der Neid (Sg.)
die Tauschbörse, -n

toben

sich Gedanken machen über
sich ein zweites Standbein zulegen

abgesichert
diesjährig
versichert

SCHREIBEN, KB 66–67

die Mappe, -n
die Option, -en
die Sprachnachricht, -en

etwas außer Acht lassen, ließ, hat gelassen
beeindruckt sein

unverbindlich

5

1 Wortschatz

Was passt? Ergänzen Sie.

1 Eine Malerin / Ein Maler arbeitet in ihrem/seinem ______________.
2 Mit Ölfarben malt man auf eine ______________.
3 Bilder, die immer in einem Museum hängen, sind zusammengenommen die ______________.
4 Die Abbildung einer Person als Gemälde oder Foto nennt man ______________.
5 Wer Skulpturen anfertigt, ist ein ______________.
6 Das Werk eines Künstlers ist geschützt durch das ______________.
7 Skizzen und Entwürfe für die Bewerbung an der Akademie sammelt man in einer ______________.

Je 1 Punkt **Ich habe ______ von 7 möglichen Punkten erreicht.**

2 Grammatik

a **Schreiben Sie die Sätze mit Verben mit den Vorsilben *be-* oder *ver-* neu auf ein separates Blatt.**

1 Ich bin in die falsche Richtung gelaufen.
2 Ich habe meine Wohnung schöner gestaltet.
3 Ich habe auf eine Holzplatte gemalt.
4 Ich habe über das tolle Gemälde gestaunt.
5 Ich habe die Erklärung einfacher gemacht.
6 Ich habe nicht richtig gehört, was du gesagt hast.

Je 1 Punkt **Ich habe ______ von 6 möglichen Punkten erreicht.**

b **Formen Sie die Sätze auf einem separaten Blatt in die indirekte Rede um.**

1 Nayan fragte ihren Kunsthändler Adam: „Wie viele Werke von mir wirst du ausstellen?"
2 Adam fragte zurück: „Hast du deine letzte Serie denn schon beendet?"
3 Nayan bat ihn nun: „Sieh dir doch bitte meine neuen Bilder mal an!"
4 Adam sagte: „Dann bring sie mir auf jeden Fall bis Anfang der Woche vorbei!"
5 Da meinte Nayan: „Sei aber nicht böse, wenn ich am Sonntag vor der Tür stehe!"

Je 2 Punkte **Ich habe ______ von 10 möglichen Punkten erreicht.**

c **Ergänzen Sie *laut*, *nach*, *zufolge* oder *wie*.**

1 ____________ meinem Professor geht es nun darum, seinen eigenen Stil zu finden.
2 Den Organisatoren ____________ hatte das neue Museum bereits eine halbe Million Besucher.
3 ____________ Ansicht einiger Besucher ist der Eintrittspreis für Normalverdiener jedoch zu hoch.
4 ____________ die Museumsleitung verkünden ließ, wird es bald Sonderpreise für Familien geben.

Je 0,5 Punkte **Ich habe ______ von 2 möglichen Punkten erreicht.**

3 Kommunikation

Was passt? Schreiben Sie das passende Wort ans Zeilenende und markieren Sie die Stelle, an der es fehlt.

gefallen • gelungene • zusammenhängen • einige Zitate • zum Aufbau

1 Ich finde, das war eine Präsentation . ______________
2 Besonders haben mir die vielen tollen Bilder . ______________
3 Eine kleine Anmerkung hätte ich noch deines Vortrags . ______________
4 Nicht so klar war mir nämlich, wie die Schaffensperioden des Künstlers . ______________
5 Anstatt hier nur Daten zu nennen, wären vielleicht aussagekräftiger . ______________

Je 1 Punkt **Ich habe ______ von 5 möglichen Punkten erreicht.**

Auswertung:

Ich habe ______ von 30 möglichen Punkten erreicht.

☺	🙂	☹
30–24	23–18	17–0

WIEDERHOLUNG WORTSCHATZ

1 Rund um die Uni

a Schreiben Sie aus den Wortteilen einen Satz.

stu • Ich • mie • Bio • und • diere • Che • logie

Lösung: ______________________________

b Was passt? Ordnen Sie zu.

1 der Studien	A bereich
2 das Vorlesungs	B wissenschaft
3 die Lehr	C aufenthalt
4 der Fach	D verzeichnis
5 der Auslands	E veranstaltung
6 die Natur	F gang

c Was passt nicht? Streichen Sie durch.

1 eine Frage	stellen – haben – ~~halten~~ – beantworten
2 ein Referat	halten – ausarbeiten – vorbereiten – zustimmen
3 eine Vorlesung	bringen – besuchen – halten – vorbereiten
4 einen Eindruck	vermitteln – haben – bekommen – halten
5 einen Überblick	bekommen – durchführen – vermitteln – haben
6 eine Rede	vorbereiten – halten – ablesen – geben
7 eine Entscheidung	treffen – fällen – gewinnen – vermeiden
8 eine Meinung	fällen – vertreten – haben – verteidigen
9 Kenntnisse	vertiefen – treffen – erweitern – erwerben

zur Einstiegsseite, KB 69, Aufgabe 2

2 Studium mit 50

HÖREN

3 ◀)) 34 **Hören Sie das Interview. Was ist richtig? Markieren Sie.**

1 Wer wird hier interviewt?
- [a] Ein 50-Jähriger, der Ingenieur werden möchte.
- [b] Ein Ingenieur, der noch einmal zur Uni zurückkehrt.
- [c] Ein Hochschullehrer, der Ingenieurbau lehrt.

2 Der Mann möchte …
- [a] sein Arbeitsleben in eineinhalb Jahren abschließen.
- [b] Neues dazulernen.
- [c] Baumanager werden.

3 Wie schafft er sein Arbeitspensum? Er …
- [a] richtet seine Arbeitstermine nach dem Stundenplan an der Uni.
- [b] legt Uni-Termine so, dass er voll im Beruf arbeiten kann.
- [c] legt berufliche Termine so, dass seine Frau viel übernehmen kann.

4 Nach Abschluss des Masters könnte er sich vorstellen, …
- [a] als Angestellter tätig zu sein.
- [b] in der Schule weiterzulernen.
- [c] Mathe und Physik zu studieren.

6

zu Lesen 1, KB 70, Aufgabe 1

3 Studieninhalte

WORTSCHATZ

Ergänzen Sie in der richtigen Form.

~~auswerten~~ • betreuen • entwerfen • dokumentieren • schlichten • übertragen • verfassen

1 Lukasz macht in Chemie gerade eine praktische Übung im Labor und lernt, wie man die Ergebnisse von Experimenten auswertet.
2 Anschließend muss er in einem Protokoll ______, mit welcher Methode er gearbeitet hat.
3 Nuray studiert Architektur. Sie will umweltfreundlichere Häuser ______.
4 Ayden möchte als Bauingenieurin arbeiten und große Projekte wie zum Beispiel Staudämme oder Brücken ______.
5 Barbara hat sich für ein Seminar eingeschrieben, in dem man lernt, journalistische Texte zu ______.
6 Ognen befasst sich in Informatik damit, wie man große Mengen von Informationen zwischen Computern ______ kann.
7 Tadisa macht in einem Fernstudium eine Ausbildung zur Mediatorin. Darin lernt sie, einen Streit unter Kollegen zu ______.

6

zu Lesen 1, KB 70, Aufgabe 1

4 Hochschulen und Studiengänge

WORTSCHATZ

a **Was passt nicht? Streichen Sie durch.**

1 Kunstakademie – Hochschule – ~~Realschule~~ – Technische Universität
2 Sozialarbeit – Psychologie – Sozialpädagogik – Geologie
3 Fachrichtung – Studienordnung – Studiengang – Studienfach
4 Veranstaltung – Seminar – Mitschrift – Vorlesung
5 Fundament – Basis – Grundlage – Facette
6 Prinzip – Regel – Konstruktion – Gesetz
7 Germanistik – Jura – Gesetzeskunde – Rechtswissenschaft

b **Was passt? Ergänzen Sie.**

Berufsakademien • Fachhochschule • Pädagogischen Hochschule • ~~Technische Universitäten~~ • Universität

Technische Universitäten (1) bieten ein breites Angebot an ingenieur- und naturwissenschaftlichen Fächern. Das Studienangebot einer ______ (2) umfasst ein breites Spektrum an unterschiedlichen Studiengängen. Eine ______ (3) bietet in Deutschland ein Studium mit starkem Praxisbezug. Die theoretische Ausbildung ist mit der praktischen Ausbildung in einem Unternehmen verknüpft (duales System). Hauptausrichtung einer ______ (4) ist die Lehr- und Lernforschung. Sie ist für die Aus- und Fortbildung von Lehrern zuständig. In jüngerer Zeit haben sich neben den kostenfreien staatlichen zunehmend private ______ (5) etabliert, die meist geringere Studentenzahlen aufweisen und Gebühren verlangen.

zu Lesen 1, KB 70, Aufgabe 1

5 Der deutsche Wortschatz

LESEN

Lesen Sie den Zeitungsartikel. Ergänzen Sie in der Textzusammenfassung die fehlenden Informationen. Schreiben Sie pro Lücke nur ein Wort.

Sprachwissenschaftler erklären aufgrund ihrer **(1)**, wie sich die deutsche Sprache entwickelt. Sie zeigen, dass sich deutsche Muttersprachler heute differenzierter **(2)** als früher. Der Wortschatz ist stark **(3)**. Bei der **(4)** sieht die Situation anders aus, denn sie ist im Gebrauch einfacher geworden. Vor schwierigen Entscheidungen stehen Sprachwissenschaftler, wenn Wörter mehrere **(5)** haben. Für Diskussionen sorgt auch immer wieder, dass deutsche Sprecher viele Wörter aus dem Englischen **(6)**.

1 Forschungsergebnisse

2 ______________

3 ______________

4 ______________

5 ______________

6 ______________

Alles dreht sich um Sprache

Sprachwissenschaftler beschäftigen sich unter anderem mit dem Wortschatz einer Sprache. In den letzten 100 Jahren ist die Zahl der Wörter im Deutschen um 1,6 Millionen Wörter gewachsen. Vor allem die Komposita, sprich die zusammengesetzten Wörter, haben sich vermehrt. Manche Begriffe hängen dabei schlicht mit technischen Neuerungen zusammen. Die Worte *Parklücke* und *Führerschein* gibt es beispielsweise erst, seitdem es Autos gibt. Durch diesen stetigen Anstieg der Wortmenge vergrößern sich auch die Ausdrucksmöglichkeiten im Deutschen. Die Ergebnisse der Wortschatzforschung sind wichtig für Lexika. Für die Arbeit an neuen Wörterbüchern ist aber auch die Entwicklung der Grammatik wichtig. Während die Anzahl der Wörter stark wächst, sind bei der Grammatik leichte Einbußen zu verzeichnen, das heißt, insgesamt wird die Grammatik einfacher. Das gilt nicht nur für das Deutsche, sondern ist für nahezu alle großen Kultursprachen typisch. Skeptiker sprechen von *Formenverfall*. Tatsächlich vermeiden viele Sprecher im Deutschen heute den Genitiv: Den *Besuch vom Onkel* gibt es häufiger als den *Besuch des Onkels*.

Wörterbücher bilden immer den Sprachgebrauch ab. Wörter, die Menschen häufig benutzen, werden somit automatisch in die Lexika aufgenommen. Doch längst nicht alle Wörter setzen sich durch. Der *City Call* der Deutschen Telekom hatte beispielsweise nur eine kurze Lebensdauer. Sinnvolles dagegen bleibt und trägt zur Differenzierung der deutschen Sprache bei. Das *Event* hat die *Veranstaltung* nicht verdrängt, sondern um eine Facette ergänzt. Für Wissenschaftler ist dabei zuerst die Frage zu klären, was als Wort zählt. Schwierig ist hier die Mehrdeutigkeit vieler Wörter: *Verband* kann sowohl einen *Arbeitgeberverband* meinen als auch einen medizinischen Verband. Zählt man das Wort also doppelt?

Auch der Einfluss des Englischen auf die deutsche Sprache beschäftigt die Sprachwissenschaftler. Während Kritiker von einer Dominanz des Englischen sprechen, sehen andere die Übernahme englischer Wörter in den deutschen Wortschatz nicht als Problem, weil sie wie deutsche Wörter flektiert werden. So sagen wir beispielsweise *gedownloaded* oder *downgeloaded*, wenn wir von *downloaden* in der Vergangenheit sprechen.

WIEDERHOLUNG GRAMMATIK

zu Lesen 1, KB 71, Aufgabe 2

6 Modernes Studium

Welche Präposition mit Dativ passt? Markieren Sie.

1 Die moderne Lehre an der Universität soll den Studierenden *dank / laut / außer* theoretischem Wissen auch Kompetenzen vermitteln, die sie im Berufsleben gebrauchen können.
2 Professor Huber *laut / zufolge / außer* muss ein gutes Studium so angelegt sein, dass nicht nur Fähigkeiten vermittelt werden, sondern auch das Weltbild geprägt wird.
3 *Laut / Dank / Zufolge* dem Uni-Präsidenten sollte die Universität ein Zentrum für Lebenswissenschaft sein.
4 Seiner Meinung *nach / dank / laut* ist es wichtig, in die Medizinerausbildung auch Geisteswissenschaften wie Philosophie einzubeziehen.

zu Lesen 1, KB 71, Aufgabe 2

7 Präpositionen mit Dativ

GRAMMATIK ENTDECKEN

a **Markieren Sie die Präpositionen mit Dativ.**

Liebe Larissa,

jetzt bin ich samt Mann und Kind in Hamburg gelandet und studiere hier fern meiner Heimatstadt Belgrad Sozialpädagogik. Saša hat eine gute Stelle entsprechend seiner Qualifikation als Informatiker gefunden. Inzwischen haben wir uns auch eingelebt, wir haben eine schöne Altbauwohnung und einen kleinen Garten. Es stimmt übrigens nicht, dass es hier im Norden immer regnet. Man kann alles draußen machen, wenn man dem Wetter entsprechend angezogen ist. Eigentlich wollten wir ja auch unsere beiden Papageien Max und Lora mitnehmen. Den neuen Nachbarn zuliebe haben wir aber beide Vögel samt ihrem Käfig verkauft. Die beiden vermisse ich schon – und Dich, meine Belgrader Freunde und Belgrad natürlich auch! Besuch uns doch bald mal, wir haben Platz!

Liebe Grüße
Lejla

b **Was ist richtig? Markieren Sie.**

	steht vor dem Nomen	steht nach dem Nomen	steht vor oder nach dem Nomen
entsprechend			
fern			
samt			
zuliebe			

zu Lesen 1, KB 71, Aufgabe 2

8 Studierende und Ex-Studierende

GRAMMATIK

Schreiben Sie die Sätze mit *entsprechend, fern, samt* und *zuliebe* neu.

1 Ein Semester hat Habib in Bonn verbracht, weil sich seine deutsche Freundin das gewünscht hat.
2 Natalia ist mit dem Gartenbau-Studium gerade fertig geworden und hatte ihren ersten Auftrag: Der Park, den sie entworfen hat, entspricht ihren Vorstellungen und ist sehr schön geworden.
3 Samir hat für sein Examen in den Bergen, weit weg von seinen Freunden, gelernt.

4 In diesem Seminar steht der Roman *Der Campus* zusammen mit seiner Entstehung im Mittelpunkt.
5 Um ihrem Kommilitonen einen Gefallen zu tun, hat Aylin in der letzten Vorlesung genau mitgeschrieben.

1 Ein Semester hat Habib seiner deutschen Freundin zuliebe in Bonn verbracht.

zu Wortschatz, KB 72, Aufgabe 2

9 Studienfächer und Fachausdrücke

GRAMMATIK

a Ergänzen Sie die Endungen *-ment, -anz/-enz, -ismus/-asmus* oder *-ar/-är* und den passenden Artikel.

1 Biologie:	der	Organismus,	d___	Experi___
2 Theologie:	d___	Sakra___,	d___	Buddh___
3 Rhetorik:	d___	Argu___,	d___	Sark___
4 Kunstgeschichte:	d___	Impression___,	d___	Eleg___
5 Medizin:	d___	Medika___,	d___	Instru___
6 Medienwissenschaft:	d___	Doku___,	d___	Journal___
7 Psychologie:	d___	Intellig___,	d___	Enthusi___
8 Wirtschaft:	d___	Manage___,	d___	Bil___
9 Berufe:	d___	Bibliothek___,	d___	Sekret___

b Bilden Sie vier Beispielsätze.

1 Tom studiert Theologie. Zurzeit beschäftigt er sich mit dem Buddhismus.

zu Hören, KB 73, Aufgabe 2

10 Korrekte Anrede

WORTSCHATZ

Ergänzen Sie in der richtigen Form.

Dozent • Tutor • Gleichstellungsbeauftragte • Anrede • Geschlechter • ~~differenzieren~~ • Titel • Kommilitone • Gleichstellung • Schriftverkehr

96_Aysche

Ich habe jetzt im Wintersemester mein Studium angefangen und habe eine Frage: Welche ___ (1) benutze ich, wenn ich einem Professor, einer Professorin oder einem anderen ___ (2) schreibe? Inzwischen wird das Thema ___ (3) ja überall diskutiert. Besonders im ___ (4) bin ich da sehr unsicher. Man will ja keine Fehler machen. Heißt es Frau Professor oder Frau Professorin oder kann ich einfach nur „Sehr geehrte Frau XY" schreiben. Und wie rede ich meine Mitstudentinnen und Mitstudenten an? Kann mir da jemand weiterhelfen?

frag_akono

Ich habe kürzlich genau über diese Fragen mit unserem ___ (5) und unserer ___ (6) gesprochen! Dabei kam heraus, dass sehr viele unserer ___ (7) die Professoren in E-Mails mit „Liebe Frau/Lieber Herr X" anschreiben. Einige Professoren legen aber Wert auf ihren ___ (8) und wollen mit „Sehr geehrte/r Frau/Herr Professorin/Professor" angesprochen werden. Man muss also sowohl bei Titel und Anrede aufpassen und differenzieren (9). Und wenn Du eine Rundmail an Deine KommilitonInnen schreibst, solltest Du auf jeden Fall alle ___ (10) berücksichtigen.

6

zu Hören, KB 73, Aufgabe 2

11 Gendergerechtigkeit in der Diskussion

LESEN

Lesen Sie den Zeitungsartikel und markieren Sie die richtigen Antworten.

Wie geschlechtsneutral ist unsere Sprache?

Im deutschsprachigen Raum gibt es seit geraumer Zeit eine engagierte Diskussion über die geschlechtsneutrale Verwendung von Sprache. In wissenschaftlichen Publikationen ist es schon seit längerer Zeit üblich, alle Geschlechter sprachlich gleich zu behandeln. Statt von Studentinnen und Studenten spricht man inzwischen häufig von Studierenden. Doch auch jenseits der Hochschulen, in Stadtverwaltungen, Behörden oder Unternehmen, setzt sich der Trend durch.

Es gibt Fälle, in denen die Geschlechtsneutralität zum sprachlichen Standard wird. So haben beispielsweise die Städte Augsburg und Hannover öffentlich erklärt, zukünftig auf die Genderneutralität in den Formulierungen offizieller Schreiben zu achten. Alle Mitarbeitenden sollen Formulierungen wählen, die das Geschlecht der bezeichneten Person nicht weiter bestimmen. Das wäre zum Beispiel die Bezeichnung Wählende statt Wählerinnen und Wähler.

Die Ankündigung der beiden Städte, eine geschlechtsneutrale Amtssprache zu etablieren, hat in den Medien kontroverse Diskussionen ausgelöst. Kritiker sprechen von Genderwahnsinn. Sie fürchten eine Verkomplizierung der etablierten Prozesse und bezeichnen das Engagement für eine fairere Ausdrucksweise als reine Zeitverschwendung. Befürwortern der neuen Regelung geht es hingegen um Respekt gegenüber allen Geschlechtern sowie gegenüber denjenigen, die sich nicht den Geschlechtern Mann oder Frau zuordnen und sich selbst als intersexuell oder divers bezeichnen.

Es ist und bleibt nicht einfach mit der geschlechtsneutralen Sprache. Zu erwarten ist, dass das Thema auch in Zukunft für Diskussionen und Gesprächsstoff sorgen wird. Wer sich am Ende durchsetzen wird, bleibt dabei offen. Nur eines ist sicher: Die Zeiten, in denen die männliche Form den sprachlichen Normalfall darstellte, sind auf jeden Fall vorbei.

1 Worum geht es in dem Artikel?
- a Eine passende Anrede für das dritte Geschlecht.
- b Eine Ausdrucksweise, die alle Geschlechter gleich behandelt.
- c Eine Sprache, die sich je nach Geschlecht des Sprechers unterscheidet.

2 Wie wird das Thema in den Wissenschaften gehandhabt?
- a In der Forschungsliteratur ist die Geschlechterneutralität gut etabliert.
- b Forschende verzichten grundsätzlich auf Geschlechterneutralität.
- c Das Thema muss erst noch mehr erforscht werden, bevor es umgesetzt wird.

3 Was haben die Städte Augsburg und Hannover verändert?
- a Alle Mitteilungen sollen geschlechtsneutral formuliert werden.
- b In Schreiben sollen neben Männern auch Frauen berücksichtigt werden.
- c Alle städtischen Angestellten müssen ihr Geschlecht nennen.

4 Was bemängeln Kritiker an den neuen Regelungen?
- a Die Neuerungen verursachen sehr hohe Verwaltungskosten.
- b Es gibt keine Formulierungen, die geschlechtsneutral sind.
- c Die intensive Beschäftigung mit dem Thema ist zu zeitaufwendig.

5 Was sagen die Fürsprecher der Neuerung?
- a Alle Formulierungen müssen die Geschlechter Mann und Frau ansprechen.
- b Die Wörter *divers* und *intersexuell* sollten gesetzlich verankert werden.
- c Ziel ist das Einbeziehen aller Menschen durch eine geschlechtsneutrale Sprache.

zu Lesen 2, KB 74, Aufgabe 1

12 Studium im deutschsprachigen Raum

LESEN

Lesen Sie die vier Texte (A–D). In welchen Texten gibt es Aussagen zu den Themenschwerpunkten (1–5)? Zu jedem Themenschwerpunkt gibt es mehrere Aspekte. Notieren Sie die Lösungen in Stichpunkten.

- Thema 1: Bedeutung der Deutschkenntnisse
- Thema 2: Technische Ausstattung
- Thema 3: Verhalten der Lehrenden
- Thema 4: Eigene Wünsche an das Studium
- Thema 5: Berufliche Möglichkeiten

Thema 1: Bedeutung der Deutschkenntnisse
Text A: Sprechen kein Problem, Deutsch vorher gelernt, Verstehen manchmal schwierig
Text C: ...

A **Ninh Tran, 24 Jahre, Psychologie, Linz**
Das Sprechen war eigentlich kein Problem. Deutsch habe ich schon vor meinem Studium gelernt. Nur das Verstehen machte mir manchmal ein bisschen Schwierigkeiten. Aber die meisten Menschen hier sind nett und geben sich wirklich Mühe mit mir. Das ist insbesondere auch an der Uni so. Ich finde es unglaublich, wie eng der Kontakt zu den Lehrenden ist. Wenn man eine Frage oder ein Problem hat, kann man immer auf sie zukommen. Schön fände ich es, wenn ich in einem höheren Semester mehr Möglichkeiten bekäme, die Praxis kennenzulernen. Klar, die Theorie in den Vorlesungen und Seminaren ist wichtig. Aber so ganz ohne praktische Erfahrung in das Arbeitsleben einzusteigen, stelle ich mir schwierig vor.

B **Hussein, 26 Jahre, Wirtschaftsinformatik, Bayreuth**
Für ein Studium in Deutschland habe ich mich wegen der guten Technik an den Universitäten entschieden. Hier ist es ganz normal, dass es überall schnelles Internet gibt. Die meisten Seminarräume haben einen Beamer, in manchen gibt es interaktive Whiteboards. Ich muss sagen, so macht Studieren richtig Spaß! Hinzu kommt, dass es uns so auch unmittelbar auf das Berufsleben vorbereitet, wo wir ja auch mit der neuesten Technik konfrontiert sein werden. Ich würde gern auch nach dem Studium im deutschsprachigen Raum bleiben. Hier gibt es viele attraktive Arbeitgeber und die Arbeitsbedingungen sind besser als in meiner Heimat.

C **Adelina, 25 Jahre, Informatik, Mainz**
Sicher, viele Veranstaltungen finden auf Englisch statt. Aber ohne ein Wort Deutsch zu sprechen, hätte ich mich trotzdem nicht getraut, hier zu studieren. Ich finde, man sollte die Landessprache zumindest ein bisschen beherrschen, denn dann tut man sich im Alltag nicht ganz so schwer. Das Studium ist so schon anstrengend genug, weil es wirklich viel zu lernen gibt. Ich hoffe, dass ich in Zukunft noch mehr Anschluss bei anderen Studierenden finde und eine Lerngruppe bilden kann. Denn zu zweit oder zu dritt lernt es sich aus meiner Sicht einfach am besten. Zudem wäre es ja auch schön, nette Leute kennenzulernen, mit denen man außerhalb der Uni etwas unternehmen kann.

D **Samad, 23 Jahre, Physik, Zürich**
Das Universitätswesen hat in der Schweiz eine sehr lange Tradition, aber das heißt nicht, dass hier alles veraltet ist. Im Gegenteil, die Uni entwickelt sich stetig weiter! Das sieht man daran, dass meine Fakultät mit der neuesten Technik ausgestattet ist und wir so hervorragend forschen können. Nicht so toll finde ich allerdings die Kommunikation zwischen Studierenden und Professoren. Die Prüfungen sind sehr schwer und die Professoren sind kaum erreichbar, wenn man mal eine Frage hat. Aber dafür haben wir ein ganz gutes Tutorenprogramm. Insgesamt kann man sagen, dass hier die Experten der Zukunft ausgebildet werden. Hinzu kommt: Der Abschluss, den ich hier erwerbe, hat ein hohes Prestige und man findet damit weltweit einen Job!

WIEDERHOLUNG GRAMMATIK

zu Lesen 2, KB 75, Aufgabe 2

13 E-Mail aus Berlin

a **Lesen Sie die E-Mail und unterstreichen Sie die Verweiswörter.**

Hi Simon,

im Moment sind Semesterferien und ich bin nicht in Braunschweig, sondern zum Arbeiten und Lernen in Berlin.

Abends bin ich im Restaurant meines Onkels beschäftigt, das hilft mir, ein bisschen Geld zu verdienen. Und das kann ich gut gebrauchen. Vormittags bin ich meistens etwas müde und kann nicht so gut für meine Informatik-Prüfung lernen, was daran liegt, dass ich immer erst gegen zwei Uhr nachts ins Bett komme. Die Prüfung ist in zwei Wochen in Braunschweig (drück mir dafür bitte die Daumen!!!). Ich überlege mir, eine IT-Fachzeitschrift zu abonnieren – das hat mir mal jemand zur Prüfungsvorbereitung empfohlen. Ob ich das mache, weiß ich noch nicht. Ich freue mich jedenfalls darauf, Dich bald mal wiederzusehen!

Liebe Grüße

Chung

b **Worauf beziehen sich die Verweiswörter? Markieren Sie.**

zu Lesen 2, KB 75, Aufgabe 2

14 Verweiswörter

GRAMMATIK ENTDECKEN

a **Bringen Sie die Textteile in die richtige Reihenfolge.**

- [1] Die TU Braunschweig genießt als eine der ältesten Technischen Universitäten Deutschlands national und international hohes Ansehen –
- ☐ Die TU Braunschweig gehört damit zu den mittelgroßen Universitäten Deutschlands, an denen es sich hervorragend studieren lässt.
- ☐ und das auch gerade im Bereich der Informatik.
- ☐ Aktuell sind dafür hier etwa 17 200 Studierende eingeschrieben,
- ☐ Dementsprechend beliebt ist die Technische Universität bei ausländischen Studierenden.
- ☐ Dies zeigt sich auch daran, dass im Rahmen von Austauschprogrammen viele ausländische Studierende hierher kommen und dann z. B. für ein Master-Studium an diese Universität zurückkehren.
- ☐ was aber nicht heißt, dass man auf individuelle Betreuung verzichten muss. Studierende aus dem Ausland werden von Mentoren unterstützt.

b **Woran haben Sie die richtige Reihenfolge erkannt? Markieren Sie.**

c **Ergänzen Sie.**

stilistisch • logische • Textteilen

Verweiswörter dienen dazu, ______________ Beziehungen zwischen Satzteilen und ______________ herzustellen und ______________ gute und flüssige Texte zu formulieren.

zu Lesen 2, KB 75, Aufgabe 2

15 Informationen für Informatikstudenten

GRAMMATIK

a **Was passt? Markieren Sie das richtige Verweiswort im folgenden Forumsbeitrag.**

Ravi

Als Informatikstudent muss man sich so viel Wissen wie möglich aneignen, ☒ infolgedessen ☐ stattdessen (1) halte ich es für nötig, mich regelmäßig über Neuerungen auf diesem Gebiet zu informieren. ☐ Dazu ☐ Dafür (2) hat uns auch unser Professor in der letzten Vorlesung geraten, ☐ deshalb ☐ andernfalls (3) möchte ich jetzt eine richtig gute Fachzeitschrift abonnieren. Er hat leider keine empfohlen. ☐ Andernfalls ☐ Folglich (4) frage ich jetzt hier in diesem Forum. Kennt jemand von euch eine gute IT-Zeitschrift, die nicht allzu umfangreich und ausführlich ist, und ☐ stattdessen ☐ demzufolge (5) kurz und knapp den wichtigsten Stoff vermittelt? Danke!

b **Schreiben Sie, worauf sich die Verweiswörter in 15a beziehen.**

1 infolgedessen: weil man sich so viel Wissen wie möglich aneignen muss

zu Lesen 2, KB 75, Aufgabe 2

16 Wie studiert man effektiv?

GRAMMATIK

Schreiben Sie im Forum Linas Antwort auf Ravis Frage in Übung 15 mit den Verweiswörtern am Rand neu.

Lina96

Hallo Ravi, gleich zu deiner Frage: Ich hatte auch mal eine Fachzeitschrift abonniert, war aber ziemlich teuer (1). Am Anfang habe ich viel in der Zeitschrift gelesen und vieles nicht verstanden – ich war dann ziemlich frustriert (2). Das Abo würde ich mir sparen, es ist möglich (3), sich online zu informieren oder in die Uni-Bibliothek zu gehen. Einmal habe ich auch einen Kommilitonen in einem höheren Semester nach seiner Vorbereitung auf Prüfungen gefragt und er hat gesagt: „Studiere einfach richtig!" Es reicht aus (4), wenn man in den Vorlesungen und Übungen intensiv mitmacht, ist aber echt anstrengend (5). Ich habe vier Wochen lang mal alle wichtigen Vorlesungen, Seminare und Übungen besucht und hatte so eine 40-Stunden-Woche – ich war kaput (6). Also vielleicht doch lieber eine Fachzeitschrift…? ☺

1 das
2 infolgedessen
3 stattdessen
4 demnach
5 das
6 dementsprechend

Hallo Ravi, gleich zu deiner Frage: Ich hatte auch mal eine Fachzeitschrift abonniert, das war aber ziemlich teuer. …

zu Sprechen, KB 76, Aufgabe 2

17 Mentoring

KOMMUNIKATION

Ergänzen Sie im Gespräch die Redemittel.

~~Da hast du völlig recht~~ • Meines Erachtens sollte man • Das könnte man auch anders • Könnte man nicht auch • Wir könnten doch sagen • Dein Argument leuchtet mir ein

■ Weißt du, dass wirklich viele ausländische Studierende an unserer Fakultät mit Problemen zu kämpfen haben? Sie finden sich am Anfang überhaupt nicht zurecht.
◆ Das habe ich auch schon gehört. Ich denke, sie brauchen am Anfang einfach eine gute Betreuung.
■ Da hast du völlig recht (1). Können wir nicht etwas initiieren?
◆ Gute Idee! Ich fände ja, die Professoren sollten die Studierenden mehr unterstützen.
■ __________ (2) sehen. Professoren haben meistens wirklich wenig Zeit, weil sie sehr viele Studierende betreuen müssen. Ich denke, wir brauchen deshalb eine andere Lösung.
◆ __________ (3). Vielleicht wäre es besser, wenn erfahrene Studierende den jenigen in den ersten Semestern zur Seite stehen?
■ Oh ja, wie ein Mentoring, bei dem sich Mentor und Mentee regelmäßig treffen?
◆ Ja, richtig. Der Mentor hat die Aufgabe, neue Studierende in allen wichtigen Fragen zu beraten. __________ (4) sich als Mentor auf jeden Fall mindestens einmal pro Woche mit den Neulingen treffen.
■ __________ (5), dass im Rahmen dieser Treffen so etwas wie eine Berufsberatung stattfindet. Viele möchten ja so schnell wie möglich Karriere machen ...
◆ Aber zum Studienbeginn brauchen die meisten erst einmal Informationen zum Studium ...
■ Stimmt! Aber es wäre doch schon wichtig festzulegen, was genau das Ziel des Mentorings ist ...
◆ __________ (6) einfach sagen, dass jeder Mentor die Ziele mit den Studierenden selbst aushandelt? Am besten gleich beim ersten Treffen.
■ Guter Vorschlag! Dann lass uns am besten gleich mit der Koordinatorin unseres Studiengangs reden, wie wir am besten alle Interessenten zu einem Treffen einladen können.

zu Sprechen, KB 76, Aufgabe 2

18 Studium mit Buddys

HÖREN

3 ◀)) 35

Hören Sie ein Interview mit einem Teilnehmer des Buddy-Programms. Markieren Sie bei jeder Aussage, ob diese richtig (+) oder falsch (–) ist oder ob dazu im Interview nichts gesagt wird (x).

1 Nikolai hat sein Studium erst vor Kurzem begonnen. [–]
2 Als Buddy hilft Nikolai internationalen Studierenden bei der Orientierung. [ ]
3 Nikolai hat bereits selbst ein Semester im Ausland studiert. [ ]
4 Um Buddy zu werden, muss man eine Einführungsveranstaltung besuchen. [ ]
5 Das Buddy-Programm ist für internationale Studierende kostenlos. [ ]
6 Erfahrene Buddys werden für ihre Tätigkeit bezahlt. [ ]

zu Sprechen, KB 76, Aufgabe 2

19 Das Buddy-Programm

LESEN

Lesen Sie den Bericht. Markieren Sie bei den Aufgaben 1–12 das Wort (a, b, c oder d), das in den Satz passt. Es gibt jeweils nur eine richtige Antwort.

Internationale Studierende aufgepasst!
Du bist neu in der Stadt und suchst Anschluss? Dann bist du bei uns genau **(1)**! Das Referat für internationale Angelegenheiten möchte den Austausch **(2)** einheimischen und internationalen Studierenden fördern. Deshalb gibt es ab sofort für alle internationalen Studierenden die Möglichkeit, an einem Buddy-Programm **(3)**.
Dein Buddy unterstützt dich bei der Orientierung an der Universität und hilft dir beim Einleben in der Stadt. **(4)** hinaus fördert das Programm den interkulturellen Austausch und ermöglicht wichtige internationale **(5)**. Indem du beim Buddy-Programm mitmachst, wirst du Teil eines großen Netzwerks an weltoffenen Studierenden und entdeckst **(6)** mit anderen die schönsten Seiten deiner neuen Studienstadt.
Unsere Buddys sind in einem höheren Semester und kennen sich an der Universität gut aus. Sie unterstützen dich **(7)** an dabei, dich an der Universität zurechtzufinden und dich wohlzufühlen – egal, ob du wissen möchtest, wie die Mensa, die Bibliothek oder das Kursverwaltungssystem **(8)** oder wenn du Unterstützung bei wichtigen Behördengängen brauchst. Zudem zeigt dir dein Buddy auch die Stadt und kann dir **(9)** Tipps für gute Museen, Kinos oder Kneipen geben.
Was musst du tun, um teilzunehmen? Ganz einfach: Unsere Buddys haben auf unserer Webseite alle ein kleines **(10)**, in dem sie sagen, wer sie sind, was sie studieren und **(11)** sie gern ihre Freizeit verbringen. Wie du auf den Profilen auch sehen wirst, sprechen alle Buddys fließend Deutsch und Englisch, viele sprechen auch noch **(12)** Sprachen. Schreibe einfach einem der Buddys noch vor deiner Ankunft eine E-Mail, in der du dich kurz vorstellst. Dein zukünftiger Buddy wird sich dann bei dir melden und ihr könnt alles Weitere direkt vereinbaren.

(1)
- a passend
- b korrekt
- c geeignet
- d richtig

(2)
- a zwischen
- b während
- c durch
- d neben

(3)
- a mitzuhalten
- b beizutragen
- c teilzuhaben
- d teilzunehmen

(4)
- a Darüber
- b Darauf
- c Damit
- d Dazu

(5)
- a Haltungen
- b Beurteilungen
- c Erfahrungen
- d Einstellungen

(6)
- a gedrängt
- b geschlossen
- c gesamt
- d gemeinsam

(7)
- a von Anfang
- b von Vorteil
- c von Einführung
- d von Quelle

(8)
- a läuft
- b funktioniert
- c gelingt
- d arbeitet

(9)
- a wertvolle
- b wertlose
- c wertende
- d werthaltige

(10)
- a Programm
- b Format
- c Profil
- d Verzeichnis

(11)
- a wogegen
- b worüber
- c wodurch
- d womit

(12)
- a weitere
- b weiteres
- c weiteren
- d weiter

6

zu Sehen und Hören, KB 77, Aufgabe 2

20 Studienfachberatung

HÖREN

3 ◀)) 36 **a Hören Sie das Telefongespräch zwischen einer Studentin und einem Mitarbeiter der Studienfachberatung und notieren Sie Stichpunkte.**

1 Beratung für das Fach: ____________
2 Grund des Anrufs: ____________
3 Empfohlene Anlaufstelle: ____________
4 Handlungsvorschlag: ____________
5 Weiteres Vorgehen: ____________

3 ◀)) 36 **b Hören Sie das Gespräch erneut und markieren Sie.**

1 Weil ☐ der Unterricht ☐ der Lernstoff ☐ das Studium zu schwer ist, kann sie nachts nicht schlafen.
2 Herr Nowak ist ein Fachmann für Fragen ☐ zu Studieninhalten ☐ zur Prüfungsvorbereitung. ☐ zum Fach Maschinenbau.
3 Samira hat die Studienfachberatung im Studierendenwerk ☐ schon mehrmals ☐ bereits einmal ☐ noch nicht angerufen.
4 Die ☐ Vorbereitung ☐ Zeit ☐ Prüfung ist in einer Lerngruppe oft effektiver.

6

zu Sehen und Hören, KB 77, Aufgabe 2

21 Bitte um Entschuldigung

SCHREIBEN

Sie studieren Wirtschaftsinformatik an der Universität Graz und sollen am Semesterende eine Hausarbeit vorlegen. Wegen gesundheitlicher Probleme können Sie den Abgabetermin nicht einhalten. Schreiben Sie eine E-Mail an Ihre Seminarleitung, Frau Professor Klein. Orientieren Sie sich an den vier Leitpunkten und achten Sie auf eine logische Gliederung und eine präzise Wortwahl. Schreiben Sie mindestens 100 Wörter.

- Nennen Sie Ihr Anliegen.
- Bringen Sie die Verzögerung taktvoll zum Ausdruck.
- Berichten Sie vom Stand der Hausarbeit.
- Bitten Sie um Fristverlängerung mit Terminangebot.

zu Schreiben, KB 78, Aufgabe 2

22 Was tut sich bei der Frauenquote?

LESEN

Lesen Sie die sechs Überschriften und die drei Texte. Ordnen Sie den Texten (1–3) die passende Überschrift (A–F) zu. Pro Text passt nur eine Überschrift.

A **Immer mehr Frauen in MINT-Berufen**

B *Verbindlicher Frauenanteil in den Naturwissenschaften gefordert*

C Initiative zur Unterstützung von Berufsanfängerinnen

D **Anteil der Frauen im MINT-Bereich nimmt kaum zu**

E ***Experten schätzen Frauenquote als problematisch ein***

F *MINT-Studentinnen sind nach dem Studium oft arbeitslos*

1 ______

In Österreich ist das Thema Frauenquote sehr präsent. Aufsichtsräte von großen Unternehmen müssen bereits zu einem gewissen Prozentsatz mit Frauen besetzt sein. Doch das reicht vielen nicht. Nun werden die Stimmen lauter, die dafür eintreten, den Frauenanteil auch in anderen Bereichen gesetzlich vorzuschreiben. So fordern manche Experten, insbesondere für Unternehmen im MINT-Bereich den Frauenanteil zu erhöhen. Seitens der Politik werden solche Maßnahmen als problematisch eingestuft. Viel wichtiger, als gesetzliche Vorschriften zu erlassen, sei es, Anreize für junge Frauen zu schaffen, einen Beruf im technisch-naturwissenschaftlichen Bereich zu ergreifen. Ein neues Gesetz alleine bringe hingegen nichts. *(aus einer österreichischen Zeitung)*

2 ______

Eine aktuelle Studie hat untersucht, wie sich der Frauenanteil im technisch-naturwissenschaftlichen Bereich in den vergangenen Jahren verändert hat. Das Ergebnis überrascht: Auch zahlreiche, teils millionenschwere Programme zeigen bislang nur wenig Wirkung. Seit Jahren schon ist die Anzahl der Frauen in den MINT-Berufen nur um wenige Prozentpunkte gestiegen. Gründe dafür sind schwer auszumachen. Fakt ist jedoch, dass sich nach wie vor viele Frauen für einen Beruf im sozialen Bereich entscheiden oder zu Hause bei der Familie bleiben. Lediglich eine Ausnahme gibt es: In der Medizin hat sich der Frauenanteil deutlich erhöht. *(aus einer deutschen Zeitung)*

3 ______

Mehrere Schweizer Universitäten haben sich zusammengeschlossen, um jungen MINT-Studentinnen den Einstieg in das Arbeitsleben zu erleichtern. Zwar finden die meisten der Absolventinnen gleich im Anschluss an das Studium einen Job. Grund hierfür ist unter anderem auch der „Frauenbonus", das heißt, sie genießen mehr Aufmerksamkeit im Bewerbungsverfahren. Die Benachteiligung von Frauen gegenüber Männern in MINT-Berufen zeigt sich jedoch nach wie vor sehr deutlich im Gehalt. So verdienen männliche Berufseinsteiger mit den gleichen Qualifikationen oft mehr. Inhalt der Initiative sind unterschiedliche Informationsveranstaltungen und Trainings, bei denen die Teilnehmerinnen unter anderem lernen, sich in einer Gehaltsverhandlung richtig zu verhalten. *(aus einer Schweizer Zeitung)*

23 Mein idealer Studienort

MEIN DOSSIER

Beschreiben Sie eine Stadt, in der Sie gern studieren möchten. Welche Besonderheiten sollten die Universität und das Studium haben? Wo würden Sie wohnen? Welche Freizeitaktivitäten in der Stadt wären Ihnen wichtig?

Der Traumort für mein Studium wäre …
Die Stadt / Die Universität sollte … haben.
An der Universität sollte es möglichst viele / wenige … geben.
Wohnen würde ich gern in …
Wichtig wäre mir außerdem, …
In meiner Freizeit möchte ich …

AUSSPRACHE: Betonung von Prä- und Suffixen

1 Präfixe (Vorsilben)

3 ◀)) 37 **a Hören Sie die folgenden Verben im Infinitiv. Unterstreichen Sie jeweils die betonte Silbe.**

1 beleidigen	3 abnehmen	5 zerreißen	7 ausfüllen
2 verletzen	4 wegfallen	6 erfüllen	8 abreißen

b Formulieren Sie Sätze mit den Verben aus 1a. Verwenden Sie dabei keine Hilfsverben.

Beispiel: Der Mann beleidigt den Polizisten.

2 Suffixe (Nachsilben) bei Nomen

3 ◀)) 38 **a Hören Sie die Wörter. Welche Nachsilben sind betont? Markieren Sie.**

das Argument, der Bibliothekar, die Bilanz, die Distanz, das Dokument, die Eleganz, das Experiment, das Instrument, der Volontär, der Sekretär, die Intelligenz, der Enthusiasmus, der Journalismus, der Kommentar, die Kompetenz, die Konferenz, die Konkurrenz, der Sarkasmus, das Medikament, der Organismus, die Resonanz, der Feminismus

3 ◀)) 39 **b Hören Sie den folgenden Rap und markieren Sie, welche Nachsilben in jeder Zeile betont werden.**

Der Bewerbungs-Rap

Meine Intelligenz kennt keine Konkurrenz
Auf jeder Konferenz zeig' ich meine Kompetenz.
Ich bin kein Bibliothekar, kein Kommissar.
Bin ich ein Star? – Kein Kommentar.
Meine unfassbare Eleganz erhöht jede Bilanz.
Was heißt da Arroganz? Bitte mehr Toleranz!
Meine derzeitige Situation ist keine Illusion.
Ich brauch' eine neue Funktion, daher diese Aktion.
Also, Chef, krieg ich den Job?

3 ◀)) 39 **c Hören Sie den Rap noch einmal und klatschen Sie den Rhythmus. Rappen Sie mit!**

3 Berufsbezeichnungen mit Betonungswechsel

3 ◀)) 40 **a Hören Sie die folgenden Berufsbezeichnungen in männlicher und weiblicher Form. Unterstreichen Sie jeweils die betonten Silben. Was fällt Ihnen auf?**

1 der Dozent – die Dozentin	5 der Professor – die Professorin
2 der Bäcker – die Bäckerin	6 der Konditor – die Konditorin
3 der Richter – die Richterin	7 der Juror – die Jurorin
4 der Jurist – die Juristin	8 der Doktor – die Doktorin

b Finden Sie analog zu den Beispielen aus 3a die richtige weibliche Form zu den männlichen Bezeichnungen und sprechen Sie sie mit der richtigen Betonung aus.

1 der Kommissar – ______	4 der Konkurrent – ______
2 der Inspektor – ______	5 der Direktor – ______
3 der Bibliothekar – ______	6 der Moderator – ______

3 ◀)) 41 **c Hören Sie und kontrollieren Sie.**

EINSTIEGSSEITE, KB 69

der Beweggrund, ¨-e

abbilden
weiterentwickeln

lebenslang

LESEN 1, KB 70–71

die Akademie, -n
die Bildende Kunst, ¨-e
das Design, -s
die Germanistik (Sg.)
das Ingenieurwesen (Sg.)
das Lebensjahr, -e
die Präferenz, -en
die Rechtswissenschaft (Jura)
die Sozialarbeit (Sg.)
die Sozialpädagogik (Sg.)
die Studienordnung, -en

angehen (+ Akk.), ging an, ist angegangen
illustrieren

einen Streit schlichten
im Mittelpunkt stehen, stand, hat / ist gestanden

fern
knifflig
samt
wirtschaftlich
zuliebe

WORTSCHATZ, KB 72

die Bilanz, -en
die Eleganz (Sg.)
der Enthusiasmus (Sg.)
der Feminismus (Sg.)
die Kompetenz, -en
die Konkurrenz, -en
die Periode, -n
die Recherche, -n
die Resonanz, -en
der Sarkasmus (Sg.)
der Volontär, -e

sich auswirken auf (+ Akk.)
ergeben, ergab, hat ergeben
ermitteln

ans (Tages)Licht bringen, brachte, hat gebracht

HÖREN, KB 73

die Ausführung, -en
die / der Dozierende, -n
die / der Frauenbeauftragte, -n
das Geschlecht, -er
die Gleichstellung (Sg.)
die öffentliche Einrichtung, -en
die Orthografie, -n (meist Sg.)
die Publikation, -en
der Schriftverkehr (Sg.)

differenzieren
referieren

einseitig
spezifisch

LESEN 2, KB 74–75

der Bachelor (Sg.)
  der Bachelorstudiengang, ¨-e
der Master (Sg.)
  der Masterstudiengang, ¨-e
die Medizin (Sg.)
  die Humanmedzin (Sg.)
der Nachtdienst, -e
das Prozedere, –
die Robotik (Sg.)

sich immatrikulieren

renommiert

SPRECHEN, KB 76

die Äußerung, -en
die Mitschrift, -en
anfertigen
bibliografieren

zu einer Einigung kommen, kam, ist gekommen

fächerübergreifend
ganzjährig

SEHEN UND HÖREN, KB 77

das BAföG (Sg.)
der ECTS-Punkt, -e
die Einschreibung, -en
das Stipendium, Stipendien

SCHREIBEN, KB 78–79

der Anteil, -e
  der Frauenanteil, -e
die Domäne, -n
  die Männerdomäne, -n

dominieren

mehrmonatig
naturwissenschaftlich
statistisch
technisch

6

LEKTIONSTEST 6

1 Wortschatz

Wie heißen die Wörter? Schreiben Sie.

1 Eine Wettbewerbssituation, die Rivalität: (KURKONRENZ) die ____________
2 Gegenüberstellung von Einnahmen und Ausgaben: (NBLZIA) die ____________
3 Die Suche nach Informationen für einen bestimmten Zweck: (CHECHERRE) die ____________
4 Gestaltung von Grafiken, Texten oder Gegenständen: (GISEND) das ____________
5 Diskussionen, Äußerungen und Reaktionen auf etwas: (SNOAREZN) die ____________
6 Die Veröffentlichung von Texten oder Büchern: (KALIPUBTION) die ____________

Je 1 Punkt **Ich habe ______ von 6 möglichen Punkten erreicht.**

2 Grammatik

a **Ergänzen Sie die passenden Verweiswörter und die Präpositionen *samt*, *zuliebe* und *fern*.**

Hallo Ronya, schön, dass es Dir gut geht. Nach all den schlechten Nachrichten hat mich __________ (1) sehr gefreut. Ich dachte, Du bist noch in Köln, __________ (2) du studiert hast. Stattdessen bist Du in Hamburg! __________ (3) finde ich toll! Hast Du schon gehört, dass Luis jetzt __________ (4) der Heimat in Bozen ein Praktikum macht? Patricia hat ihrem Freund __________ (5) den Studienort gewechselt, sie ist jetzt in Karlsruhe. Und Hanayo ist __________ (6) Hund und Katze zum Tiermedizinstudium nach Hannover gegangen. Alle sind in Bewegung …
Ich habe nächste Woche meine Abschlussprüfung in Psychologie, __________ (7) muss ich gerade viel lernen. Aber danach würde ich Dich gern mal in Hamburg besuchen, wenn Du Zeit und Lust __________ (8) hast. …

Je 1 Punkt **Ich habe ______ von 8 möglichen Punkten erreicht.**

b **Bilden Sie Nomen auf *-ar*, *-enz* oder *-ment* und ergänzen Sie Nomen und Artikel in der richtigen Form.**

argumentieren • experimentieren • intelligent • kommentieren • kompetent • Bibliothek

1 Der letzte Versuch ist missglückt. Hoffentlich klappt ______ ____________ diesmal.
2 ______ ____________ „Mit einem Auslandsstudium hast du bessere Berufschancen" leuchtete Ekaterina ein – sie bewarb sich um einen Studienplatz in Deutschland.
3 ______ fachliche und persönliche ____________ von Paola wurde nicht angezweifelt, aber es gab Kritik an ihren Sprachkenntnissen.
4 Die bekannten Universalgenies wie Archimedes, Leonardo da Vinci oder Leibniz verfügten alle über ______ weit überdurchschnittliche ____________.
5 In ______ guten ____________ sollten die Hintergründe zu einer Nachricht analysiert werden und die Meinung des Schreibers argumentativ belegt werden.
6 Durch das digitale Zeitalter ändert sich auch das Berufsbild ______ ____________.

Je 2 Punkte **Ich habe ______ von 12 möglichen Punkten erreicht.**

3 Kommunikation

Welche Redemittel drücken eine Zustimmung (Z), welche eine Ablehnung (A) aus? Ordnen Sie zu.

1 Dein Argument leuchtet mir ein. ☐
2 Das könnte man auch anders sehen. ☐
3 Ich möchte deinen Vorschlag aufgreifen. ☐
4 Diese Argumentation kann ich nicht nachvollziehen. ☐

Je 1 Punkt **Ich habe ______ von 4 möglichen Punkten erreicht.**

Auswertung:

Ich habe ______ von 30 möglichen Punkten erreicht.

☺	😐	☹
30–24	23–18	17–0

6

ANHANG

Wichtige Redemittel / Kommunikation AB 92 – AB 95

Prüfungsübersicht AB 96 – AB 97

WICHTIGE REDEMITTEL / KOMMUNIKATION

EINE PRÄSENTATION PLANEN — LEKTION 1

Einen Vorschlag machen
Am einfachsten wäre es, wenn wir ...
Meine Idee wäre, ...
Meinst du nicht, es wäre besser, wir würden ...

Der eigenen Meinung Nachdruck verleihen
Mir wäre es sehr wichtig, ...
Ich bin davon überzeugt, dass ...
Meiner Meinung nach ...

Jemanden entscheiden lassen
Für mich ist beides in Ordnung.
Ich überlasse gern dir die Entscheidung.
Mir ist das nicht so wichtig.
Bitte wähle Du etwas aus.

EINE PRÄSENTATION HALTEN — LEKTION 1, 5, 6

Eine Präsentation einleiten
Das Thema unserer Präsentation lautet ...
Wir möchten euch heute über ... berichten.
In unserer Präsentation werden wir ...
Wir haben uns für ... entschieden, weil ... / Grund für unsere Wahl war ...

Die Aufteilung vorstellen
Zunächst möchten wir ...
Als Erstes werde ich / wird ... auf ... eingehen.
Zuerst möchte ich / möchten wir ... Als Nächstes betrachten wir dann ... / zeigen wir euch dann ...
Anschließend werde ich / wird ... etwas über ... berichten.
Zum Schluss / Am Ende ...

Das Wort übernehmen
Danke, liebe / lieber ... .
Ich greife nun einen weiteren Aspekt auf.
In meinem Teil soll es nun um ... gehen.
Hier möchte ich noch einen Punkt besonders hervorheben: ...

Übergange formulieren
Als Erstes wäre ... zu nennen.
Außerdem ... / Des Weiteren ... / Als Nächstes ...
Nicht unerwähnt bleiben darf auch ...
Jeder von uns hat schon einmal ... Dazu gibt es im ...museum ... / Derzeit kann man im ... Folgendes sehen: ...
Besonders bedeutend ist in diesem Zusammenhang auch ...

Zusammenfassen und beenden
Zusammenfassend möchte ich sagen, dass ...
Abschließend könnte man sagen, ... und möchte vorschlagen, dass wir ...
Ihr habt nun gesehen, dass ...
Das Fazit unseres Vortrages könnte lauten: ...

Auf Nachfragen eingehen
Das ist eine interessante Frage.
Ich würde sagen, ...
Diese Frage lässt sich nicht so leicht beantworten. Meiner Ansicht nach ...

WICHTIGE REDEMITTEL / KOMMUNIKATION

ÜBER BILDER UND GRAFIKEN SPRECHEN — LEKTION 1

Informationen aus einer Grafik zitieren
Aus der Statistik geht hervor, dass ...
Die Grafik zeigt / belegt ganz deutlich ...

Unterschiede darstellen
Ein interessanter Unterschied ist ...
Dass ... hat mich überrascht.

Ergebnisse vergleichen
Im Vergleich zu meinem Heimatland ...
In ... spielt vor allem ... eine Rolle.

Informationen einer Grafik wiedergeben
Aus der Grafik geht hervor, dass ...
Der Tabelle kann man entnehmen, dass ...
Gemäß den Daten in der Tabelle sind besonders ...

FEEDBACK ZU EINER PRÄSENTATION GEBEN — LEKTION 5

Eine Präsentation kommentieren und Verbesserungsvorschläge machen
Ich finde, das war eine sehr gelungene / gut aufgebaute / informative / ... Präsentation.
Besonders gefallen hat mir ... / Nicht so klar wurde mir allerdings ...
Ihr hättet / Du hättest vielleicht noch stärker / weniger auf ... eingehen können / sollen.

Auf Einwände reagieren
Das ist eine gute Frage / ein interessanter Einwand: Dazu kann ich nur sagen, ...
Richtig, auf ... konnten wir aus ... Gründen nicht weiter eingehen. Vielleicht nur kurz: ...

ÜBER EIN THEMA DISKUTIEREN — LEKTION 3, 4, 6

Persönliche Ansicht äußern
Ich persönlich bin der Ansicht, dass ...
Für mich ist diese Art der Partnersuche ...
Für mich ist / sind ... wichtiger als ...
Mich überzeugt besonders / überhaupt nicht, dass ...
Mir sagt (nicht) zu, dass ich / wir alle Arbeitnehmer ...
Ich bin zufrieden / unzufrieden mit ...

Argumente anführen
Ich finde, dass man mit solchen Methoden ...
Ein zentraler Punkt bei dieser Diskussion ist doch die Frage, ...
Ich würde mir wünschen, dass mehr Gewicht auf ... gelegt wird. Dadurch ...
Ich vertrete den Standpunkt ...

Vorschlage machen und eigene Vorlieben benennen
Als Reiseziel / Reisezeit schlage ich ... vor, da kann man ...
Bei der Wahl des Reiseziels / der Reisezeit steht für mich ... im Vordergrund.
Für eine Reise nach ..., würde ich auch ... in Kauf nehmen.

Auf einen Vorschlag eingehen
Mit ... habe ich schon gute Erfahrungen gemacht.
Ich würde gern einen anderen Vorschlag machen: ...
Wir könnten doch auch ...
Könnte man nicht auch sagen, dass ...?
Ja, aber wäre es dann nicht sinnvoll, ...

WICHTIGE REDEMITTEL / KOMMUNIKATION

Auf ein Argument eingehen

… klingt schon ganz reizvoll, aber …
Das halte ich für eine gute Wahl, weil …
… kommt für mich eher nicht infrage, denn …
Dein Argument leuchtet mir ein …
Da hast du völlig recht. …
Natürlich haben solche Tests eine Berechtigung, aber man sollte …
Einerseits lässt sich damit … feststellen, andererseits …
Da hast du recht, problematisch finde ich …
Dem kann ich nicht zustimmen, weil …

Einwände äußern

Das kann ich nicht nachvollziehen. Ist es nicht so, dass …
Meines Erachtens sollte man berücksichtigen, dass …
Man sollte / darf auch … nicht außer Acht lassen.

Zu einer Einigung kommen

Wie wäre es, wenn wir als erstes …
Bevor wir eine endgültige Entscheidung treffen, müssen wir …
Wir könnten ja unverbindlich mit … Kontakt aufnehmen.

EINE DISKUSSION LEITEN — LEKTION 1, 3, 6

Eine Diskussion einleiten

Heute wollen wir uns mit dem Thema „…" auseinandersetzen.

Eine Diskussion leiten

Du lässt also das Argument von … gelten, meinst aber auch, dass …
Vielleicht sollten wir uns noch intensiver mit der Frage beschäftigen, …
Wer möchte sich dazu noch äußern?
… können wir später noch einmal aufgreifen.

Eine Entscheidung einleiten

Wenn wir alle Argumente noch einmal zusammenfassen, was stellen wir dann fest?
Für welchen der drei Bereiche gab es denn die stärksten Argumente?
Unser Fazit wäre also …

Eine Diskussion abschließen

Alles in allem könnte man also sagen, …
Abschließend könnten wir also festhalten, …

Ergebnisse zusammentragen

Auf die Frage … haben die meisten geantwortet, …
Besonders interessant fand ich, dass …
Ein zentrales Ergebnis meiner Befragung war …

EINE BEFRAGUNG DURCHFÜHREN — LEKTION 4

Fragen formulieren

Wie empfinden Sie …?
Welche Rolle spielt Ihrer Meinung nach …?
Wie könnte man … verbessern?
Wie können wir … in Zukunft vermeiden?
Welche Maßnahmen sollte das Unternehmen ergreifen, um …?
Was würden Sie sich wünschen, um in Zukunft …?

Ergebnisse zusammentragen
Auf die Frage ... haben die meisten geantwortet, ...
Besonders interessant fand ich, dass ...
Ein zentrales Ergebnis meiner Befragung war ...

SICH SCHRIFTLICH ÄUSSERN — LEKTION 2, 3, 5, 6

Sich um Schadensersatz bemühen
Am ... in ... passierte mir Folgendes: ...
Leider war es (mir) nicht möglich, ...
Es entstand ein Schaden von umgerechnet ...
Deshalb würde ich Sie bitten, ...
Vielen Dank für Ihre Bemühungen!

Auf etwas Bezug nehmen
... ist mir nicht ganz unbekannt: ...
... kann ich überhaupt nicht nachvollziehen.
Zu ... kann ich nur sagen, ...
... scheint sehr verbreitet zu sein, denn ...
... kann ich nicht beurteilen, weil ...

Den eigenen Standpunkt erläutern
Meine Ansicht dazu ist folgende: ...
... sehe ich eher positiv / kritisch / negativ, weil ...
Besonders kritikwürdig ist es, ...
Ich bin der festen Überzeugung, dass ...
Mein persönliches Fazit ist ...

Eine formelle E-Mail verfassen
Sehr geehrter Herr ...
soeben erhielt ich Ihre E-Mail mit der Mitteilung, ...
Es tut mir sehr leid, dass ich ...
Allerdings habe ich kein/e ... erhalten.
Den Kurs nicht zu besuchen, würde für mich bedeuten, ...
... ist für mich leider keine Option, da ... .
Es wäre für mich äußert wichtig, ...
Aus diesem Grund würde ich Sie dringend bitten, ...
Vielen Dank für Ihr Verständnis und Ihre Bemühungen!
Mit freundlichen Grüßen

Schriftlich zu Meinungen Stellung nehmen
Die erste / zweite Meinung überzeugt mich, denn .....
Die erste / zweite Meinung finde ich ...
Aus meiner Sicht sind beide Meinungen ...

Lösungen zu KB 29:
1 in der Steinzeit; **2** Jäger und Sammler; **3** Geschicklichkeit und Vorsicht

Lösungen zu KB 36:
1 39 (Begründung: Die zwei vorgehenden Zahlen werden zusammen addiert: 15 + 24 = 39.)
2 N (Begründung: Der letzte Buchstabe ist jeweils zwei Schritte hinter dem vorhergehenden Buchstaben.)
3 a (Begründung: Wenn heute Sonntag ist, ist der Tag nach übermorgen Mittwoch und Mittwoch ist vier Tage nach Samstag.)
4 T (Die beiden Worte lauten *Haut* und *Tasche*.)
5 c (Begründung: Erst kommt ein Rechteck, dann ein Quadrat, dann wieder ein Rechteck, also muss es sich um ein Quadrat handeln. Da jede Figur zur Hälfte ausgefüllt ist, muss es c sein.)

PRÜFUNGSFORMATE IN SICHER IN ALLTAG UND BERUF! C1

Das Lehrwerk **SICHER IN ALLTAG UND BERUF! C1** bereitet auf alle gängigen C1-Prüfungen vor, darunter das Goethe-Zertifikat C1, das ÖSD-Zertifikat C1, die Prüfung telc Deutsch C1 sowie den Testdaf und den Testdaf digital. Die in den beiden Tabellen (AB 96–97) aufgelisteten Aufgaben und Übungen sind an die entsprechenden Prüfungsformate angelehnt, sodass die Lernenden mit jedem Prüfungsformat vertraut gemacht werden.

LEKTION 1	DIGITALER WANDEL
KB 3, 2a	Telc Lesen 3 / TestDaf Lesen 3
KB 8, 2	Telc Sprechen 2 / digitaler TestDaf Sprechen 5
KB 10, 2b	Goethe Schreiben 1
AB 7, 13	ÖSD Hören 2
AB 10, 18	Goethe Lesen 3 / Telc Sprachbausteine

LEKTION 2	IM TOURISMUS
KB 16, 1b	Goethe Hören 1
KB 21, 2	Goethe Hören 2 / Telc Hören 2
KB 22, 1b	Goethe Lesen 3 / Telc Sprachbausteine
KB 22, 1c	digitaler TestDaf Sprechen 3
AB 16, 3a	Goethe Hören 2 / Telc Hören 2
AB 17, 4	Telc Lesen 3 / TestDaf Lesen 3
AB 19, 8	ÖSD Lesen 4
AB 24, 17	Telc Hören 1
AB 25, 19	Telc Lesen 1 / ÖSD Lesen 3

LEKTION 3	INTELLIGENZ UND WISSEN
KB 30, 2	Goethe Lesen 1
KB 36, 2b	digitaler TestDaf Sprechen 2
AB 30, 3	Goethe Lesen 3 / Telc Sprachbausteine

LEKTION 4	MEINE ARBEITSSTELLE
KB 45, 2	Telc Hören 1
KB 50, 1	Goethe Schreiben 2
AB 49, 9	Goethe Lesen 3 / Telc Sprachbausteine
AB 49, 10	Goethe Hören 2 / Telc Hören 2
AB 50, 11	Goethe Lesen 1

LEKTION 5	KUNST
KB 60, 2	Telc Lesen 2
KB 62, 1	Telc Sprechen 1
KB 64, 1b	ÖSD Lesen 4
KB 67, 2b	ÖSD Schreiben 1
AB 62, 3	Telc Lesen 3 (Beruf) / ÖSD Lesen 1 / Testdaf Lesen 2
AB 65, 9	Goethe Hören 2 / Telc Hören 2

LEKTION 6	STUDIUM
KB 76, 2	Goethe Sprechen 2
KB 79, 2c	TestDaf Schreiben
AB 77, 5	Goethe Lesen 1
AB 80, 11	Telc Lesen 3 (Beruf) / ÖSD Lesen 1 / Testdaf Lesen 2
AB 81, 12	Goethe Lesen 2
AB 85, 19	Goethe Lesen 3 / Telc Sprachbausteine
AB 86, 20a	Goethe Hören 1
AB 86, 22	ÖSD Lesen 2

LEKTION 7	FINANZEN
KB 86, 1b	digitaler TestDaf Lesen 3
KB 90, 1b	digitaler TestDaf Lesen 5
KB 93, 2b	Goethe Sprechen 2 / digitaler TestDaf Sprechen 6
KB 94, 2b	Goethe Hören 2 / Telc Hören 2
KB 100, 2	digitaler TestDaf Sprechen 1
AB 92, 4	ÖSD Hören 1
AB 95, 9	Goethe Lesen 3 / Telc Sprachbausteine
AB 98, 13	TestDaf Hören 1

LEKTION 8	PSYCHOLOGIE
KB 98, 1b	Telc Lesen 1 (Hochschule) / ÖSD Lesen 3
KB 102, 2	Goethe Schreiben 1 / ÖSD Schreiben 2 / digitaler TestDaf Sprechen 4
KB 103, 1b	Goethe Hören 2 / Telc Hören 2
KB 103, 1c	digitaler TestDaf Hören 3
KB 105, 1d	digitaler TestDaf Sprechen 7
KB 107, 2a	digitaler TestDaf Hören 5
AB 110, 9	Telc Lesen 1 / ÖSD Lesen 3
AB 112, 13	digitaler TestDaf Lesen 7
AB 114, 14b	TestDaf Sprechen 3
AB 119, 23	Goethe Schreiben 2

LEKTION 9	STADT UND DORT
KB 115, 2c	ÖSD Schreiben 2
KB 117, 3	digitaler TestDaf Hören 4
KB 118, 1d	digitaler TestDaf Schreiben 1
KB 120, 2	Goethe Lesen 2
KB 122, 1b	Telc Hören 3
KB 123, 1a	Telc Sprechen 2
AB 125, 4	Goethe Hören 2 / Telc Hören 2
AB 128, 9	digitaler TestDaf Hören 7
AB 129, 11	Goethe Schreiben 2
AB 132, 16b	digitaler TestDaf Hören 1
AB 133, 17	digitaler TestDaf Schreiben 2

LEKTION 10	LITERATUR
KB 129, 1	Goethe Sprechen 1 / ÖSD Sprechen 2
KB 130, 1b	TestDaf Lesen 1
KB 132, 2c	TestDaf Hören 3
KB 134, 3	Telc Schreiben 1
AB 145, 14	digitaler TestDaf Lesen 2
AB 146, 17	Telc Lesen 2

LEKTION 11	INTERKULTURELLER GESCHÄFTSKONTAKT
KB 143, 1b	digitaler TestDaf Lesen 6
KB 144, 2a	TestDaf Hören 2
KB 145, 2a	TestDaf Sprechen 3
AB 158, 8	digitaler TestDaf Lesen 1
AB 158, 9	Goethe Lesen 1
AB 162, 15	digitaler TestDaf Hören 6
AB 164, 19b	Telc Hören 1
AB 167, 24	digitaler TestDaf Lesen 4

LEKTION 12	FORSCHUNG UND TECHNIK
KB 154, 2a	Telc Lesen 1 / ÖSD Lesen 3
KB 155, 2b	Telc Sprechen 2
KB 156, 2b	ÖSD Schreiben 2
KB 157, 2a	TestDaf Hören 3
KB 159, 2a	ÖSD Sprechen 2
KB 160, 2a	Telc Lesen 3 / TestDaf Lesen 3
KB 163, 3	ÖSD Sprechen 1 / TestDaf Sprechen 1
AB 173, 5	digitaler TestDaf Hören 2

PRÜFUNGSFORMATE IN SICHER IN ALLTAG UND BERUF! C1

Prüfungsformate im Teilband C1.1 in schwarzer Schrift / Prüfungsformate im Teilband C1.2 in blauer Schrift dargestellt.

PRÜFUNGSTEIL		GOETHE C1	TELC C1	ÖSD C1	TESTDAF	DIGITALER TESTDAF
LESEN	1	KB 30, 2 AB 50, 11 AB 77, 5 AB 158, 9	KB 98, 1b** AB 25, 19 AB 110, 9	AB 62, 3 AB 80, 11	KB 130, 1b	AB 158, 8
	2	KB 120, 2 AB 81, 12	KB 60, 2 AB 146, 17	AB 86, 22	AB 62, 3 AB 80, 11	AB 145, 14
	3	KB 22, 1b AB 10, 18 AB 30, 3 AB 49, 9 AB 85, 19 AB 95, 9	KB 3, 2a KB 160, 2a AB 17, 4 AB 62, 3* AB 80, 11*	KB 98, 1b KB 154, 2a AB 25, 19 AB 110, 9	KB 3, 2a KB 160, 2a AB 17, 4	KB 86, 1b
	4			KB 64, 1b AB 19, 8		AB 167, 24
	5					KB 90, 1b
	6					KB 143, 1b
	7					AB 112, 13
HÖREN	1	KB 16, 1b AB 86, 20a	KB 45, 2 AB 24, 17 AB 164, 19b	AB 92, 4	AB 98, 13	AB 132, 16b
	2	KB 21, 2 KB 94, 2b KB 103, 1b AB 16, 3a AB 49, 10 AB 65, 9 AB 125, 4	KB 21, 2 KB 94, 2b KB 103, 1b AB 16, 3a AB 49, 10 AB 65, 9 AB 125, 4	AB 7, 13	KB 144, 2a	AB 173, 5
	3		KB 122, 1b		KB 132, 2c KB 157, 2a	KB 103, 1c
	4					KB 117, 3
	5					KB 107, 2a
	6					AB 162, 15
	7					AB 128, 9
SCHREIBEN	1	KB 10, 2b KB 102, 2c	KB 134, 3	KB 67, 2c	KB 79, 2c	KB 118, 1d
	2	KB 50, 1 AB 119, 23 AB 129, 11		KB 102, 2c KB 115, 2c KB 156, 2b		AB 133, 17
SPRECHEN	1	KB 129, 1c	KB 8, 2 KB 62, 1	KB 163, 3	KB 163, 3	KB 100, 2
	2	KB 76, 2 KB 93, 2b	KB 123, 1a KB 155, 2b	KB 129, 1b	KB 57, 2	KB 36, 2b
	3			KB 159, 2a	KB 145, 2a AB 114, 14b	KB 22, 1c
	4				KB 36, 2b	KB 102, 2b
	5				KB 43, 2d	KB 8, 2
	6				KB 79, 2b	KB 93, 2b
	7				KB 65, 1d	KB 105, 1d
SPRACH-BAUSTEINE			KB 22, 1b AB 10, 18 AB 30, 3 AB 49, 9 AB 85, 19 AB 95, 9			

* Diese Übungstypen sind an das Format *telc Deutsch C1 Beruf* angelehnt.
** Dieser Übungstyp ist an das Format *telc Deutsch C1 Hochschule* angelehnt.

Cover: © Getty Images/E+/shapecharge
U2: © Digital wisdom

Kursbuch

S. 1: © Getty Images/iStock/metamorworks
S. 2: © Thinkstock/iStock/jakubzak
S. 3: Ü1: A © Getty Images/E+/asiseeit; B © Getty Images/DigitalVision/Morsa Images; Ü2 © Getty Images/iStock / Getty Images Plus/Deagreez
S. 4: © Getty Images/iStock/Ridofranz
S. 6: A © Thinkstock/iStock/monkeybusinessimages; B © Getty Images/E+/real444; C © Getty Images/iStock/guvendemir
S. 8: Ü1 © Hueber Verlag/Meier
S. 10: © Getty Images/iStock/Ivanko_Brnjakovic
S. 11: Ü1a © Jan Rein; Ü1c von oben: © Getty Images/iStock / Getty Images Plus/deepblue4you; © Getty Images/E+/Nomad; © Getty Images/E+/FG Trade; © Getty Images/iStock / Getty Images Plus/ratpack223; © Getty Images/iStock / Getty Images Plus/ukayacan
S. 13: © Getty Images/E+/andresr
S. 14: Ü1a: links © Thinkstock/iStock/Stefano Lunardi; rechts © Getty Images/iStock/kcline; Ü2 © Getty Images/iStock/macniak
S. 16: © Getty Images/E+/Bertlmann
S. 18: © Getty Images/E+/deimagine
S. 21: © Thinkstock/Stockbyte/Jupiterimages
S. 22: © Getty Images/iStock/Soft_Light
S. 23: Fotos alle © Sibila Tasheva
S. 25: Frau © Getty Images/E+/kali9; Ü1 alle © Thinkstock/iStock/Baz777
S. 26: Frau © Getty Images/E+/kali9; Ü2: Mann © Thinkstock/iStock/monkeybusinessimages; Arbeitsunfähigkeitsbescheinigung © fotolia/Alexander Raths
S. 27: Frau © Getty Images/E+/kali9; Ü3 © Thinkstock/iStock/pojoslaw
S. 28: Frau © Getty Images/E+/kali9; Ü4 © RioPatuca Images – stock.adobe.com
S. 29: © Getty Images/iStock/Sergey Tinyakov
S. 30: Ü1 © Thinkstock/Wavebreak Media; Ü2 Text: WELTonline 14.12.2012, Johanna Uchtmann „Der Mensch ist heute anders intelligent als früher"/Axel Springer Syndication GmbH
S. 32: Ü1: A © Thinkstock/Top Photo Group; B © Thinkstock/iStock/FamVeld; C © Getty Images/iStock/tolgart; Ü2: 1 © Getty Images/iStock/damircudic; 2 © Getty Images/E+/AleksandarNakic
S. 33: © fotolia/Vladimir Wrangel
S. 34: A © iStockphoto/lukelight; B © Thinkstock/Hemera/Roger Jegg
S. 36: Mann © Thinkstock/Digital Vision/Kim Carson; Frau © Thinkstock/Photodisc/Kevin Petersen
S. 39: Ü1: Screenshot oben aus: Was ist Intelligenz? © Quarks/WDR mediagroup GmbH, Köln; Piktos von links: © Getty Images/DigitalVision Vectors/bubaone; © Getty Images/DigitalVision Vectors/appleuzr; © antto – stock.adobe.com; © Getty Images/DigitalVision Vectors/appleuzr; © Getty Images/DigitalVision Vectors/soulcld; © Thinkstock/iStock/arabes
S. 41: © Getty Images/iStock/gorodenkoff
S. 42: Ü1 © Getty Images/iStock/fizkes; Ü2 © Getty Images/E+/PeopleImages
S. 44: Ü1: links © Getty Images/E+/AzmanJaka; rechts © Getty Images/E+/RicAguiar
S. 45: A © MEV; B © Thinkstock/iStock/JackF; C © Getty Images/iStock/Andrey Popov
S. 46: A © Getty Images/iStock/monkeybusinessimages; B © Getty Images/iStock/shironosov; C © Getty Images/E+/Hispanolistic
S. 47: A © Thinkstock/Ingram Publishing; B © Getty Images/E+/filadendron
S. 50: © Getty Images/iStock/AntonioGuillem
S. 51: © Getty Images/E+/PeopleImages
S. 53: Gideon © javiindy – stock.adobe.com; Ü1: A © Getty Images/DigitalVision Vectors/kimikodate; B © Getty Images/DigitalVision Vectors/diane555; C © Getty Images/iStock / Getty Images Plus/Sushytska Viktoriia
S. 54: Gideon © javiindy – stock.adobe.com
S. 55: Gideon © javiindy – stock.adobe.com; Ü3 © javiindy – stock.adobe.com
S. 56: Gideon © javiindy – stock.adobe.com
S. 57: © Olivia Hayashi
S. 58: Ü1 © Olivia Hayashi; Ü2 alle © Miriam Staber
S. 60: von links: © Getty Images/iStock/hadkhanong_Thailand; © Getty Images/iStock/Gabriele Grassl; © Getty Images/DigitalVision Vectors/duncan1890
S. 62: 1. Reihe: links © action press/Meissner, Peter – Das DDR-Museum ist ungeschlagen ein Magnet für Berlin-Besucher.; rechts © dpa Picture-Alliance/KEYSTONE/ANTHONY ANEX – Museumsnacht am Freitag, 16. März 2018 in Bern. Personen stehen Schlange vor dem Museum für Kommunikation.; 2. Reihe: links © ddp images/ Renate Krafft – Auswanderermuseum, Ballinstadt, Hamburg; rechts © Getty Images/iStock/Getty Images Plus/hwinther
S. 64: Foto © Getty Images/E+/skynesher
S. 66: © golubovy – stock.adobe.com
S. 67: © Getty Images/E+/PeopleImages
S. 69: © Getty Images/E+/FatCamera
S. 74: A © Getty Images/E+/Steve Debenport; B © Getty Images/iStock/fizkes; C © Getty Images/iStock/Ridofranz
S. 76: A © Getty Images/E+/skynesher; B © Getty Images/iStock/BartekSzewczyk; C © Getty Images/iStock/Casarsa

Illustrationen: Jörg Saupe, Düsseldorf

Bildredaktion: Nina Metzger, Hueber Verlag, München